D1696951

USA

Der Westen lockt

Texte: Marc Valance **Fotos:** Stefan Pfander
Tina Wodiunig Scherrer
Martin Kilian
Harry Spiess

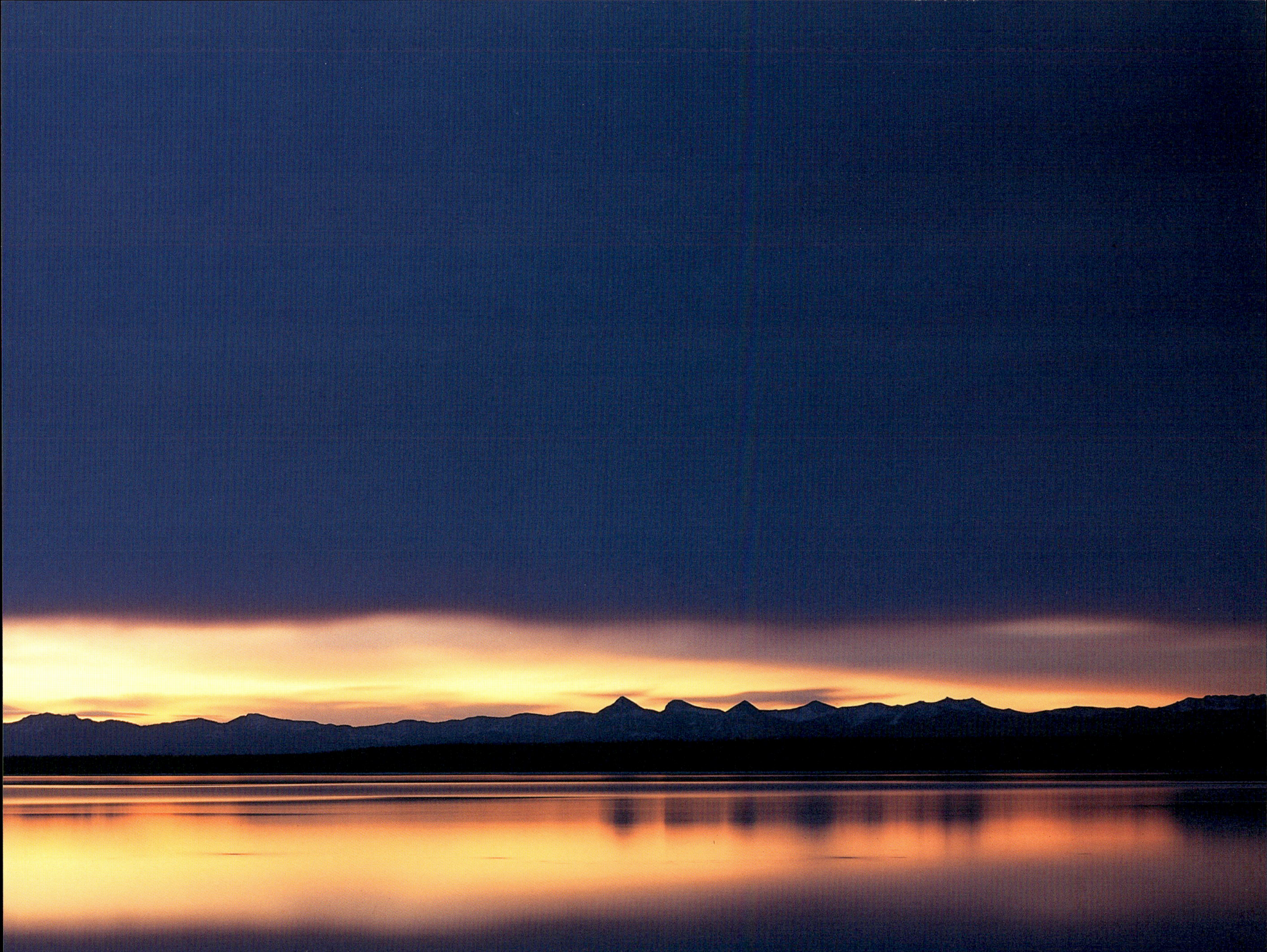

Marc Valance
ist freier Journalist in Zürich.
Er entwarf die Textkonzeption
des vorliegenden Bandes
und besorgte die Redaktion.

Stefan Pfander
ist freier Fotograf in Bern.

Tina Wodiunig Scherrer
ist Ethnologin und stellvertretende
Leiterin des Indianer-Museums
der Stadt Zürich.

Martin Kilian
ist USA-Korrespondent der Zürcher
«Weltwoche».

Harry Spiess
ist Geograph und Publizist im
«Alpenbüro» Zürich.

Redaktionsleitung und Lektorat: Hans Rudolf Heer
Gestaltung: Lubor Bradler
Herstellung: Heinz Dieter Finck
Satz und Bildintegration: PPP Rolf Hauser, Urdorf
Reproduktionen, Druck und Einband: GU-Print AG, Urdorf

Copyright © 1998 by Silva-Verlag, Zürich
Alle Rechte vorbehalten
ISBN 3-908487-37-4

SILVA

Inhalt

6 Land der Chancen:
Die Reisenden träumen vom Westen

28 An der Grenze:
Krieg gegen die Wilden

50 Indianisches Kunsthandwerk im Südwesten:
Rettung durch den Tourismus?

74 Landschaften:
Grasland, Steppe, grüne Wälder

106 Der amerikanische Traum:
Rückkehr zum Feudalismus

128 Vulkanismus und Erosion:
Landschaftsfabrik Erde

Land der Chancen:
Die Reisenden träumen vom Westen

In New York landen und nach Westen weiterziehen. Tausende von Auswanderern aus Europa und Russland folgten diesem Plan. Viele blieben in der Metropole am Hudson River hängen – Iren, Juden, Deutsche –, weil sie die Mittel für die Weiterreise und den Aufbau einer Farm nicht besassen oder weil sie das urbane Leben in einer Gemeinschaft von ihresgleichen dem ungewissen Abenteuer im Westen vorzogen. Aber den Westen zu erobern, den Kontinent bis an den fernen Pazifik zu besiedeln, war bis zum Beginn des 20. Jahrhunderts eine der stärksten Antriebskräfte der amerikanischen Geschichte – go west! ein gebieterischer Ruf, der nichts von seiner Magie verloren hat.

In New York zu landen und den Kontinent bis zum Pazifik mit dem Auto zu durchqueren, ist einer der populärsten Reisewünsche der Europäer. Den meisten fehlt es nur an der Zeit oder am Geld, den weiten Weg unter die Räder zu nehmen. Deshalb halten sie es mit den Siedlern des letzten Jahrhunderts und überspringen das weite Innere des Kontinents, lassen es auf dem Flug nach San Francisco, Los Angeles, Las Vegas unter sich liegen. Die Siedler liessen es auf ihren Trecks nach Westen während fünfzig Jahren einfach hinter sich. Die Goldminen Kaliforniens waren das Ziel, das fruchtbare Land in den späteren Staaten Oregon und Washington, die Täler Utahs, Colorados, New Mexikos, nicht die Plains, jene «Grosse Amerikanische Wüste», in der ausser Büffelgras nichts gedieh.

Im Westen habe der Kontinent die europäischen Fesseln abgestreift, im Westen sei das wahre Amerika, glauben die Besucher. Tatsächlich. Wenn sie das urbane Chaos von Los Angeles überflogen haben, wird ihnen bewusst, wie europäisch New York ist. Für das glitzernde Las Vegas gibt es im europäischen Erbe kein Vorbild. Millionenstadt mitten im wasserlosen, glühenden Nichts, gigantische Wunderkerze, die keinen als den nichtigsten und zugleich wichtigsten Anlass hat, in der Wüste zu funkeln: Nervenkitzel und Geld.

Die einen versuchen ihr Glück in den Casinos, und nicht wenige lassen es hier liegen. Die anderen zieht es mit Macht in die Wüste, in die Gebirge, auf die Flüsse. Der Westen ist gross und menschenleer. Natürlich drängen sich an den Aussichtspunkten des Grand Canyon, des Bryce Canyon, bei Zabriskie Point im Death Valley die Touristenmassen, auf den Strassen des Monument Valley herrscht oft reger Verkehr, und beim Pueblo von Taos halten die indianischen Einwohner die Touristenhorden mit Verbotsschildern auf Distanz. Eine, zwei Meilen von den Trampelpfaden entfernt, ist man aber allein.

Natur und Wildnis sind in den Vereinigten Staaten leicht zu haben. Ein Erbe der Pionierzeit ist zweifellos die Leidenschaft der Amerikaner für die *outdoors*: Sport aller Art, Fischen, Jagen, Wandern, Campen. Geführte Wüstentrips zu Fuss oder zu Pferd, Riverrafting, Treckingtouren durchs Gebirge werden überall angeboten. Und wer auf eigene Faust losziehen will, kann in jedem grösseren Ort das Beste an Ausrüstung kaufen. Auch an Informationen fehlt es nicht. In den Nationalparks decken einen die Ranger mit Broschüren und Karten ein und beantworten jede erdenkliche Frage. Der Abenteurer, der auf eigene Faust losziehen will, sucht den nächsten *outfitter* auf, den lokalen Veranstalter von Erlebnistrips, der meist den Sportartikelladen im Ort führt. Und schon ist er ins lokale Nachrichtenzentrum vorgestossen, wo alles zu haben ist, vom Kletterführer bis zu brandheissen Tipps über den Zustand dieser oder jener Schotterstrasse, über Wasserstellen und Fischgewässer. Ein Kanu zu mieten ist kein Problem. Oder einen Geländewagen, oder sogar ein

Sie ist mehr als nur die stolze Wächterin von New York. Die 1886 errichtete Freiheitsstatue beim Hafeneingang, ein Geschenk Frankreichs an die USA, heisst die Ankömmlinge in der Neuen Welt willkommen. Die «Statue of Liberty», das Wahrzeichen der USA, verkörpert zugleich den Mythos Amerika.

Pferd. Der *outfitter* drückt einem das Paddel in die Hand, klopft einem auf die Schulter und sagt: «Have fun, take care!» Da steht man dann mit dem Kanu oder mit dem Pferd und verflucht sich, dass man den Experten gespielt hat, ohne es wirklich zu sein. Denn die *wilderness* fängt gleich hinterm Haus an. Auch der Durst. Was, wenn man in den heissen Steppen die Orientierung verliert? Was, wenn das Packpferd durchgeht? Wenn man die Wasserstelle nicht findet? Wenn ein Gewitterregen beim *canyoning* den zahmen Bach in ein Wildwasser verwandelt? Wie repariert man nach zwei Platten einen schlauchlosen Reifen? Für nicht wenige endet der Ausflug in die *wilderness* als Horrortrip, für die meisten aber, und bestimmt für jene, die der *wilderness* glauben, dass sie es ernst meint, bei einem kühlen Bier in einer klimatisierten Hotellobby oder an einem blauen Swimmingpool. Die *wilderness* ist im Westen immer nah. Auch der Luxus.

Amerikas Liebe gilt der Wildnis und der Geschichte. Amerika ist von seiner Geschichte besessen, vielleicht, weil sie so kurz ist. Auf dem Weg der Pioniere und Siedler nach Westen, über die Appalachen, durch die Plains, über die Rocky Mountains, durch die Steppen und Wüsten, über das steile Kaskadengebirge zum Pazifik wurde europäische Auswanderungsgeschichte amerikanische Geschichte. Die nach Westen wandernde Grenze als *melting pot*, als das Laboratorium, aus dem «Amerika» hervorging, dass diese These seit hundert Jahren diskutiert, bestritten und immer aufs Neue behauptet wird, weist auf den Kern der Sache hin. Überhaupt eine Geschichte zu haben, und zwar eine eigene, nicht bloss eine vernachlässigte Abteilung des immensen historischen Supermarkts Europa zu sein, das ist bis heute der geheime, aber dringende Wunsch der einzigen Supermacht der Welt, die seit der Jahrhundertwende selbst kräftig Weltgeschichte schreibt. Oder ist es eine Befürchtung?

Um Identität durch Geschichte und Kultur zu stiften, legen Kulturausschüsse, Erziehungsbehörden, lokale Universitäten, Museumskuratoren ihre ganze Hingabe in kulturelle Veranstaltungen, Einrichtungen, Institutionen. Überaus kurzen Episoden der Geschichte widmen sie mit dem Hinweis auf ihre Bedeutung akribisch dokumentierte, wunderschön gestaltete Museen. Etwa das «Museum of the Mountain Man» in Pinedale, Wyoming. Im Grunde dauerte die Geschichte der Pelzjäger in den Rocky Mountains nicht mehr als vierzig Jahre – dann war der Biber ausgerottet. Doch die Mountain Men hatten den Weg durch die Appalachen und durch das Felsengebirge gefunden. Sie waren die Mittler zwischen der Welt der Indianer und der weissen Welt und die Speerspitzen der europäisch-amerikanischen Zivilisation. Sie sind ein Mythos. Was wäre Amerika ohne Mountain Men? Todd Guenther, Historiker, Museumsdirektor und Cowboy, führt historisch interessierte Pferdenarren über den Orgeon Trail. South Pass. Der einzige Übergang über die Rockies, der mit Planwagen zu befahren war. South Pass ist für Todd deshalb nicht nur das wahre Tor zum Westen – es ist ein Ort der Weltgeschichte. Denn ohne South Pass wäre nach seiner Lesart der Westen nicht besiedelt worden, wären die Vereinigten Staaten eine mickrige Mittelmacht geblieben, hätte Deutschland – ergo – Europa erobert und Japan den asiatischen Kontinent. Was wäre die Welt also ohne den Heroismus seiner Pionierinnen und Pioniere und was ohne South Pass?

Das Staatsgefängnis von Idaho war in den Siebzigerjahren noch in Betrieb. Es unterscheidet sich in nichts von den vielen Gefängnissen im Land, es ist nur öffentlich zugänglich, es ist eine Art von Museum. Bill führt durch die Zellentrakte, Werkstätten, Höfe. Er ist klein, spindeldürr, einer der vielen Rentner, die im öffentlichen Dienst einen Job gefunden haben. «Das», sagt er, «ist Death Row, der Todestrakt, und der funktioniert so.» Im Prinzip rücken die Häftlinge in den fünf Zellen immer um eine Zelle vor, bis sie in der letzten, gegenüber der Tür zum Hinrichtungsraum, angelangt sind. «Endstation!», sagt Roy, «next please!» und lacht. Er steht im Hinrichtungsraum unter dem Haken für das Galgenseil. Er hopst auf der Falltür. «Hier steht er, Sack über dem Kopf, und wumm! sackt der Boden unter ihm weg. Wie viele hat man bei Ihnen in diesem Jahr schon erledigt?», fragt er eine Touristin aus

In gläsernen Fassaden gigantischer Wolkenkratzer spiegelt sich der «American dream». Nichts scheint unmöglich; selbst die verwegensten Träume haben gute Chance, in Erfüllung zu gehen.

Der Inbegriff pulsierenden Nachtlebens, grenzenlosen Vergnügens, sowohl tiefgründiger wie oberflächlicher Unterhaltung heisst «Broadway», eine der berühmtesten Strassen von New York City.

Texas, dem Staat, der mit seinem Tötungseifer von sich reden macht. «Vorwärts, vorwärts!», sagt Roy, «vielleicht schaffen Sie in diesem Jahr ja noch die fünfzig! Klar, die sitzen auf Halde im Knast, die Halde muss weg!» Ein kalter Schatten fällt auf das Reiseparadies.

Weil Geschichte als Identitätslieferant so wichtig ist, wird das Gestern schon in die Geschichte einbezogen. Mit feurigem Eifer machen sich die Historiker daran, es zu erforschen – und noch bevor die Schüsse verhallt, die Wunden verschorft, die Tränen getrocknet sind, stellen sie es in Gedenkstätten und Museen zur Schau. Ist die Zurschaustellung des Horrors von gestern das Bekenntnis einer von Gewissensbissen geplagten Gesellschaft, die – wie es im religiösen Amerika Tradition ist – damit öffentlich Zeugnis ablegt für ihre Grausamkeit? Ist es also eine Beichte? Im Gefängnishof führt eine Lehrerin ihre Klasse zwischen den Rosenbeeten hindurch. Grün uniformierte Kinder, die Hände hinterm Kopf verschränkt, in Einerkolonne. Sie schwatzen und lachen. «Die spielen Gefängnisaufstand», sagt Roy. «Nein, die Polizei ging damals nicht hinein. Man drehte den Strom und das Wasser ab und liess sie hungern. Die machten einander selbst fertig, die kamen handzahm heraus.» Da wird nicht gebeichtet, sondern umgemünzt. Das Gefängnis wird zum Erlebnispark, der Schrecken zum Kitzel. Fun and show. In der Mediengesellschaft ist alles Software und damit künstlich, irreal. Im Erlebnisknast von Idaho lernen die Besucher, als vergangen zu sehen, was noch Gegenwart ist. Paradoxes Museum, in dem nicht das Gestern ins Heute geholt, sondern das Heute als ein Gestern weggelegt wird.

Locker-lässig und easy ist das Traumland der reisenden Europäer auf den ersten Blick und entlang der touristischen Highlights. Hinterhöfe, Grossstädte, Indianerreservate und die Statistik zeigen ein anderes Bild, ein irritierendes, widersprüchliches. Zum Beispiel: Nirgends auf der Welt sind die Gesundheitskosten pro Kopf der Bevölkerung so hoch wie in Amerika. Bei der Lebenserwartung liegen die Vereinigten Staaten aber unter den Industrienationen nur auf Platz fünfzehn. Die Kindersterblichkeit steigt. Schwarze leben fünf Jahre weniger lang als Weisse, schwarze Männer sterben gar neun Jahre früher als die Durchschnittsamerikaner. Im Süden und Südwesten hält eine Mehrheit ausserehelichen Geschlechtsverkehr und den Besitz von Marihuana für gefährlicher als Feuerwaffen. Siebzig Prozent der Bevölkerung sind aber der Meinung, die Regierung setze zu wenig Mittel für die Bekämpfung von Verbrechen ein. In keinem Land des Westens, nicht einmal im konservativ katholischen Irland, glauben mehr Menschen an Gott, den Himmel, den Teufel und die Hölle als in den Vereinigten Staaten. Keine der westlichen Nationen pocht in ihren internationalen Beziehungen stärker auf die Menschenrechte, aber keine setzt ihre Bürgerinnen und Bürger einem Justizsystem aus, das bei Strafe und Strafvollzug – vor allem bei der in Westeuropa überall abgeschafften Todesstrafe – in so krasser Weise von Rassenzugehörigkeit, Willkür und Zufall bestimmt ist wie das amerikanische. Eine Mehrheit befürwortet die Todesstrafe, dabei sind aber 94,5 Prozent der Amerikaner und Amerikanerinnen der Meinung, das Gebot «Du sollst nicht töten» gelte ohne Einschränkung. In keiner der Industrienationen wird der Wald stärker abgeholzt als in den Vereinigten Staaten. Nirgends gibt es aber grössere *wilderness areas*, die unter ähnlich rigorosen Schutz gestellt sind. Die Kluft zwischen Reichen und Armen öffnet sich trotz Wirtschaftsbooms stärker als anderswo, die Oberschicht kapselt sich zunehmend in privaten Städten und Siedlungen ab. Das schwarze Amerika zieht sich auf sich selbst zurück – zwei Gesellschaften in einer Nation, die dritte, spanischsprachige, ist dabei, sich politisch zu etablieren. In den Vereinigten Staaten leben über zwanzig Prozent der Kinder in Armut. Im Frühjahr 1998 wurde ein Elternpaar wegen tödlicher Fehlernährung seiner Tochter vor Gericht gestellt. Das dreizehnjährige Mädchen war an einem Herzstillstand gestorben. Es hatte dreihundert Kilo gewogen. Seine Eltern waren alles andere als reich – Fettsucht ist die amerikanische Krankheit der Armen. Das ist das verrückteste der amerikanischen Paradoxe, dass die Armen mit ihrem Fett vom Überfluss der Gesellschaft künden. Keine Gesellschaft der Welt gibt pro Kopf der Bevölkerung mehr Geld für Werbung aus als die amerikanische. Für die Armen Junkfood und schlechtes Fernsehen in rauhen Mengen. Für die anderen die *opportunities*, die Chancen, ein kühles Bier in einer klimatisierten Hotellobby, die blauen Swimmingpools und am nächsten Tag der nächste Trip in die Wüste.

Marc Valance

Verpflegungsbude in New York Downtown. Im Geschäftsviertel heisst das Synonym für Zeit «fast». Da Zeit Geld ist, sollte sie nicht mit Essen vertrödelt, sondern in klingende Münze verwandelt werden.

Bilder auf den nachfolgenden Panoramaseiten:

Auf der Halbinsel Manhattan, zwischen Hudson und East River gelegen, befinden sich das Bankenviertel New Yorks, die «Wallstreet», sowie der dreissig Kilometer lange «Broadway», der berühmt ist wegen seiner Theater und Kinos. Wer aus der Vogelperspektive über Manhattan schaut, realisiert, was entstehen kann, wenn Menschen eine Landschaft gestalten.

Arches National Park (Utah) ist mit einer «Landschaft der Urzeit» gleichzusetzen. Die Erosionsgebiete des Colorado Plateaus sind Teil der grossen Faszination, die Amerika auf seine Besucher ausübt.

Great Sand Dunes National Monument (Utah) im «Indian Summer» (Altweibersommer). Die Natur zeigt sich von ihrer farbigsten Seite. Weite, Stille, Gerüche laden zum Verweilen ein. Zeit spielt für einmal keine Rolle. Hundertfünfzig Millionen Jahre sind es her, da lagerte sich der Sand am Fuss des Sangre de Cristo Range ab und formte diese Landschaft.

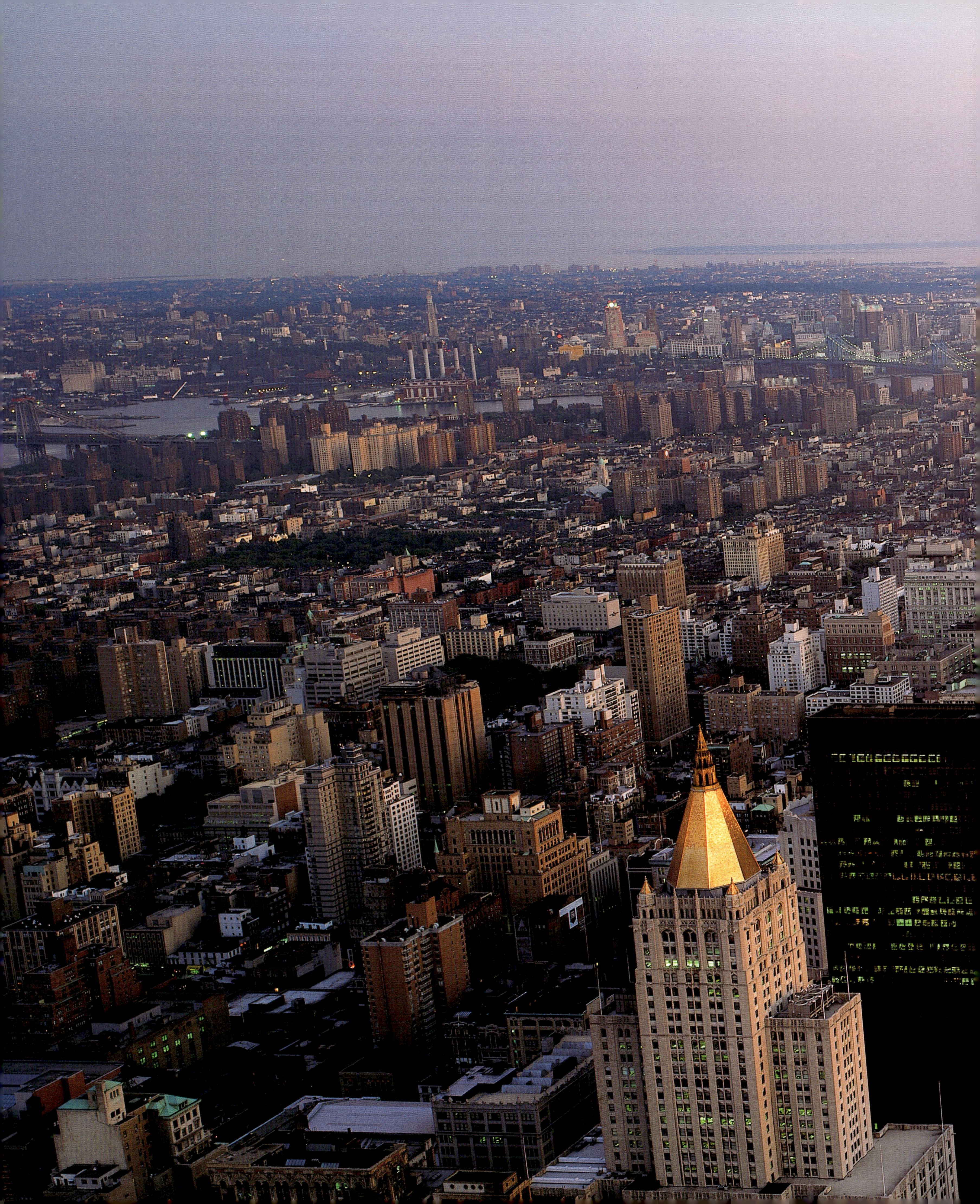

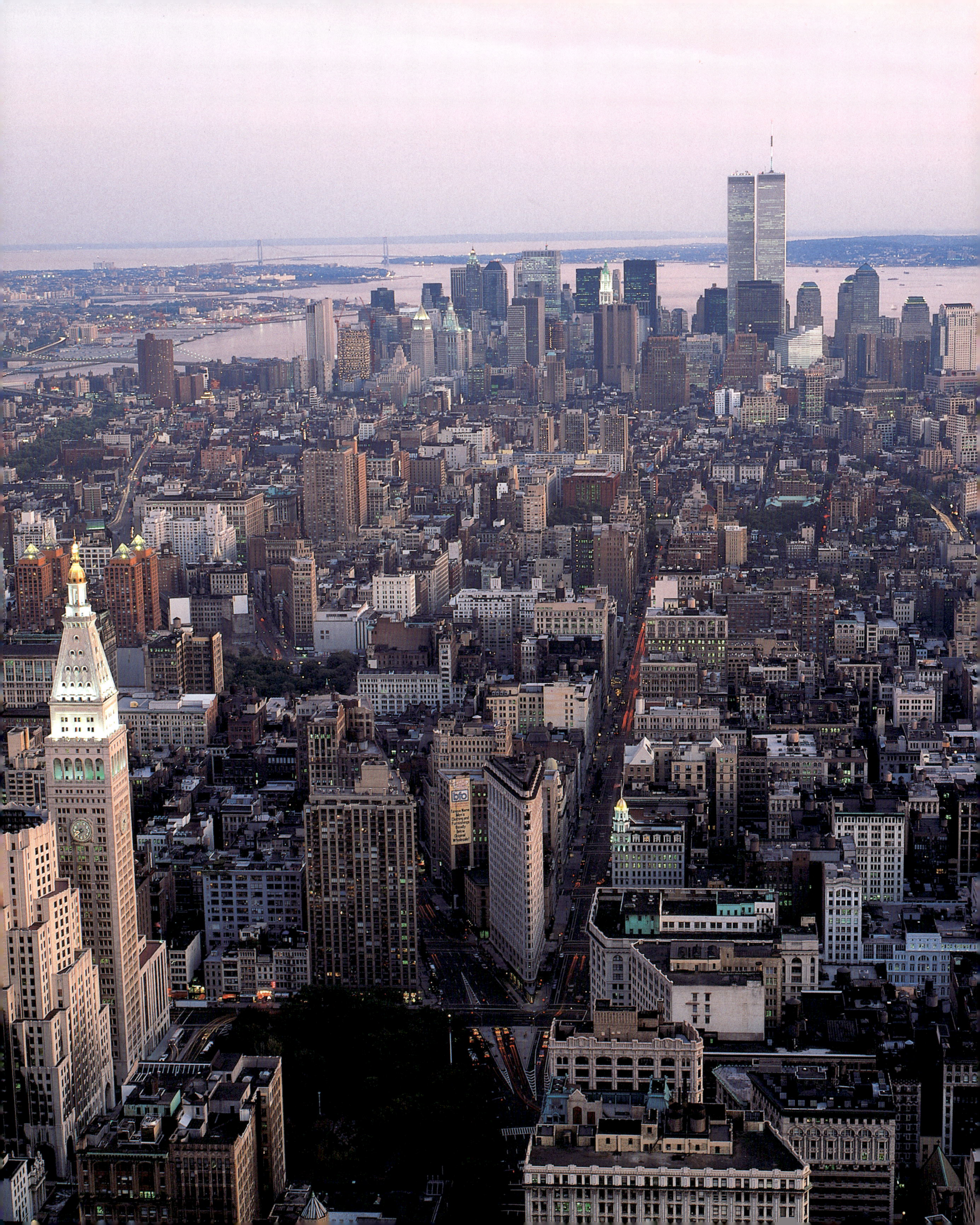

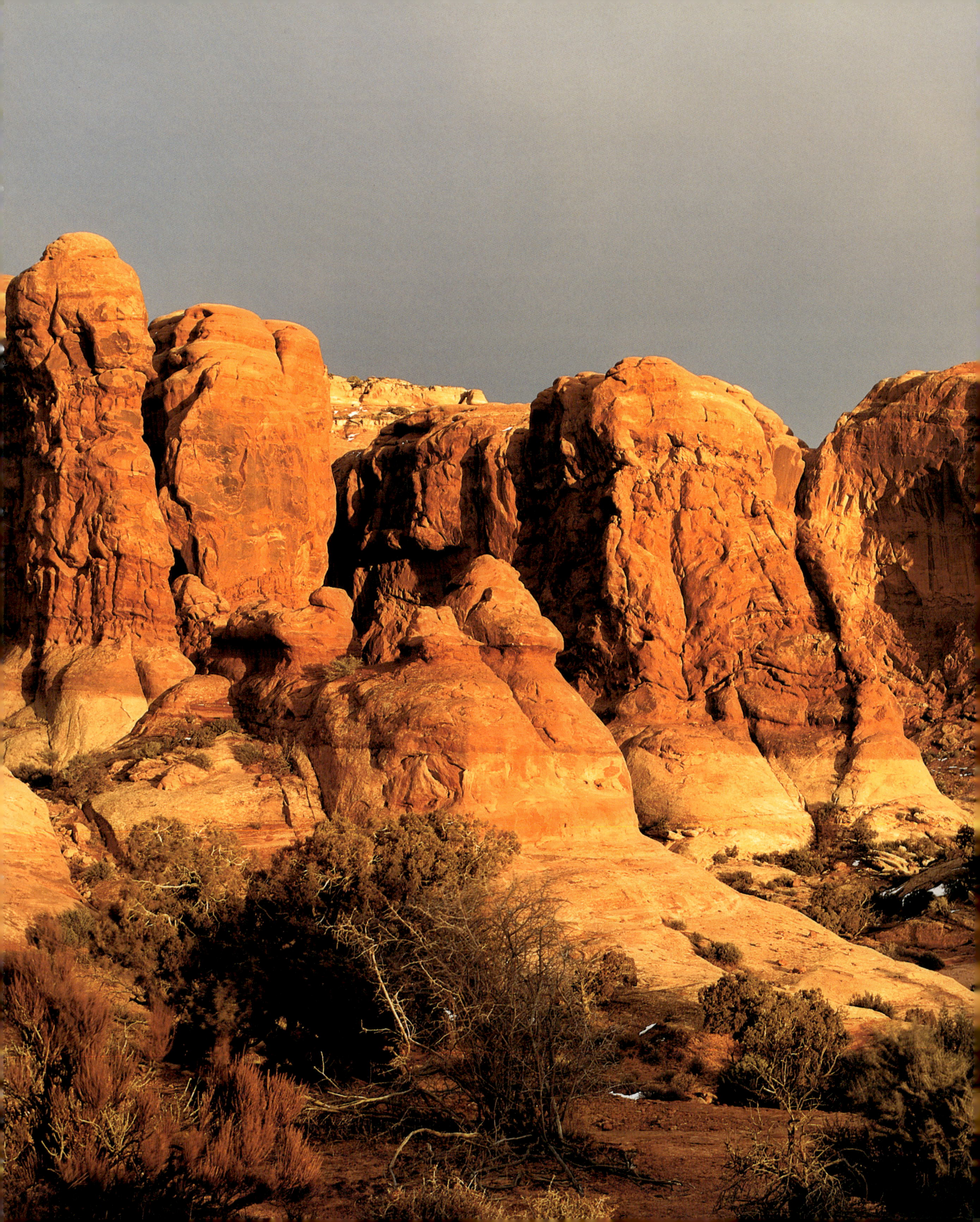

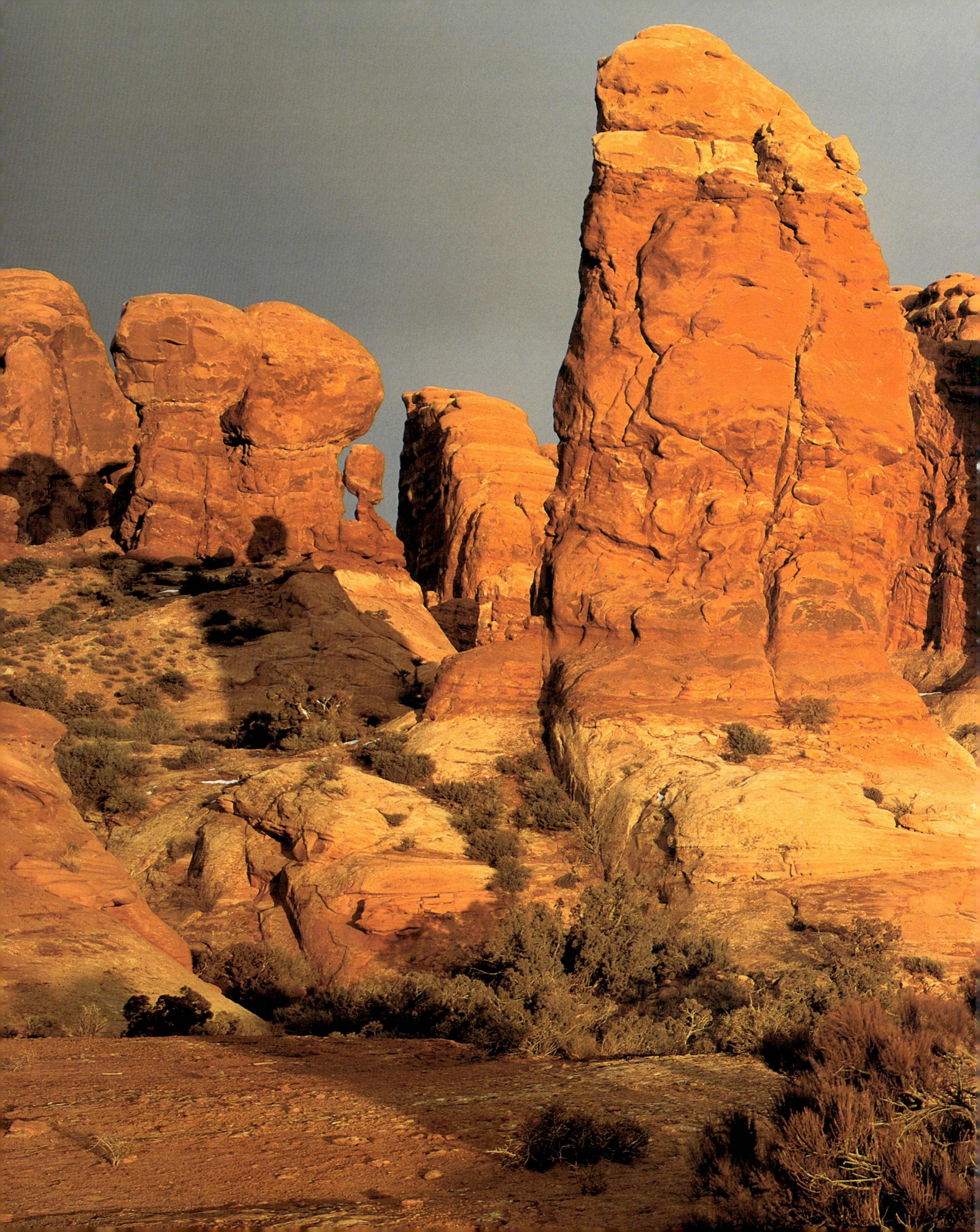

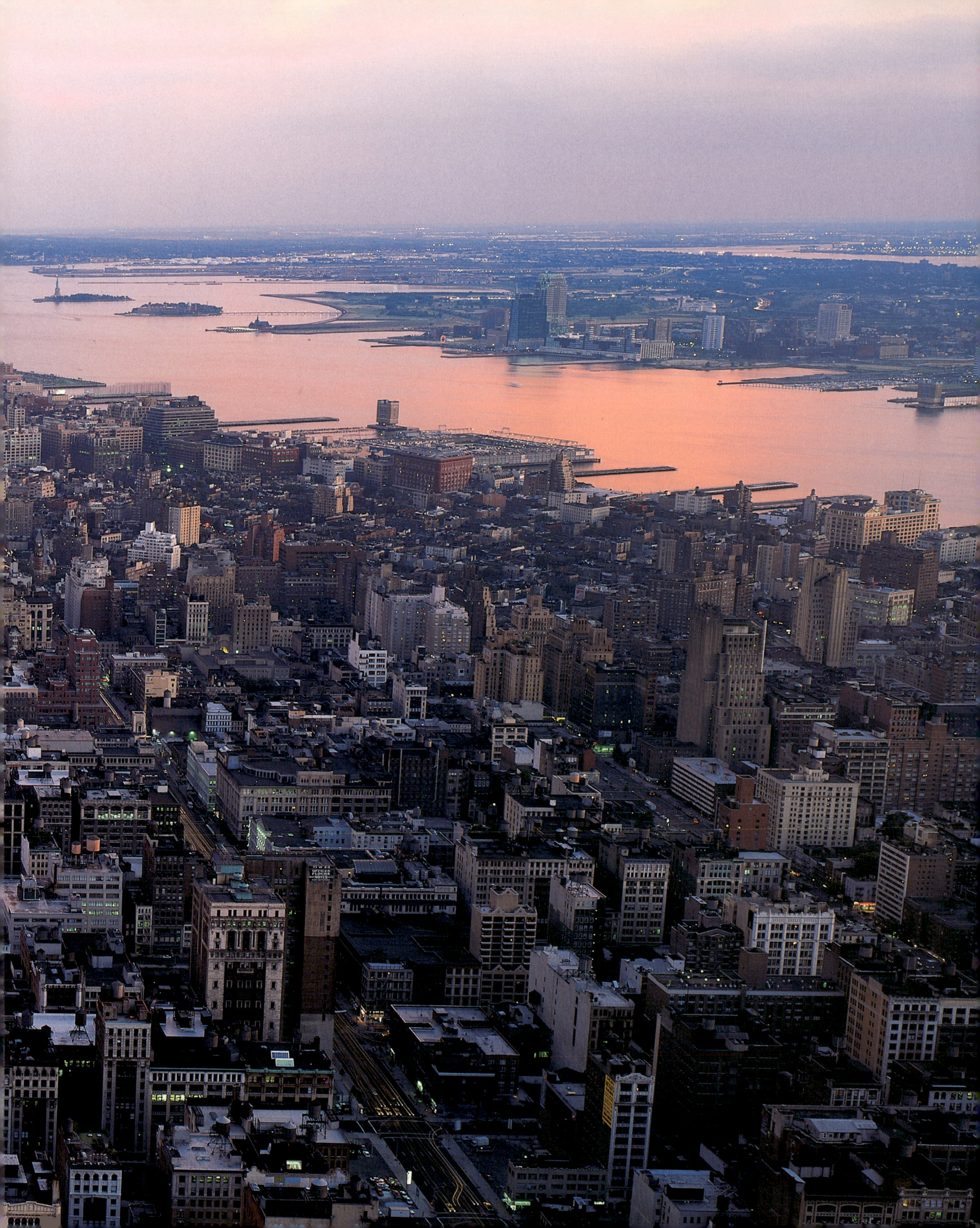

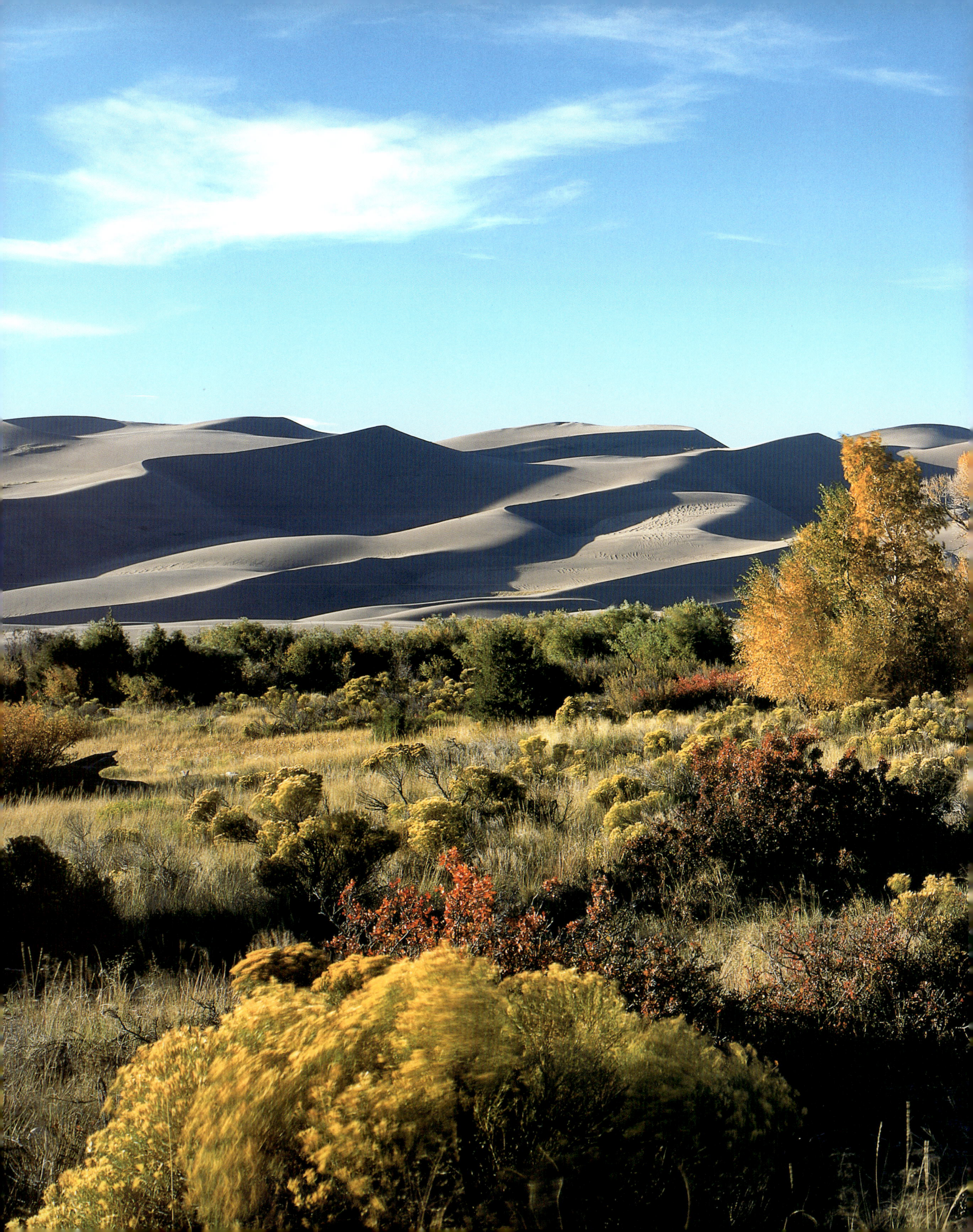

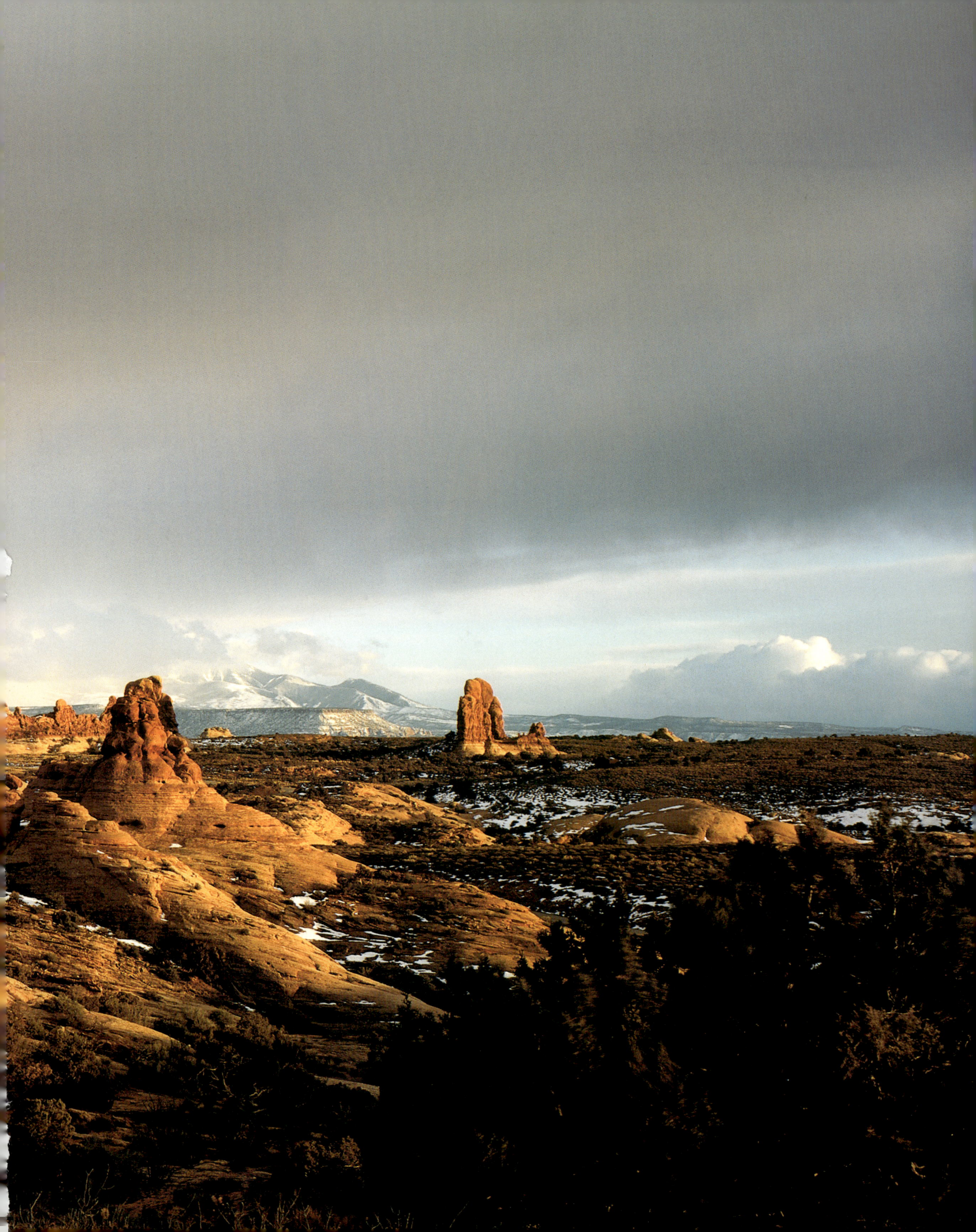

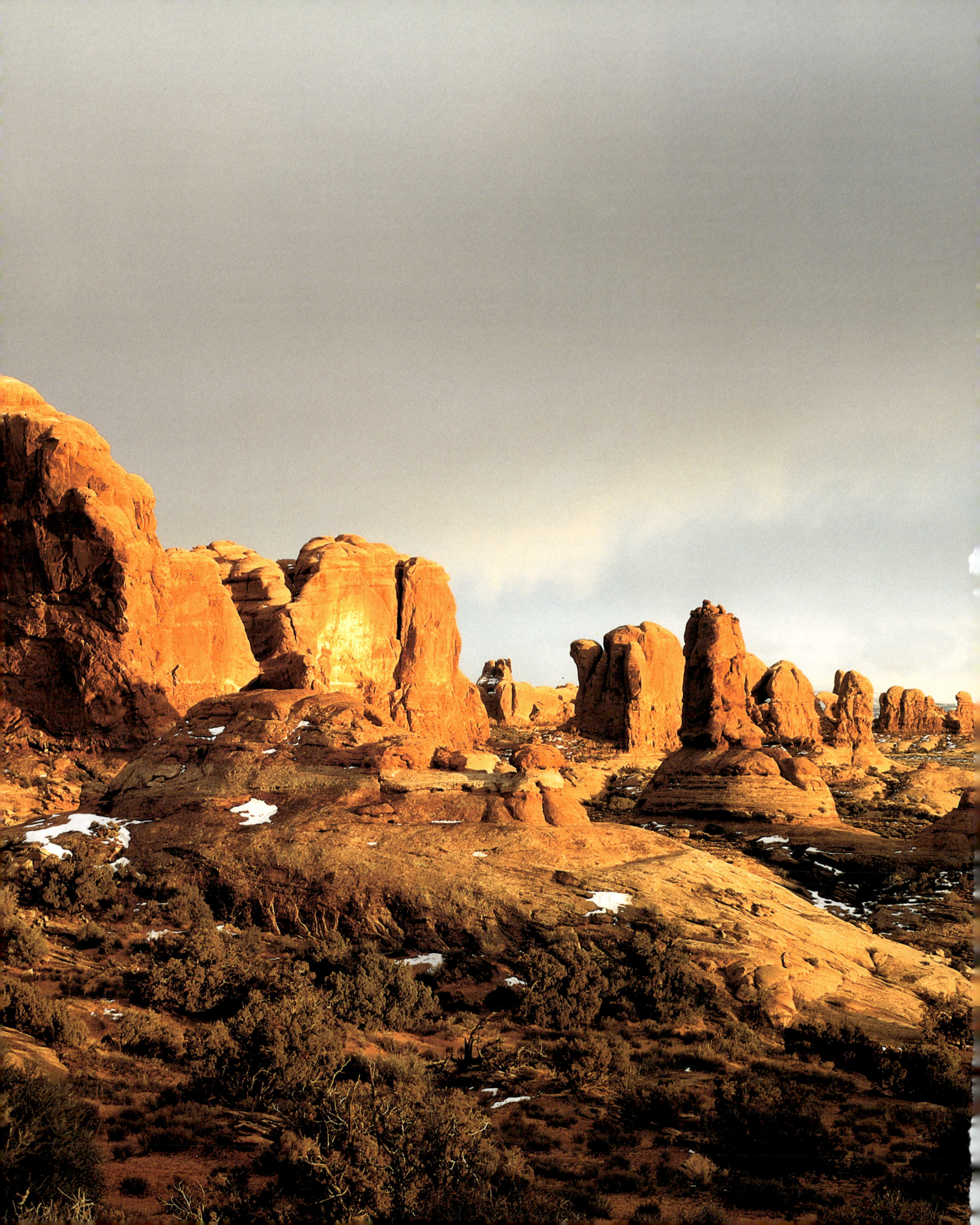

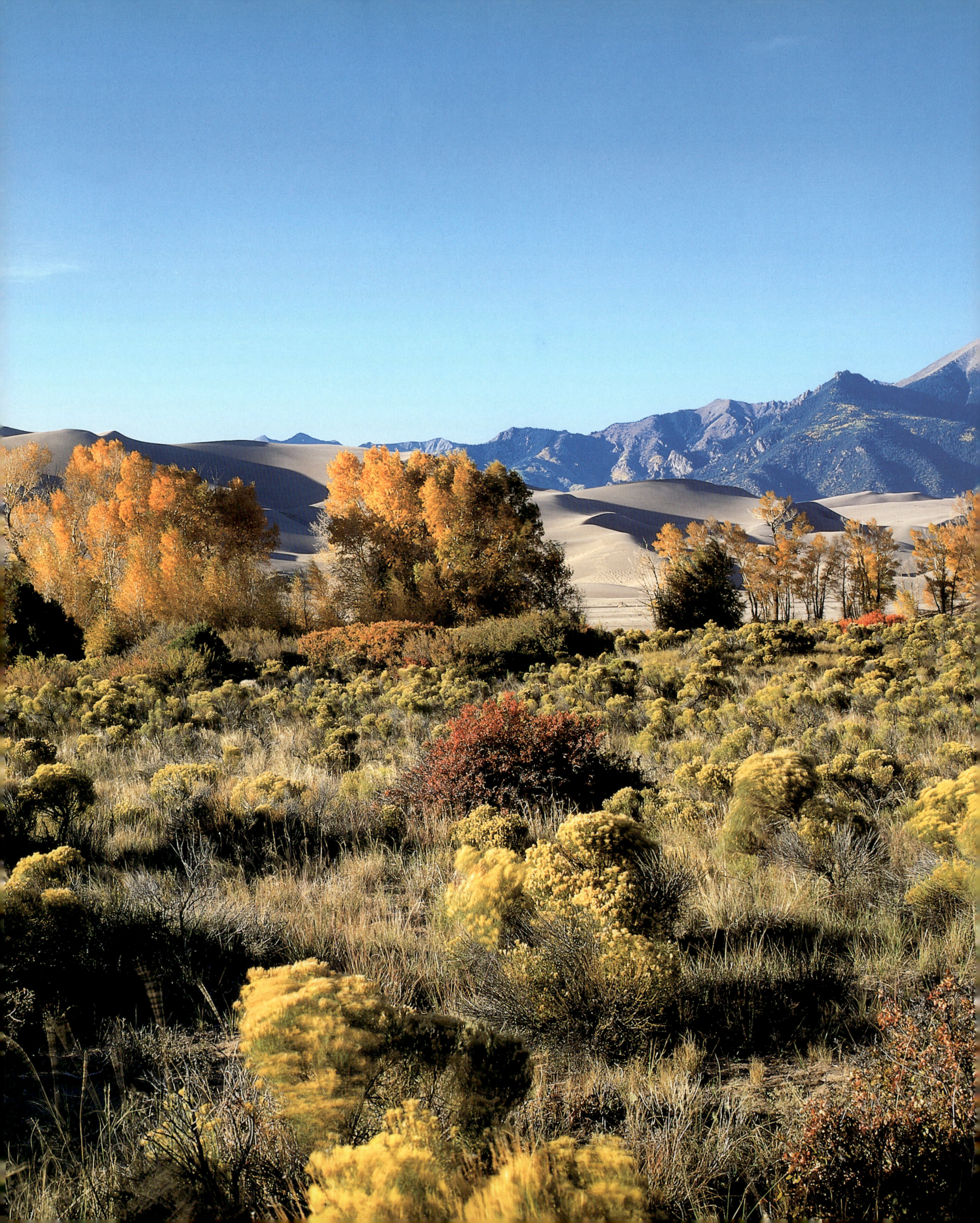

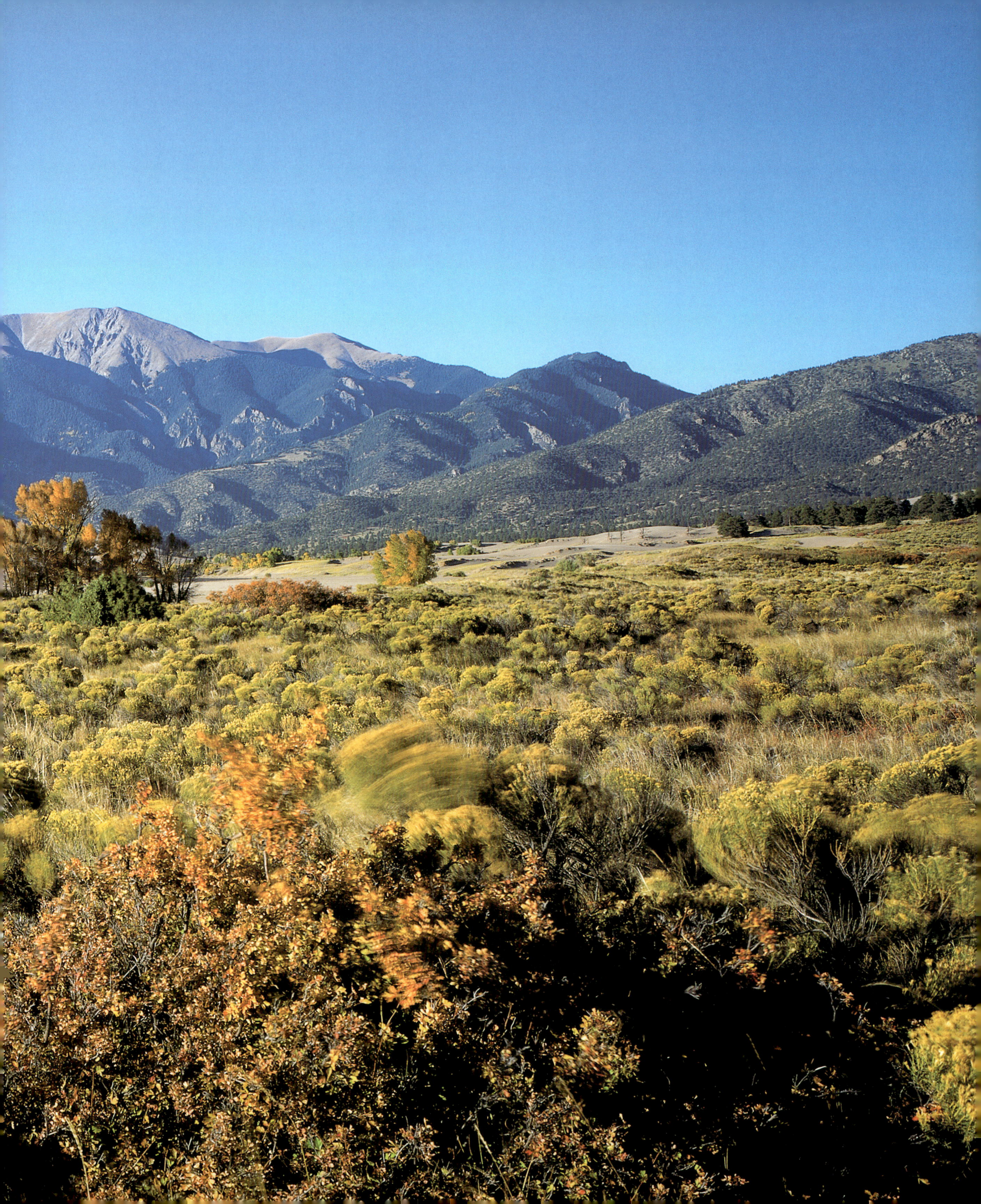

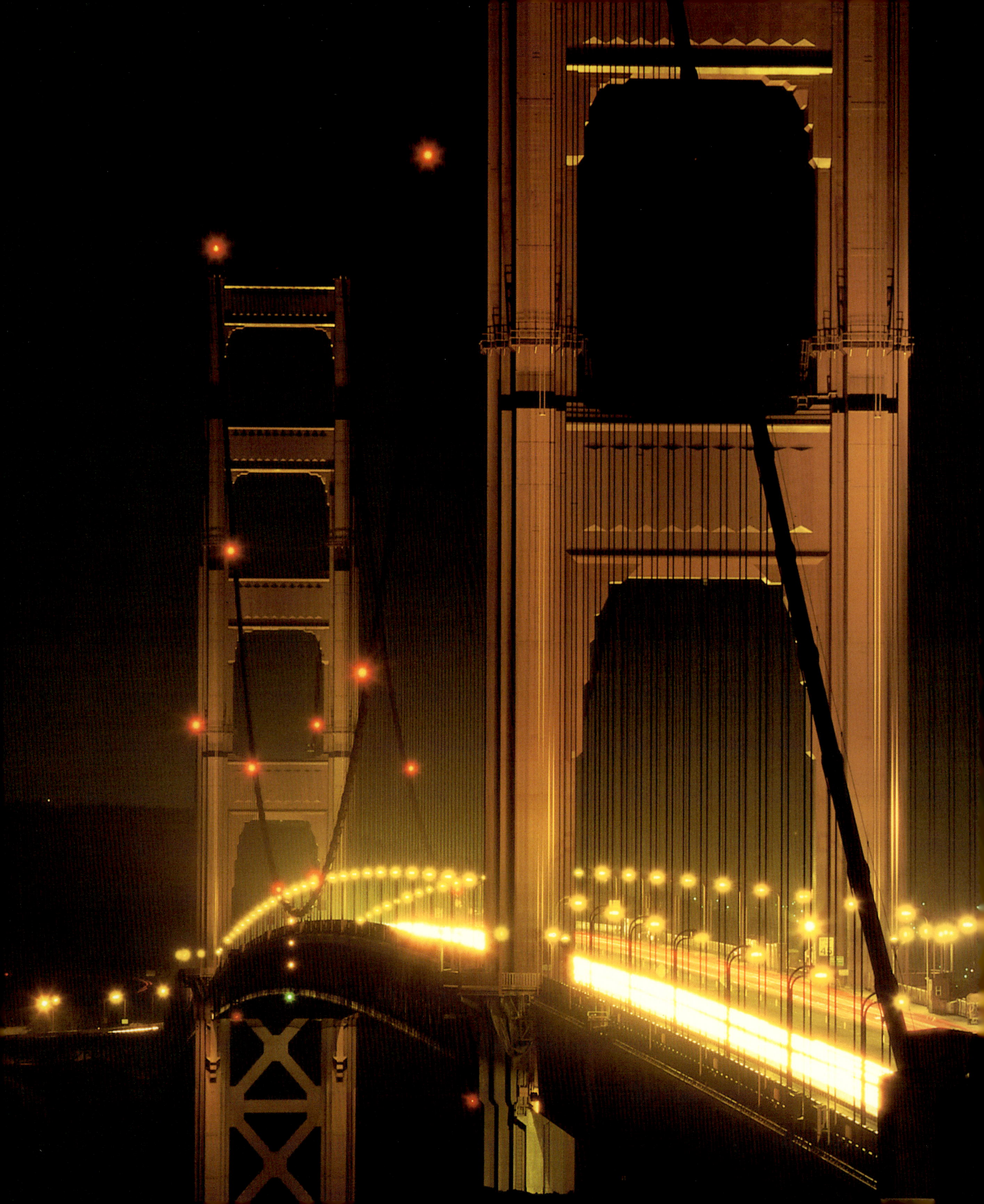

Bild links:
Monumentale Bauwerke wie die «Golden Gate Bridge» in San Francisco (California), die berühmteste Hängebrücke der Welt, symbolisieren den ungebrochenen Glauben an die Zukunft. San Francisco wurde 1906 von einem Erdbeben heimgesucht und anschliessend von einem Grossbrand fast vollständig zerstört. Die Krönung des Wiederaufbaus der Stadt vor über sechzig Jahren bildete die Einweihung dieser Brücke.

Bild oben:
Zwei Verkäuferinnen im Warenhaus Macy's in der wohl multinationalsten Stadt der Welt: New York. Ein Zusammenleben und Zusammenarbeiten ist unumgänglich – aber auch horizonterweiternd.

Bild ganz oben:
In New York, dem «melting pot» (Schmelztiegel) der Nationen, sind die sozialen Gegensätze gross. Ein junger Südamerikaner verdient sich sein Geld mit Schuhe putzen, während der thronende Manager lukrativere Geschäfte tätigt.

Bilder auf den nachfolgenden Panoramaseiten:

Im Monument Valley (Arizona) vereinen sich Klischees von atemberaubender Landschaft, indianischer Geschichte und Wildem Westen. Wahrzeichen des Tales sind die aus Sandstein bestehenden, durch den Wind modellierten Felsskulpturen.

Auf Hawaii «wächst» Amerika auf natürliche Weise. Der Vulkan Mauna Loa (4168 Meter hoch) mit dem Nebenkrater Kilauea dirigiert seine Lavaströme ans Meer und lässt im Südosten der Insel neues, fruchtbares Land entstehen.

20 | 21

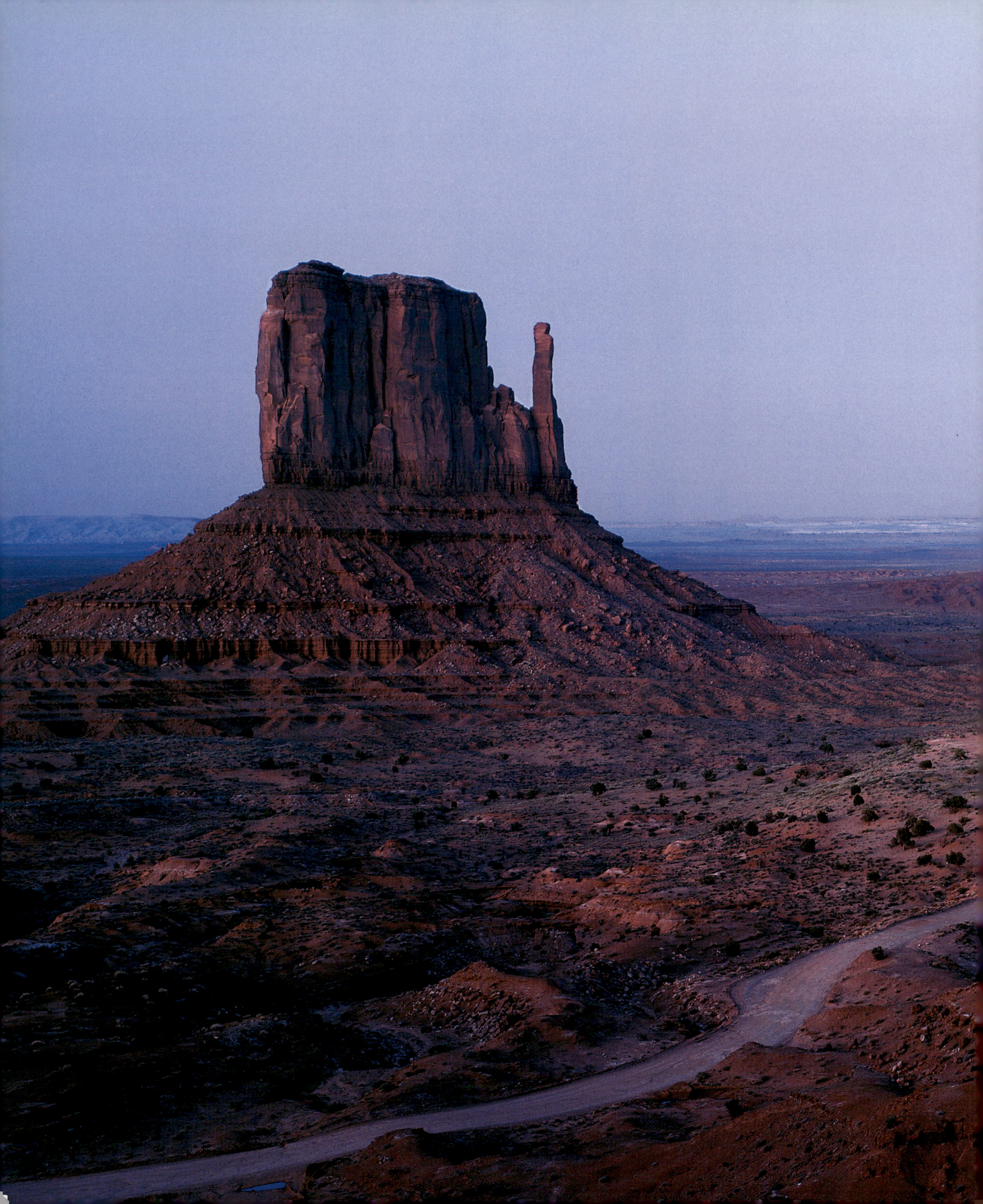

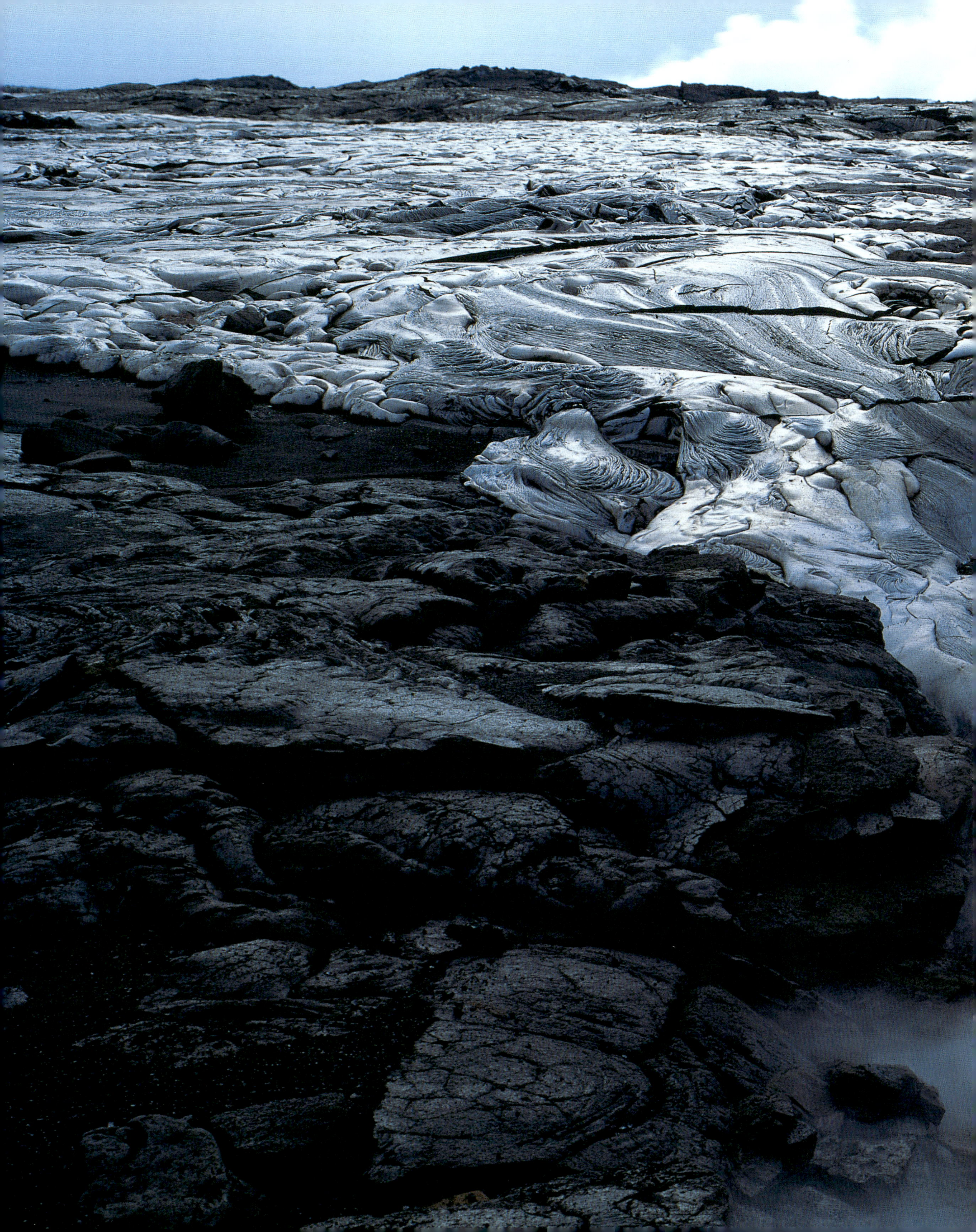

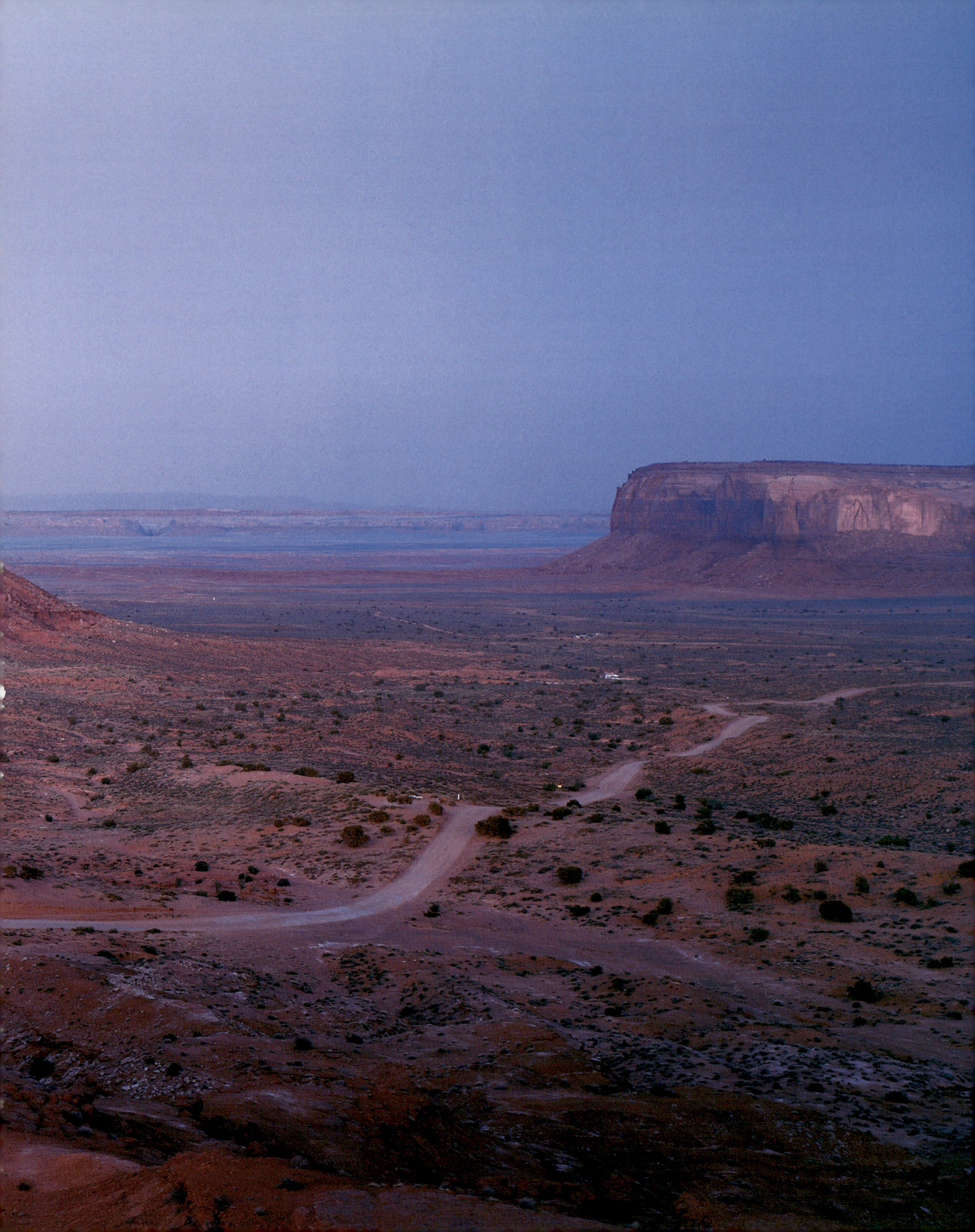

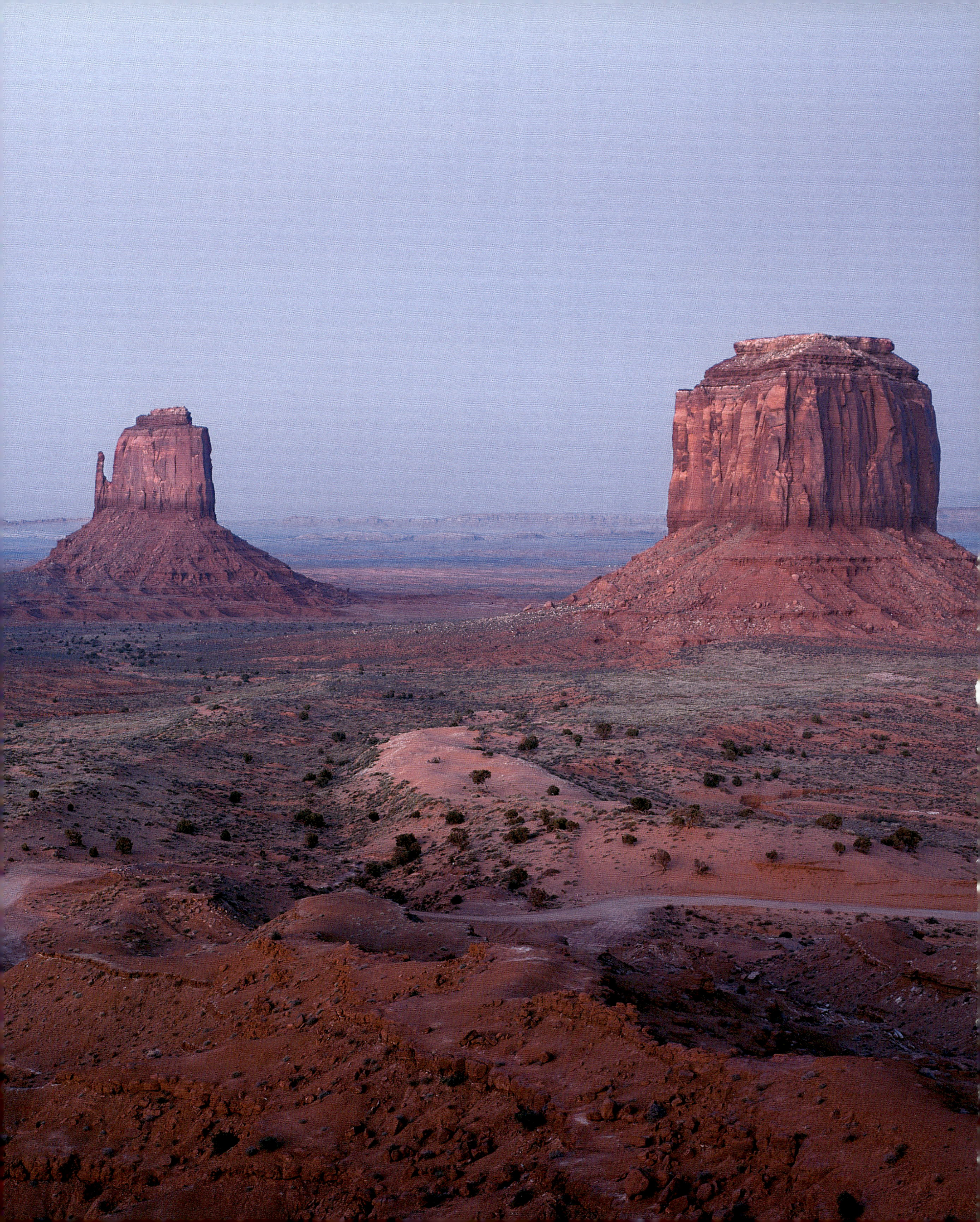

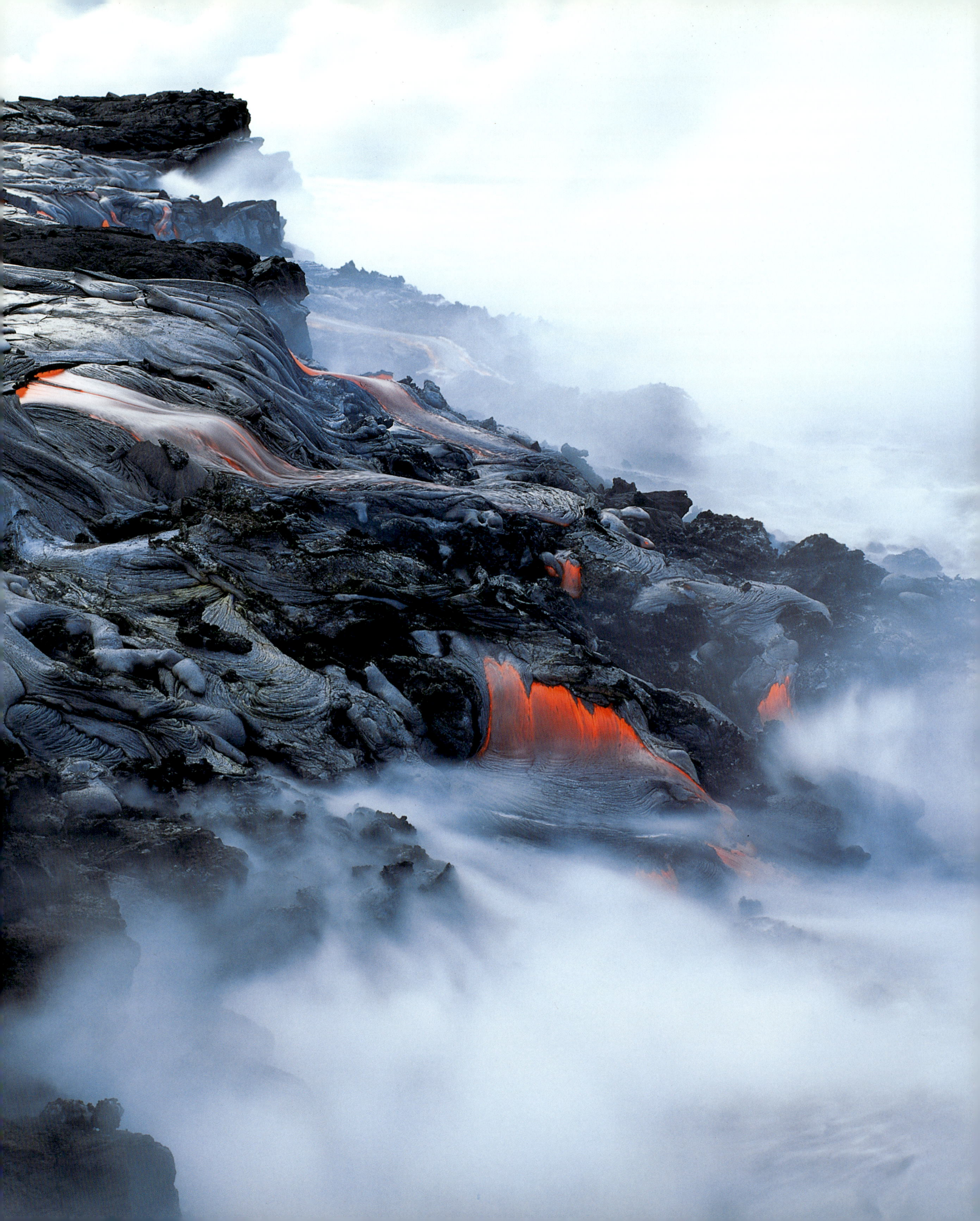

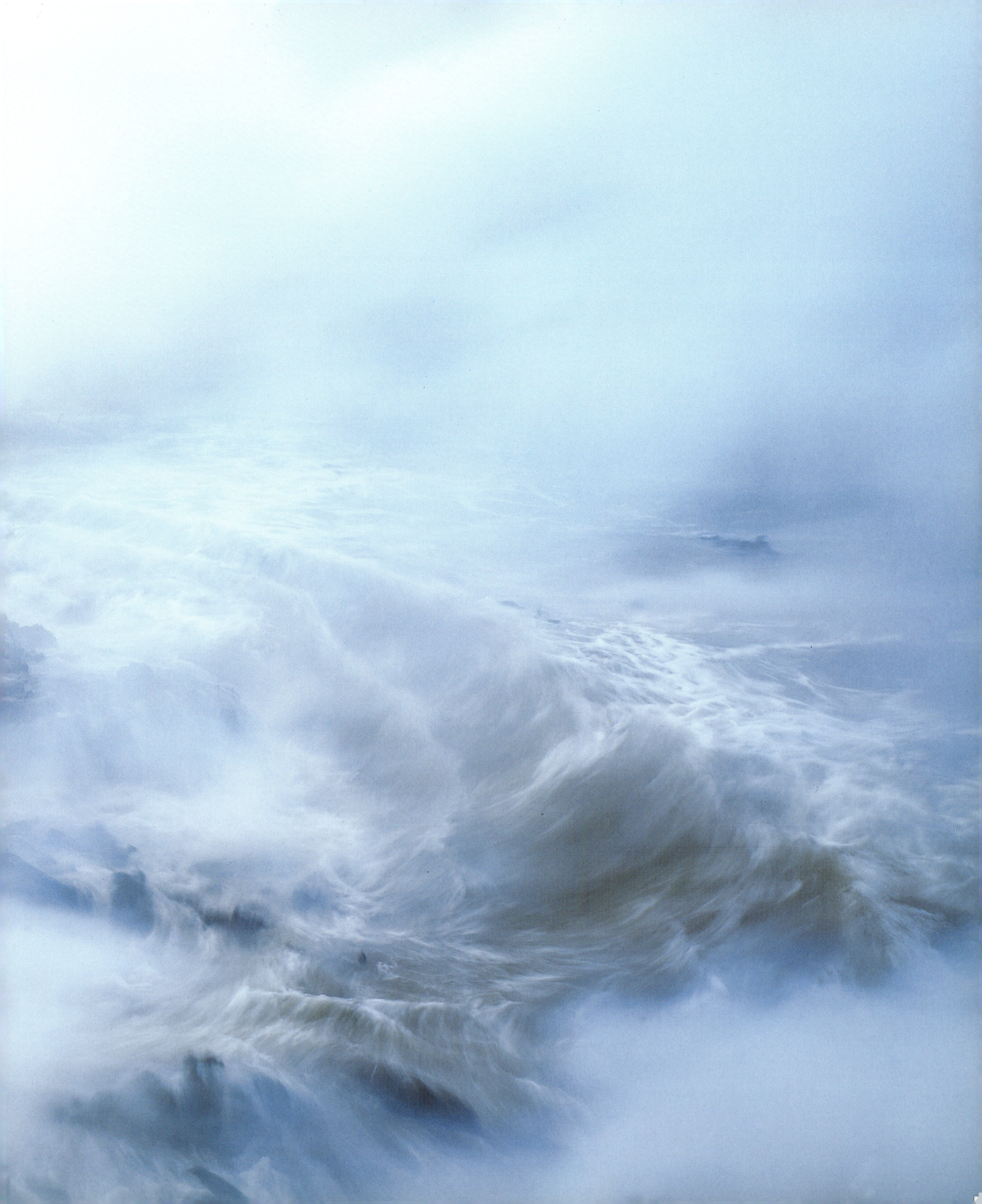

An der Grenze: Krieg gegen die Wilden

John Curry steht vor seinem Haus, die Heugabel in der rechten Hand. Neben ihm steht seine Frau, so steif wie er, sie schauen beide an der Kamera vorbei ins Leere, ernst, ja bekümmert. Auch hinter ihnen, hinter ihrem Haus, hinter den Pferden, die sie für dieses Bild vor den Wagen gespannt haben, ist Leere: Ein schnurgerader Horizont in unbestimmter Entfernung. John Curry und seine Frau, deren Vorname nicht überliefert ist, tragen ihre besten Kleider. John sieht in abgetragener Jacke und Hose wie ein Stallknecht aus, seine Frau trägt ein sauberes Baumwollkleid mit weissen Punkten, eine weisse Schürze und einen gestärkten weissen Brustlatz. Mit der linken Hand stützt sie sich auf die Lehne des besseren ihrer zwei Stühle. Sie hat ihn auf den Vorplatz getragen. Sie haben alles auf den Vorplatz getragen und gebracht, was sie besitzen: Eine Nähmaschine, ein paar Eimer, eine Hacke, Blechgeschirr auf einem Bord an der Hauswand, ein Bauer mit einem gefangenen Vogel, die Pferde, einen Wagen, eine Kuh, einen Hund. Das Haus der Currys besteht aus Gras-Soden, Rasenziegeln, die sie aus dem Präriboden geschnitten haben. Das Holz für Dachbretter, First und Türpfosten haben sie vom Loup River herangeschafft, meilenweit durch die baumlose Prärie. Ein paar Jahre leben sie zur Zeit der Aufnahme, 1886, schon in dieser Hütte, während der winterlichen Blizzards oft wochenlang in den zwei engen, russigen Räumen blockiert.

Vielleicht gehörten John Curry und seine Frau zur letzten Welle der Auswanderer auf dem «Oregon Trail» und haben ihren Treck nach Westen lang vor den Rocky Mountains, weit vom gelobten Land, den ehemaligen Oregon Territories entfernt, in der Prärie abgebrochen. Aus Erschöpfung? Weil ihr Wagen in Stücke fiel? Weil sie trotz ihres Drangs nach dem Westen die Fruchtbarkeit des Prärbodens erkannten?

Vielleicht hat die «Union Pacific Railroad», die seit zwanzig Jahren quer durch Nebraska dampfte, sie ins Land gebracht als Pioniere in der Prärie, dem trockenen Land, das lange nur durchreist, aber nicht besiedelt worden war. Im sechstausendvierhundert Quadratkilometer messenden Custer County Nebraskas gibt es bis heute kaum

John Curry und seine Ehefrau in West Union, Custer County (Nebraska), posieren mit ihrer Habe für den Fotografen Salomon D. Butcher. Die Aufnahme entstand um 1886.

ein Dutzend nennenswerte Siedlungen und nur eine einzige Kleinstadt. John Curry liess sich die fünfundsechzig Hektaren Ackerland geben, die ihm gemäss dem «Homestead Act» zustanden, dem Bundesgesetz, das die Bodenzuteilung im Westen regelte, und begann zu pflügen. Zu viel Land, zu viel Mühe für einen traditionellen Farmer aus dem agrarischen Osten, zu wenig für die mechanisierte Landwirtschaft, die mit der Eisenbahn schon in die Prärie eindrang. Bodenspekulanten, Kapitalgesellschaften, die neue Anlagemöglichkeiten suchten, folgten John Curry, dem bodenbrechenden Ackerbauern, auf dem Fuss. Kapitallos, ohne Ressourcen ausser der eigenen Arbeitskraft, gerieten die Currys vielleicht in die Abhängigkeit einer Eisenbahngesellschaft oder einer Bank und bearbeiteten den Boden fortan als bettelarme Pächter. Der Aufbruch nach Westen, neuer Hoffnung entgegen, war ihnen verwehrt. Denn schon 1890 verkündete das «Bureau of the Census», das gemäss Verfassung alle zehn Jahre eine Volkszählung vornimmt: «Die unbesiedelten Gebiete sind heute so durchsetzt von isolierten Siedlungen, dass man kaum mehr von einer Grenzlinie sprechen kann.» Für John Curry musste das bedeuten: Es stand im Westen kein freies Land mehr zur Verfügung.

Freies Land im Westen! Dass man Armut, Schuldsklaverei, Hoffnungslosigkeit oder auch nur die Langeweile hinter sich lassen und im Westen eine neue Chance suchen konnte, gehörte während dreihundert Jahren zum Selbstverständnis der Amerikaner. Die *manifest destiny*, das offenbare Schicksal der Nation, sich über den ganzen Kontinent, von Ozean zu Ozean auszubreiten, war einer ihrer Glaubenssätze, die auch tief in religiösen Überzeugungen wurzelten. Schon die Pilgerväter hatten ihren Aufbruch nach Amerika mit dem Zug der Hebräer durch die Wüste ins Gelobte Land verglichen. Die Pioniere, Siedler, Städtegründer, Eisenbahnbauer, am plakativsten die Mormonen, die im «Valley» des Salt Lake ihr neues Jerusalem errichteten, bedienten sich derselben Bilder. Gottgewollt, von Gott geleitet war ihr Vorstoss in die kontinentale Wildnis. Gott gab den Kämpfern gegen die erbarmungslose Natur, gegen Bären, Pumas, Büffel und kriegerische Indianer, aber auch gegen Gesetzlose, Banditen und Räuber sogar das Recht und das Gesetz: das Alte Testament. Auge um Auge, Zahn um Zahn war der Rechtsgrundsatz, nach dem man in der Wildnis im Dienst des eigenen Überlebens rasch entscheiden und ohne zu zögern handeln konnte. Neutestamentliche Feindesliebe, Hingabe, Milde und Vergebung hatten einen geringen Stellenwert an der Grenze, so wenig wie zentralistisch organisierte Kirchen. Ein religiöser Kodex, der zugleich als Gesetzbuch gelten konnte, und eine bewegliche Kirche – Protestantismus auf alttestamentlicher Basis. Die Grenze hatte einen fundamentalistischen Zug, würde man heute sagen. Er prägt die amerikanische Gesellschaft bis in unsere Tage.

Die Siedlungsgrenze, schrieb der Historiker Frederick Jackson Turner 1893 in seinem epochemachenden Essay «The Significance of the Frontier in the American History», habe nicht nur in einem blossen Vorrücken von Osten nach Westen entlang einer einzelnen Linie bestanden. Sie habe «eine Rückkehr zu primitiven Verhältnissen an einer kontinuierlich fortschreitenden Grenzlinie» bedeutet. «Die amerikanische soziale Entwicklung begann immer wieder von vorn an der Grenze. (...) In diesem Vorrücken ist die Grenze der äusserste Rand einer Welle – der Treffpunkt zwischen Wildheit und Zivilisation.»

Die Atlantikküste war die erste Grenze. Sobald die Kolonien Virginias und Neuenglands aber festen Fuss gefasst hatten, begannen sie sich den Flussläufen entlang ins Landesinnere auszubreiten und erreichten nach blutigen Kriegen mit den Indianern zu Beginn des 18. Jahrhunderts das Piedmont, das hügelige Vorland der Appalachen. Schon 1714 hatte der Gouverneur von Virginia auf einer Expedition die Appalachen überschritten, doch die Grenze blieb noch bis zur amerikanischen Revolution mit der Küste verbunden. 1763 verbot die englische Krone gar jede Besiedlung westlich der Quellen jener Flüsse, die in den Atlantik münden. Sie argumentierte mit dem Frieden: Es sollten weitere Kriege mit den Indianern vermieden werden. Im Grunde fürchtete die Kolonialmacht aber die Expansion ihrer Ko-

Das für alle Ewigkeit parkierte Auto und das velotternde Haus sind Zeugen vergangener Zeit. Längst zogen die Besitzer weg von Bodie (California), einer ehemaligen Goldgräberstadt, um ihr Glück woanders zu versuchen.

lonien. Binnenstaaten westlich der Appalachen hätten sich von der Küste aus nicht mehr kontrollieren lassen und hätten gefährliche Autonomie entwickelt.

Pelzjäger, Fallensteller, Indianerhändler drangen zuerst nach Westen vor. Ihnen folgten Pionierfarmer, Rinder- und Schweinezüchter, die ihr Vieh auf der *range*, der natürlichen Weide, hielten. Als Ackerbauern nutzten sie die natürliche Fruchtbarkeit der Böden und zogen weiter, wenn die Erträge nachliessen. Dem Appalachenfuss entlang wanderte die Grenze nach Südwesten. Die Viehzüchter trieben ihre Herden ein- oder zweimal jährlich aus dem Hinterland über Hunderte von Kilometern zu den Küstenstädten am Atlantik, frühe Vorbilder für die grossen Rinderauftriebe von Texas nach den Märkten im Norden. Doch während es die texanischen Cowboys zu einem amerikanischen Mythos brachten, überlebte die Erinnerung an die Viehhirten des Südostens nur in einer verächtlichen Bezeichnung: *cracker*, hergeleitet vom Peitschenknallen der Viehtreiber auf dem *drove*, beim Auftrieb der Herden durch die Küstenebenen; für die schwarzen Amerikaner Synonym für einen rassistischen weissen Hinterwäldler. Den Pionierfarmern folgte eine zweite Welle von Siedlern, die das Land dauernd in Besitz nahmen. Mit ihnen entwickelte sich die Infrastruktur. Städte entstanden, Strassen wurden gebaut, Schulen gegründet, Gewerbe und Industrie begannen sich zu entwickeln – während weiter westlich, in den Plains und in den Rocky Mountains Pelzjäger im Auftrag der grossen Pelzhandelsgesellschaften gerade erste Kontakte mit den Indianern aufnahmen.

Nach dem amerikanischen Unabhängigkeitskrieg überschritt die Grenze die Appalachen. Im Süden drang sie in rasendem Tempo zum Mississippi und nach Texas vor. Die Erfindung der Baumwollmühle hatte für die sklavenhaltenden Farmer den Baumwollanbau rentabel gemacht, der Raubbau an den Böden erzwang geradezu eine Expansion nach Westen. Durch Landkäufe, kriegerische Auseinandersetzungen mit dem südlichen Nachbarn Mexiko und geschicktes Verhandeln mit der alten Kolonialmacht England dehnte die amerikanische Regierung das Staatsgebiet bis zur Mitte des 19. Jahrhunderts an den Pazifik aus. Immer wieder hatten die alten Kolonien an der Ostküste versucht, die Westexpansion zu bremsen. Wie der englische König vor ihnen fürchteten sie, ihre Vormacht an künftige Staaten im Westen zu verlieren. Doch mit der Masseneinwanderung aus Europa im 19. Jahrhundert nahm der Druck der landhungrigen Massen zu, die Expansion war nicht aufzuhalten, nicht einmal zu steuern. Sie wurde zur bestimmenden Kraft der amerikanischen Geschichte, zum Trend, der bis zum 20. Jahrhundert alles andere überlagerte. Die Westexpansion lieferte den Zündstoff für den mörderischen Konflikt zwischen dem industrialisierten Norden, dessen Wirtschaftssystem auf Lohnarbeit beruhte, und dem agrarisch gebliebenen Süden, dessen Reichtum in der Sklavenhaltung gründete. Je weiter die Besiedlung nämlich nach Westen vordrang, desto häufiger stellte sich bei der Einrichtung sogenannter *territories* und bei ihrer späteren Aufnahme als Staaten in den Bund die Frage, ob ihnen die Sklavenhaltung erlaubt sein solle. Diese Frage erzwang mühsame Kompromisse und führte zu bewaffneten Aufständen und bürgerkriegsähnlichen Wirren. Vor allem brachte sie die Menschen im Süden wie im Norden zur Überzeugung, dass die Gegenpartei ihnen um jeden Preis ein verhasstes Gesellschafts- und Wirtschaftsmodell aufzwingen wolle.

Für den grossen Treck der Menschen nach Westen bedeutete der Bürgerkrieg allerdings kaum eine Unterbrechung. 1862, mitten im Krieg, wurde die erste transkontinentale Eisenbahn fertig gebaut. Seit dem Kalifornischen Goldrausch von 1849 zogen auf dem «Oregon Trail» Hunderttausende von Siedlern in Planwagen oder mit Handkarren, zu Pferd, zu Fuss, begleitet von Viehherden nach Kalifornien, ins mormonische «Valley» von Utah, in die heutigen Bundesstaaten Idaho, Washington, Oregon. Beinahe jeder Zehnte verlor auf dem Treck durch Plains, Gebirge und Wüsten das Leben. In panischer Angst vor Indianerüberfällen brachten sie sich beim Hantieren mit geladenen Gewehren selbst um, sie starben unter den Klauen durchgehender Ochsengespanne, unter den Rädern der überladenen *prairie*

Dieses Wirtshausschild in Santa Fe, der Hauptstadt von New Mexico, erinnert an die Zeit der spanischen Conquistadores. Den Eroberern war mit ihrer Kolonie im Südwesten der USA aber wenig Glück beschieden.

schooners (Planwagen), an Choleraepidemien in hoffnungslos übervölkerten Camps, an Durst, in Schneestürmen, in hochgehenden Flüssen, an den Blitzschlägen der Präriegewitter. Aber sie liessen sich nicht stoppen.

Der unablässige Kampf mit der ungezähmten Natur und der Tribut, den er kostet, hat ein amerikanisches Trauma hinterlassen, das man heute noch zu spüren glaubt. Während das alte Europa in seinen Alpträumen von den Gespenstern einer abergläubischen Vergangenheit heimgesucht wird, von Hexen, Zauberern, Dracula und dem Werwolf, schrecken die Amerikaner mörderisch wütende Grizzlybären, entlaufene Riesenaffen und Dinosaurier, weisse Haie, Riesenspinnen, Hurrikane, Tornados, Erdbeben und Vulkanausbrüche, die sie in unzähligen Katastrophenfilmen auf der Leinwand gleichsam bannen. Frederick Jackson Turner sah aus dem Fegefeuer der Grenze allerdings kein ängstliches, sondern ein heroisches Volk hervorgehen. Überwältigt zuerst von der Natur, dann die Natur selbst bewältigend, durchliefen die Pioniere einen Prozess, der sie «amerikanisiere». Die Natur zu unterwerfen werde damit das eigentliche amerikanische *manifest destiny*. Die Grenze, meinte Turner, forme erst den richtigen amerikanischen Volkscharakter, den er folgendermassen beschrieb: «Diese Rauheit und Stärke, kombiniert mit Scharfsinn und Wissbegier; diese praktische, erfinderische, geistige Wendigkeit, die rasch die nötigen Mittel findet; dieser gebieterische Zugriff zu materialen Dingen, dem es zwar am Künstlerischen fehlt, der aber machtvoll genug ist, um zu grossen Resultaten zu kommen; diese rastlose, fieberhafte Energie; dieser dominante Individualismus, der Gutes und Schlechtes bewirkt, und bei alledem dieser Elan und Überschwang, der die Folge der Freiheit ist – das sind die Züge der Grenze.»

Für Turner war die Grenze mit ihren verschiedenen Stadien – Trapper, Pionier, Farmer, Städtebauer, Kaufmann und Industrieller – ein permanentes soziales Laboratorium, aus dem die wahre Demokratie hervorging und nach Osten zurückwirkte. In Wirklichkeit galt im Westen wohl ebenso häufig das Recht des Stärkeren als die demokratische Vernunft. Arme Auswanderer, die mit nichts als den Kleidern am Leib im gelob-

Winter im Arches National Park (Utah). Die Natur ist in erholsamem Schlaf versunken.

Deko in Santa Fe (New Mexico). Die 1692 von den Spaniern angegriffenen Pueblo-Indianer wurden zwar in einem blutigen Feldzug bekämpft und unterworfen, doch ihr Stolz war nicht zu brechen.

ten Land ankamen, gerieten im Westen in dieselben Abhängigkeiten, vor denen sie aus Europa geflohen waren. Räuberische Bankgeschäfte ruinierten viele jener Städte, die über Nacht gebaut worden waren, und liess sie über Nacht wieder verschwinden. Das Recht lag oft in der Hand lokaler Potentaten, von Viehbaronen, Minenbesitzern, einflussreichen Predigern. Selbstjustiz von Regulatoren, selbst ernannten Polizisten, Richtern und Henkern in Personalunion, grassierte mit Geheimprozessen und *lynchings*. Die ständig gefährdete Grenzgesellschaft machte mit Unruhestiftern regelrecht kurzen Prozess. Misstrauen gegen die Staatsgewalt und selbstherrlicher Individualismus brachten im Westen wohl nicht nur Demokraten hervor, sondern auch eigensinnige Widerständler gegen die ordnende Staatsgewalt.

Gewalt war allgegenwärtig an der Grenze, Gewaltbereitschaft eine Voraussetzung für das Überleben. Nicht, dass die werdende amerikanische Nation an der *frontier* gewalttätiger gewesen wäre als andere Völker an ihren Grenzen. Bei näherem Hinsehen könnte es sich zeigen, dass die als gewalttätig verschriene amerikanische Gesellschaft auch heute nicht gewalttätiger ist als irgend eine andere. Doch Amerika pflegte einen besonderen Umgang mit der Gewalt. Siedler, Viehzüchter, Soldaten führten an der Grenze einen ständigen Krieg gegen die Indianer. Von Verständigung und friedlicher Koexistenz war zwar immer die Rede, doch der Landhunger setzte sich über alle Verträge und Grenzen hinweg. Ein anderes Ziel als die Indianer physisch zu unterwerfen, konnte die Konfrontation der Zivilisation mit der Wildnis im Grunde nicht haben, der Widerstand der Indianer nahm deshalb in jeder Phase der Grenze die Form eines Überlebenskampfs an; der Grenzkrieg entwickelte sich zu einem totalen Krieg, dessen Ziel es ist, den Gegner nicht nur zu besiegen, sondern auch auszulöschen. «Zwei Nationen sind im Schoss und werden sich bekämpfen» – die Puritaner beschrieben den Konflikt im 17. Jahrhundert mit biblischen Metaphern und schickten ihre Soldaten los, die Wampanoags auszurotten, wie Gott die Israeliten losgeschickt hatte, ihre Feinde, die Amalekiter, zu vernichten.

Obwohl die indianischen Nationen im 19. Jahrhundert weder den Versuch unternahmen noch die militärischen Mittel besassen, das weisse Amerika in einem Grosskrieg zurückzuwerfen, wurde die Niederlage General Custers 1876 in der Schlacht am Little Bighorn River zum Symbol für die Grausamkeit des indianischen Vernichtungskrieges gegen die Weissen, Custers *last stand*, sein letzter Widerstand, zur heldenhaften Opfertat, die nicht nur die endgültige Vernichtung der Plains-Stämme rechtfertigte, sondern dem Eroberungskrieg endgültig die moralische Rechtfertigung lieferte. Der Mythos vom «Krieg gegen die Wilden», in dem jedes Mittel recht und erlaubt ist, war geboren, ein Set von Bildern und Werten wie das von der gottgeleiteten Wanderung der «neuen» Hebräer ins «Gelobte Land». Es lieferte für künftige Konflikte den moralischen Rahmen des politischen und militärischen Handelns.

Turner schrieb die soziale Unrast, die sich im «Gilded Age», der Epoche ungehemmter industrieller Entwicklung und kapitalistischer Raffgier nach dem Bürgerkrieg, entwickelte, dem Wegfallen der Grenze zu: kein «Sicherheitsventil» mehr für die überbordenden Energien der Investoren, Entwickler, Aufsteiger, Glückssucher, die alle nach ihrer Chance gierten. Doch der amerikanische Expansionsdrang liess sich durch die Enge des Kontinents nicht bremsen. Mit der Annexion Hawaiis und der Philippinen in der Folge des Spanisch-Amerikanischen Krieges wurde die Republik, die einmal Kolonie gewesen war, selber zur Kolonialmacht und führte an der neuen Grenze auf den Philippinen einen neuen «Krieg gegen die Wilden», der sich der Rechtfertigungen und Bilder des Krieges gegen die Indianer bediente. «Wir tun nichts anderes als unsere Väter», schrieb ein Kommentator, «wir stellen die Zelte der Freiheit nur etwas weiter westlich auf.» Ein Senator schrieb: «Gott hat die englischsprechenden und teutonischen Völker während tausend Jahren nicht auf nutzlose Selbstbetrachtung vorbereitet, nein, er hat uns zu Meisterorganisatoren gemacht, damit wir System einführen, wo Chaos herrscht.» Den Philippinos wurde jede Zivilisiertheit abgesprochen und damit jede Schonung. Eine Zeitschrift aus Philadelphia, die Massaker amerikanischer Truppen an philippinischen Zivilisten im Detail beschrieb, rechtfertigte die Untaten mit der Bemerkung: «Das ist keine zivilisierte Kriegsführung; aber wir haben es auch nicht mit zivilisierten Leuten zu tun.» Ein anderes Blatt zitierte die Meinung eines Offiziers, der beste Weg, die wilden Philippinos unterzukriegen, sei, das philippinische Äquivalent zum amerikanischen Büffel zu finden und es zu zerstören. Tatsächlich hatte die Ausrottung des Bisons den Untergang der Plains-Stämme besiegelt.

In den ersten fünfzig Jahren des 20. Jahrhunderts verdichtete sich der Mythos von der Grenze durch unzählige Romane, Filme, Fernseh- und Bühnenshows zum populärsten Mythos der amerikanischen Massenkultur mit einem Set von Figuren und Konstellationen, die eine ganz besondere Bedeutung trugen und von allen Menschen zwischen Ost- und Westküste gleich verstanden wurden. Der einsame Reiter. Der Indianerhasser. Der *outlaw*. Der Revolverheld. Das beherzte Dancing-Hall-Girl. Der verräterische Mexikaner. Der namenlose Indianer, der als Kanonenfutter der Unterhaltungsindustrie mit Hunderten seinesgleichen vom Pferd geschossen wird. Der weisse Versager, der sich moralisch rehabilitiert, indem er sich im Kampf gegen mexikanische Desperados opfert. Die Verteidigung der weissen Frau, die der Held mit seiner letzten Kugel lieber selbst erschiesst, als dass er sie in die Hände roter Krieger fallen lässt. Die gewalttätige Rache zur Wiederherstellung von Zivilisiertheit, Ordnung und Gerechtigkeit.

Als John F. Kennedy bei seiner Nomination als demokratischer Präsidentschaftskandidat nach der Macht griff, trat er unter dem Schlagwort «The New Frontier», die «Neue Grenze», vor die Öffentlichkeit und mobilisierte Amerika damit für die Herausforderungen der Sechzigerjahre: den Kampf gegen Armut und soziale Spaltung, aber auch den Kampf gegen den Kommunismus. Dass Kennedy die Metapher von der «Neuen Grenze» nicht als blosse Rhetorik, sondern als Programm verstand, bewies er durch sein Handeln: das Showdown mit den Russen vor Kuba; die Initialzündung für den kostspieligen Wettlauf mit der Sowjetunion im All; die Eskalation des Stellvertreterkrieges in Vietnam. Auch dieser Krieg an der Grenze zum «Reich des Bösen», wie der Moviestar Ronald Reagan den kommunistischen Osten später nannte, wurde als «Krieg gegen die Wilden geführt». Gemäss der offiziellen Doktrin der «New Frontier» mangelte es dem «unterentwickelten» Vietnam an einer politischen Kultur, die mit der westlichen vergleichbar gewesen wäre. Deshalb war das vietnamesische Volk für die kommunistische Verführung besonders anfällig und bedurfte amerikanischer Vorbilder und amerikanischen Schutzes. Als der Konflikt eskalierte, operierten die amerikanischen Truppen schliesslich «im Indianerland», Kommandoaktionen wurden als «Cowboy- und Indianerspielen» bezeichnet, die Armee richtete im Süden Wehrdörfer gegen den Vietcong ein – «die Palisadenidee, die unsere Vorfahren gegen die Indianer einsetzten, funktioniert», schrieb ein Kriegsberichterstatter. Maxwell Taylor, Kennedys und Johnsons Botschafter in Südvietnam, begründete den Einsatz massiver Mittel vor dem Kongress mit der Bemerkung, es sei «sehr schwierig, ausserhalb der Palisaden Mais zu pflanzen,

Der Traum vom endlosen Gleiten über den Asphalt kann im Südwesten Wirklichkeit werden. «Cruising America» ist kein Ausdruck für Mobilität, sondern ein Lebensgefühl.

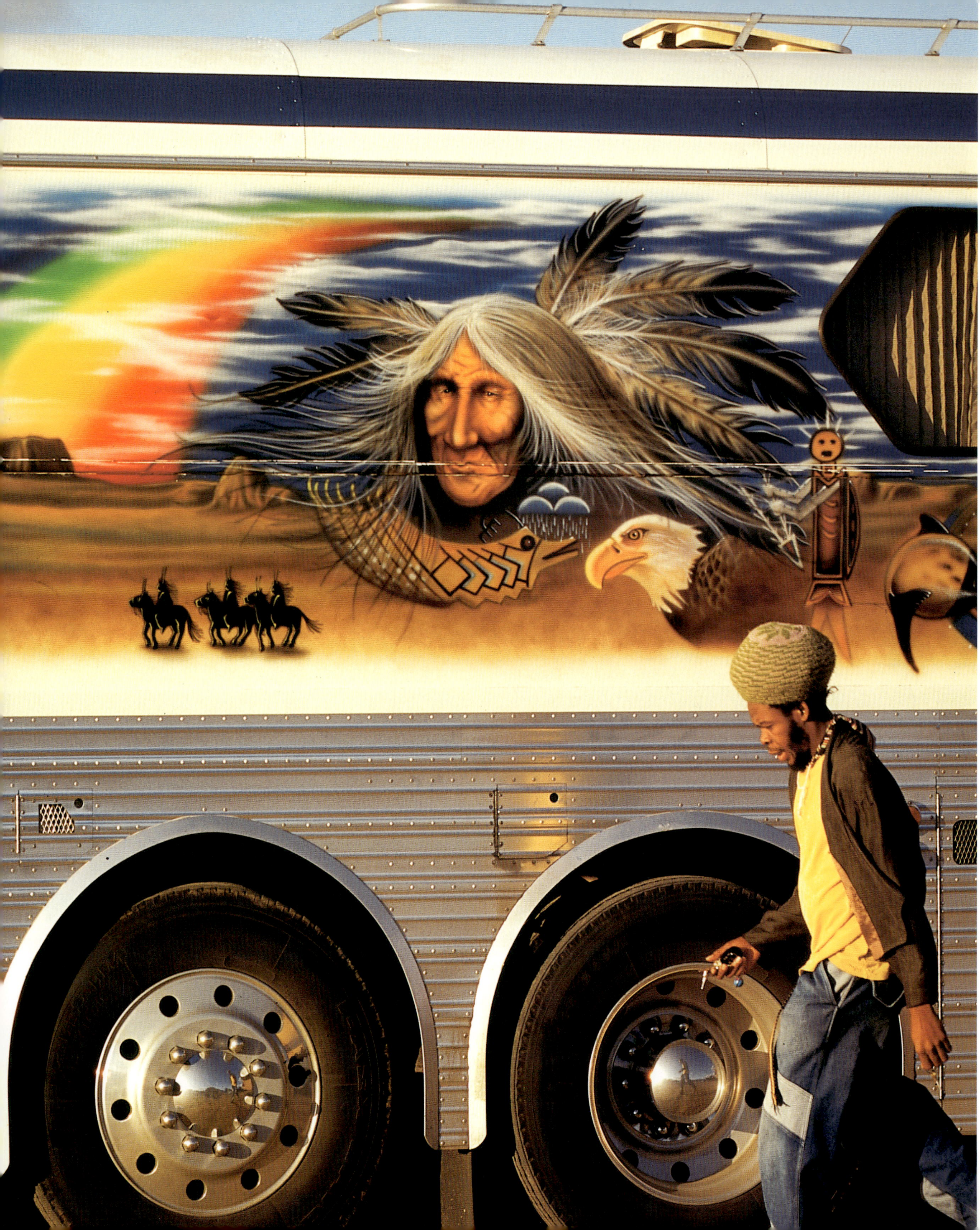

wenn die Indianer immer noch in der Nähe seien». Ob der Vietcong, der schon seit dreissig Jahren Krieg führe, überhaupt zu besiegen sei, fragt in Oliver Stones «Geboren am 4. Juli» ein Fernsehreporter in einer dokumentarischen Szene. Der US-Commander antwortet: «Alles, was in einer Höhle haust, kann ausgerottet werden.» Die Zerstörung der Reiskulturen am Mekong durch Flächenbombardierungen erinnerte an die Vernichtung der Büffel in den Plains, und hinter dem Massaker von My-Lai stand das Gespenst von Wounded Knee.

Was immer die Grenze der amerikanischen Gesellschaft hinterlassen hat – eine alttestamentliche Auffassung von Recht und Gerechtigkeit, das dringende Bedürfnis nach Waffenbesitz, einen eigensinnigen Individualismus, die unbändige Lust an Spiel und Sport im Freien – der Hang, Probleme nach Wildwestmanier mit Gewalt zu lösen, gehört dazu. Dem klassischen «Western» machte die Bürgerrechtsbewegung in den Siebzigerjahren zwar den Garaus. Doch die Metapher von der Grenze und die Methode des «Kriegs gegen die Wilden» überlebte – in Jimmy Carters missglücktem *raid* (Sturm) zur Befreiung der Geiseln im Iran, in Ronald Reagans Invasion von Grenada, in George Bushs Golfkrieg. Anfang der Achtzigerjahre publizierte eine Immobilienfirma in der New York Times ein Inserat mit der Schlagzeile «The Armory Celebrates the Taming of the Wild West». An der ehemals verslumten 42nd Street bot die Firma gut betuchten Käufern *condominiums*, Eigentumswohnungen, an. Die Pioniere, hiess es in der Anzeige, hätten ihre Arbeit getan, die 42nd Street sei «gezähmt» und «domestiziert». Am schönsten sei, sie mit einer topmodernen Wohnung zu geniessen – in einem Haus mit dem beziehungsreichen Namen Armory-Arsenal (Zeughaus).

Was war geschehen? In den Siebziger- und Achtzigerjahren waren die verslumten Innenstädte ins Blickfeld der Investoren und Liegenschaftenhändler geraten, und die Grenze wanderte nach innen. Die neue Wildnis, die es zu erobern galt, waren die innen-städtischen Slums, Yuppies, Künstler, Galeristen, Intellektuelle, die hier Liegenschaften erwarben und renovierten, die *urban pioneers*. Liegenschaftenhändler schickten *urban scouts* ins «Indianerland», Objekte auszukundschaften, die sich für die Übernahme eigneten. «Urbane Siedler» und «Cowboys» folgten ihnen ins Ungewisse des Abenteuers «Stadterneuerung». «Indianer» in der städtischen Wildnis waren Arme und Verarmte, Arbeitslose, Angehörige von Minderheiten, Junkies, Obdachlose, Häuserbesetzer, die mit den klassischen Mitteln der *gentrification* vertrieben werden sollten – De-Investition durch die Spekulanten, welche die Bausubstanz zerfallen liess; Verkauf; polizeiliche Räumung; Re-Investition durch die neuen Eigentümer.

In New York begannen sich die Bewohner der Lower East Side im Frühsommer 1988 gegen die schleichende Eroberung zu wehren und besetzten den Tompkins Square, eine Parkanlage im ehemaligen deutschen «Städtle» der Metropole. Im August kam es zur Konfrontation mit der Polizei. Eine Nacht lang lieferten Obdachlose, politische Aktivisten, Häuserbesetzer, Junkies, Arbeitslose den Cops eine erbitterte Strassenschlacht – im «Wilden Westen» war, wie die Presse berichtete, der «Indianerkrieg» ausgebrochen. Er dauerte drei Jahre und wurde auf beiden Seiten mit Erbitterung geführt. «Sie werden rausgeschmissen werden», drohte ein Liegenschaftenhai, als die Grenze sich dem East River näherte, «Sie werden ostwärts an den Fluss gedrängt, dort werden sie Schwimmwesten kriegen.» Im Juni 1991 beendete die Stadtverwaltung den Krieg ums «Indianerland» mit einem Gewaltakt. Sie vertrieb die «Indianer» aus dem Park, schob sie in benachbarte Ghettos und an den Stadtrand ab. Damit, kommentiert der Geograph und Kulturkritiker Neil Smith, habe sich die Sozialbehörde zum neuen Bureau of Indian Affairs, zum «Büro für Indianische Angelegenheiten», gemacht. Das berüchtigte BIA hatte die besiegten Indianer in Reservate gepfercht und dort bis zu ihrer kulturellen Auslöschung verwaltet.

Marc Valance

Bild links:
Ein Reggae-Musiker auf dem Weg zu einem Konzertauftritt im Hopi-Reservat (Arizona).

Bilder auf den nachfolgenden Panoramaseiten:

Im Grand Teton National Park (Wyoming), einer vierhundertfünfundachtzig Quadratmeilen umfassenden Wildnis, verflüchtigen sich die Spuren der Zivilisation. Die Tetons mit Grand Teton als höchstem Berg (4517 m) erheben sich mayestätisch aus der Ebene, Bergseen und Gletscher zeigen eine weitere Facette von Amerika.

Die Zeit ist zum Stillstand gekommen: Pike National Forest (Colorado). Zu Geisterstädten verkommene Siedlungen versetzen zurück in die Zeit des «Goldrush».

Im Zion National Park (Utah) hat der Virgin River eine fast achthundert Meter tiefe Schlucht ins Gestein gefressen.

«Arizona Strip» wird das Gebiet zwischen den Städtchen Kanab (Utah) und Page (Arizona) genannt. In den Halbwüsten des Südwestens dominiert der wilde Wermut (sagebrush), ein süss duftender, kniehocher Strauch. «Ich mag das Zeug nicht mehr riechen», schrieb eine Pionierin in ihr Reisetagebuch.

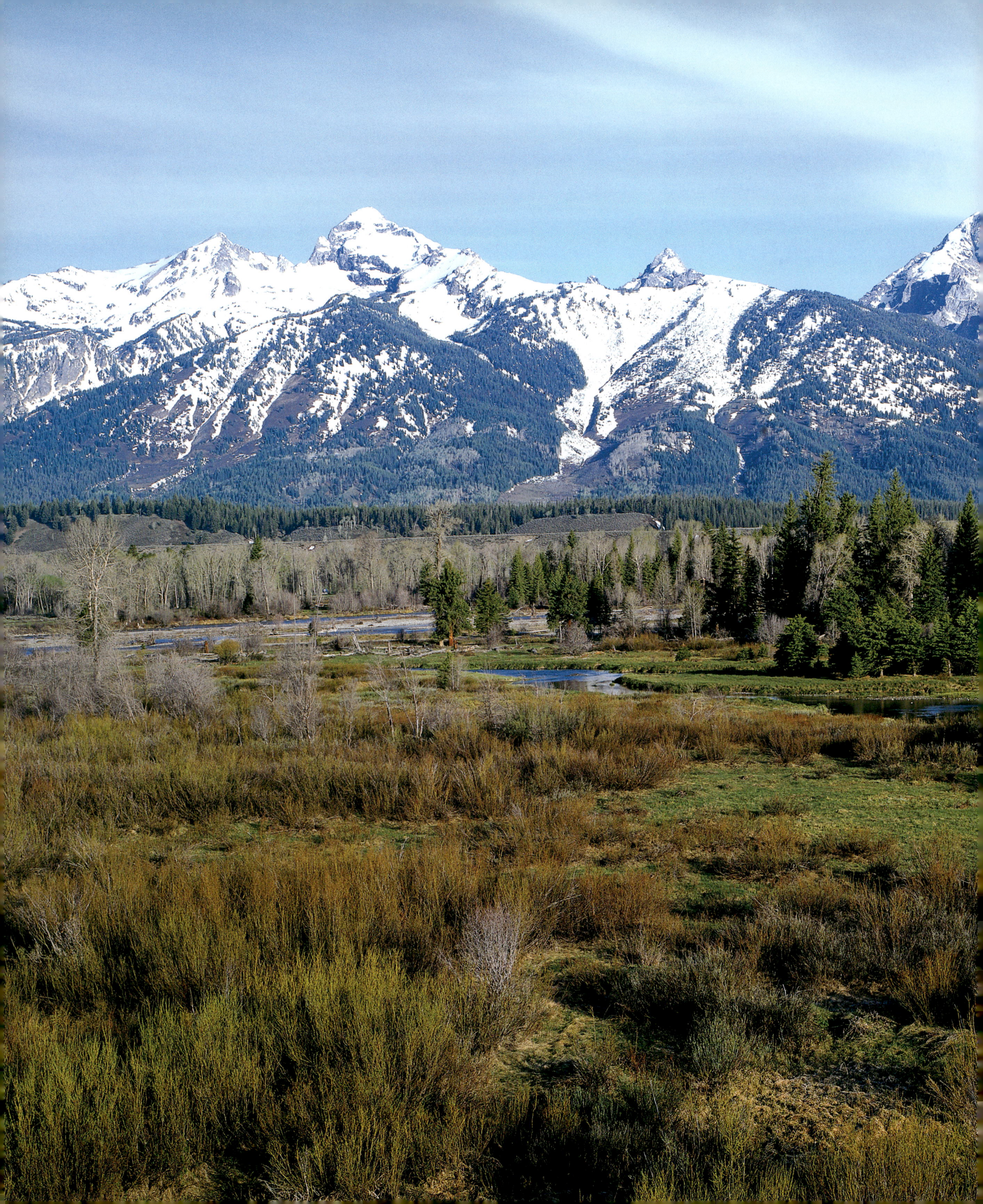

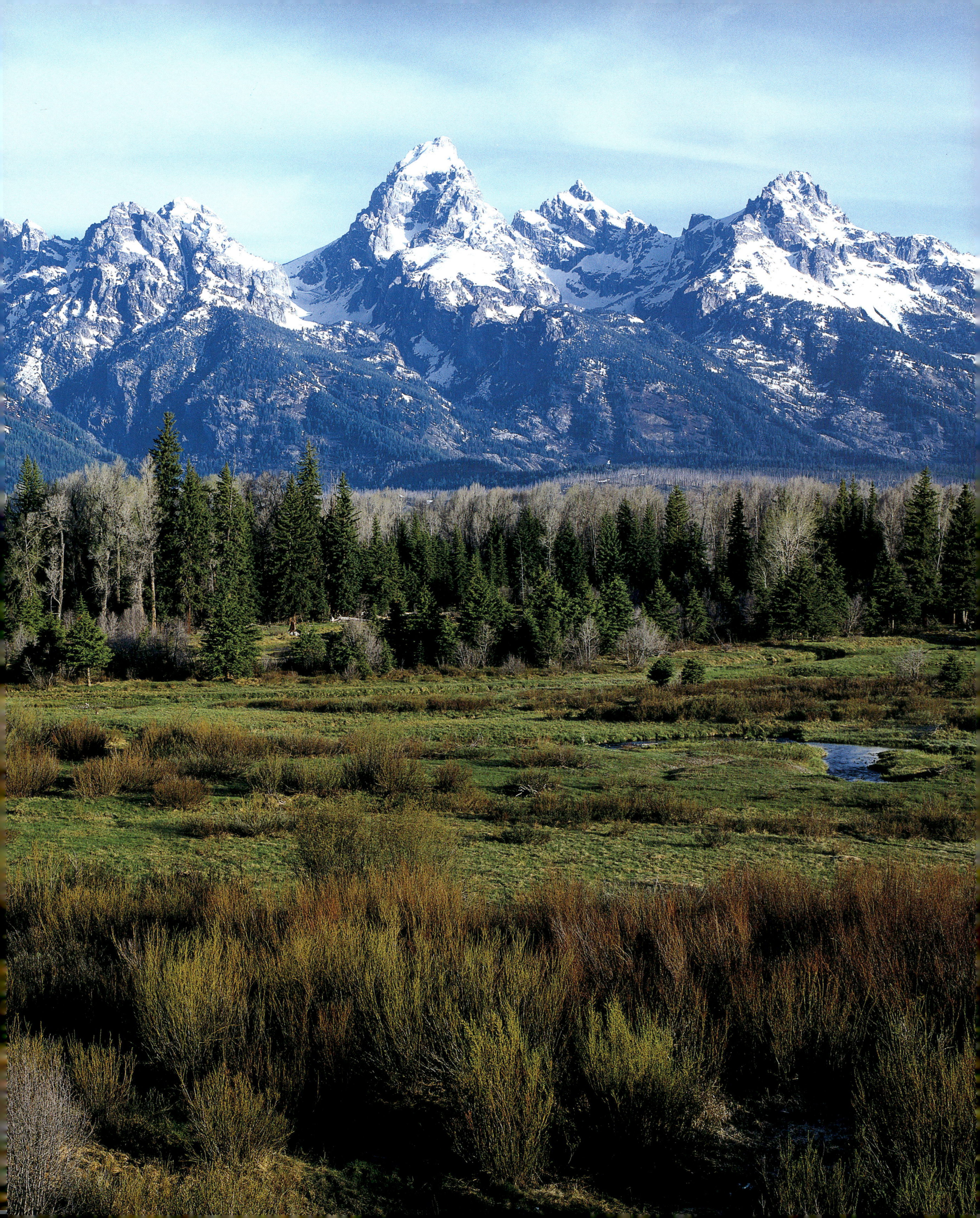

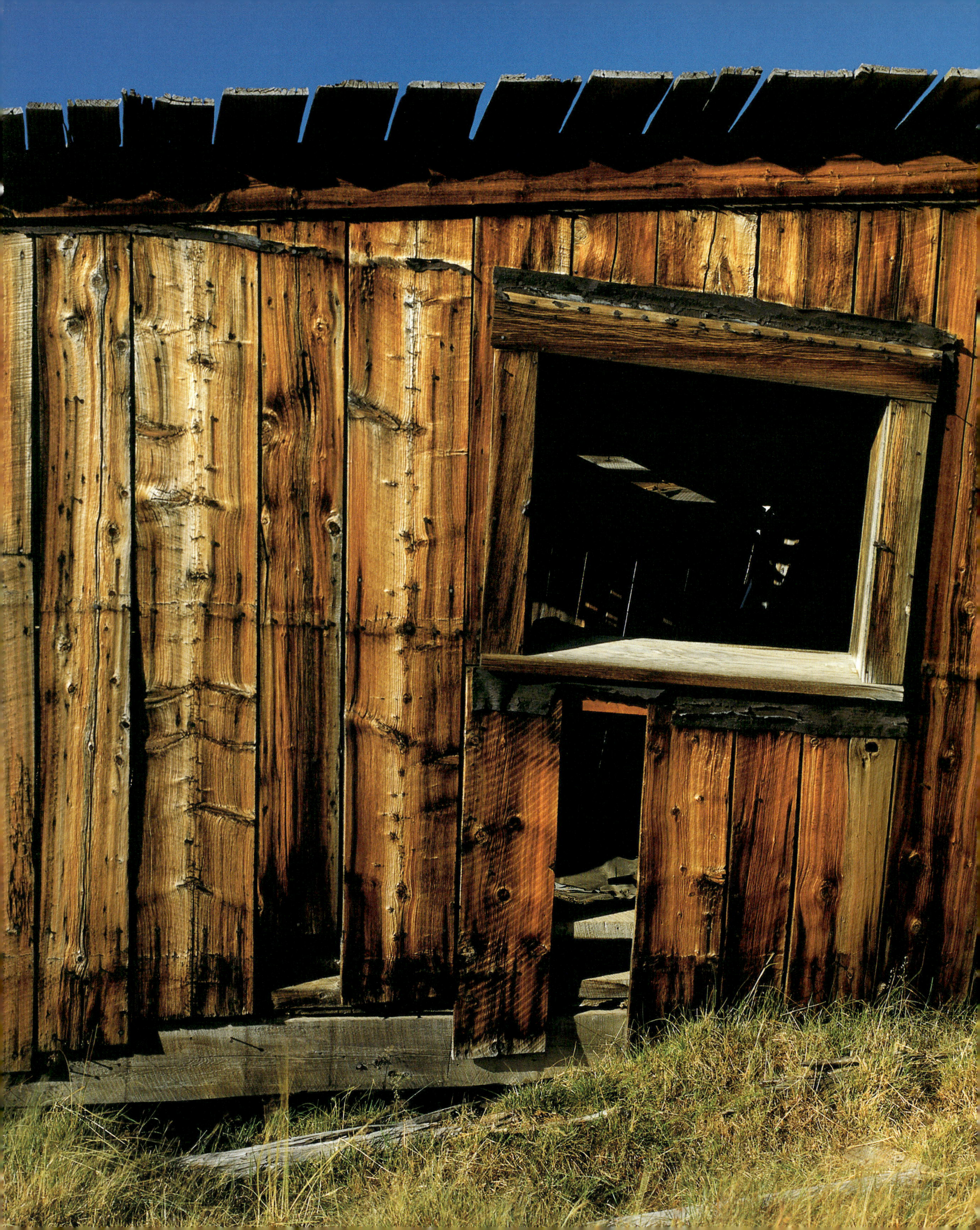

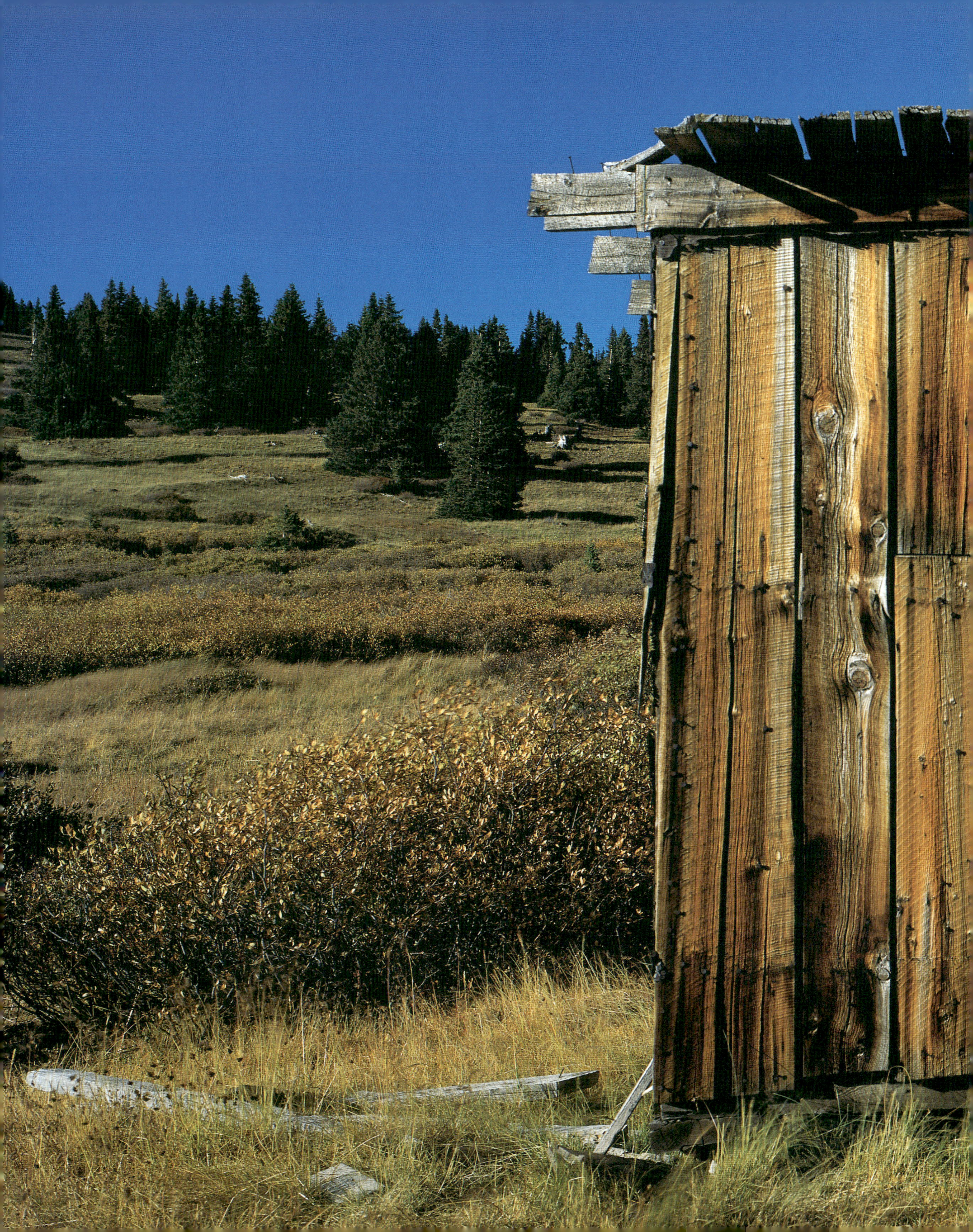

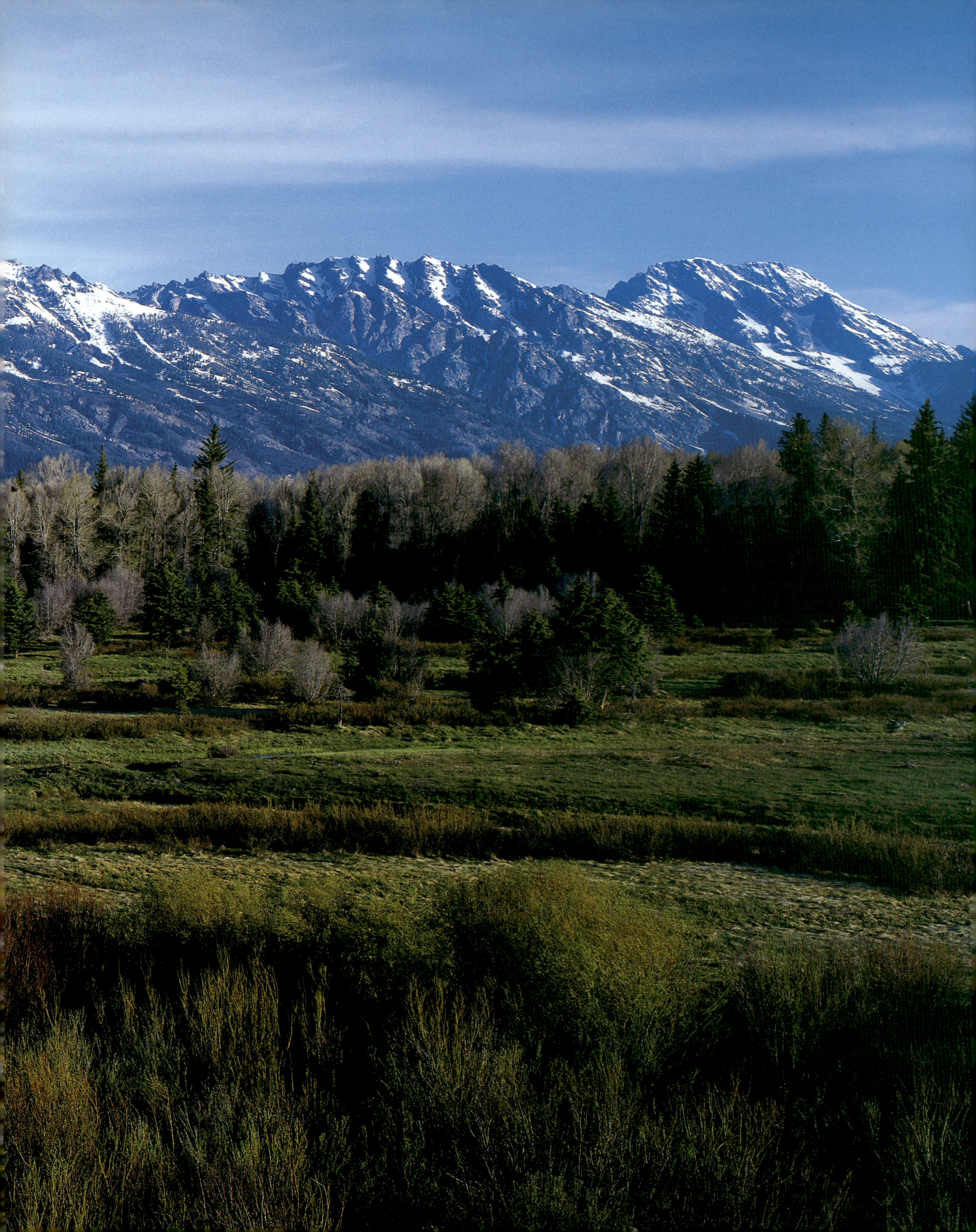

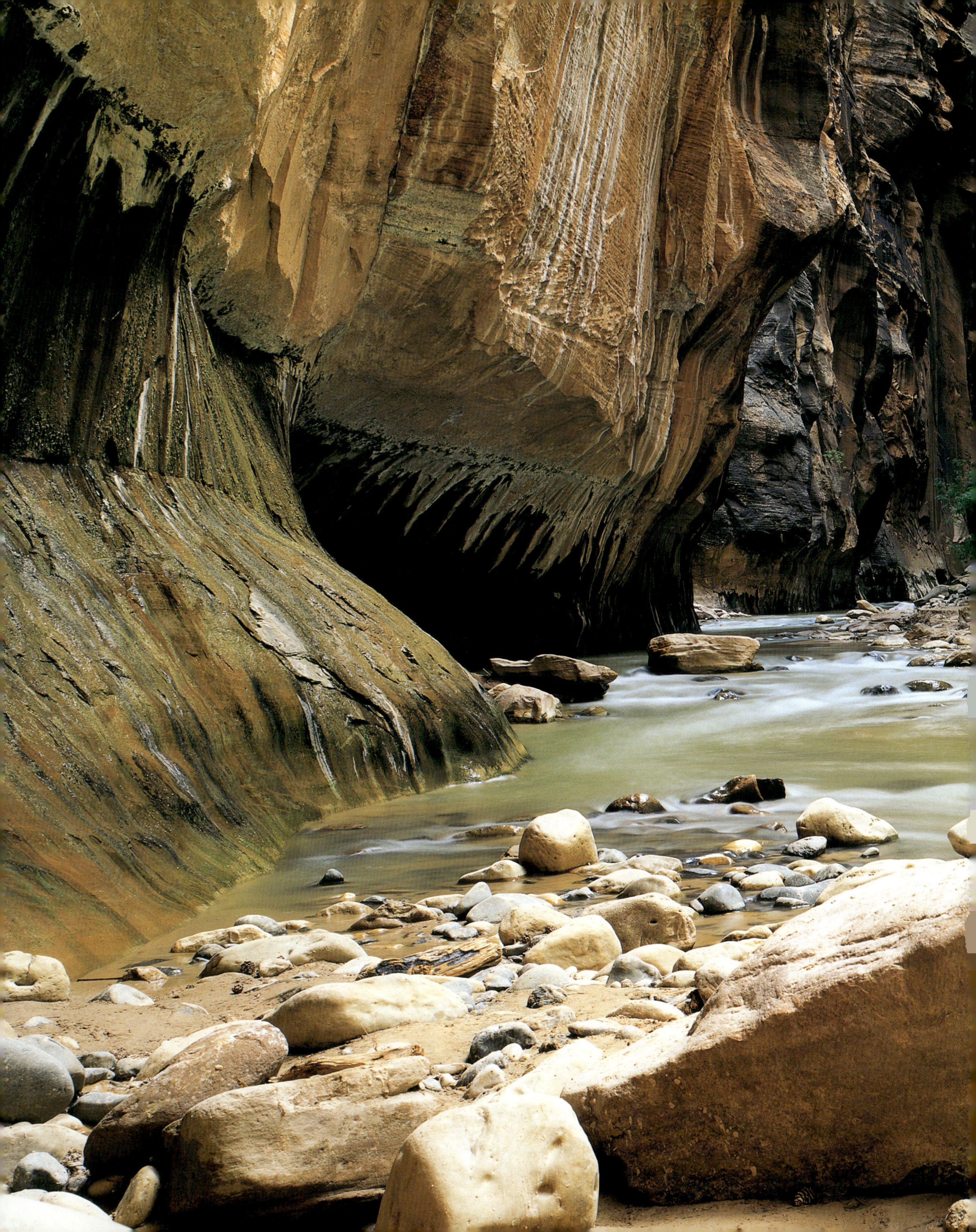

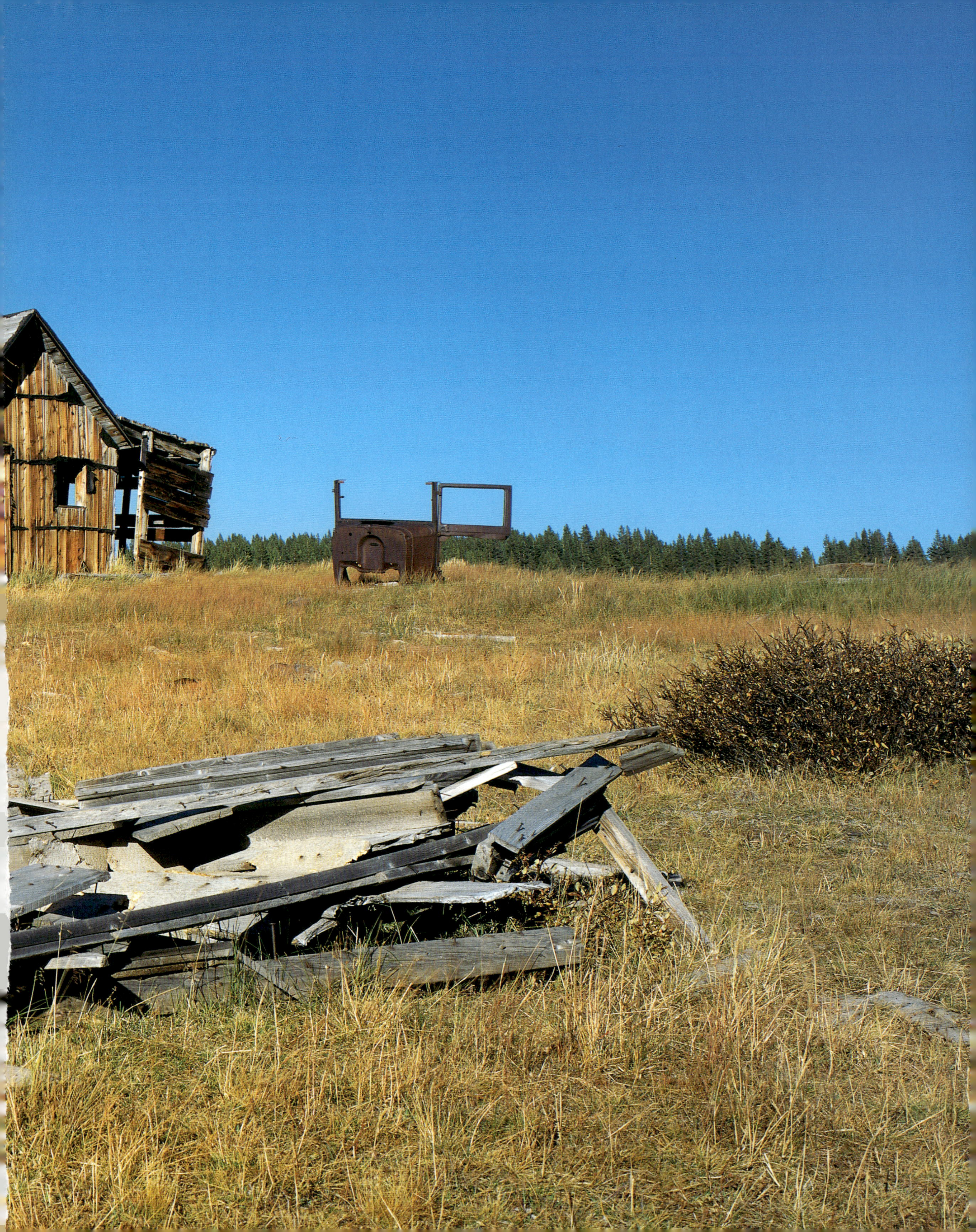

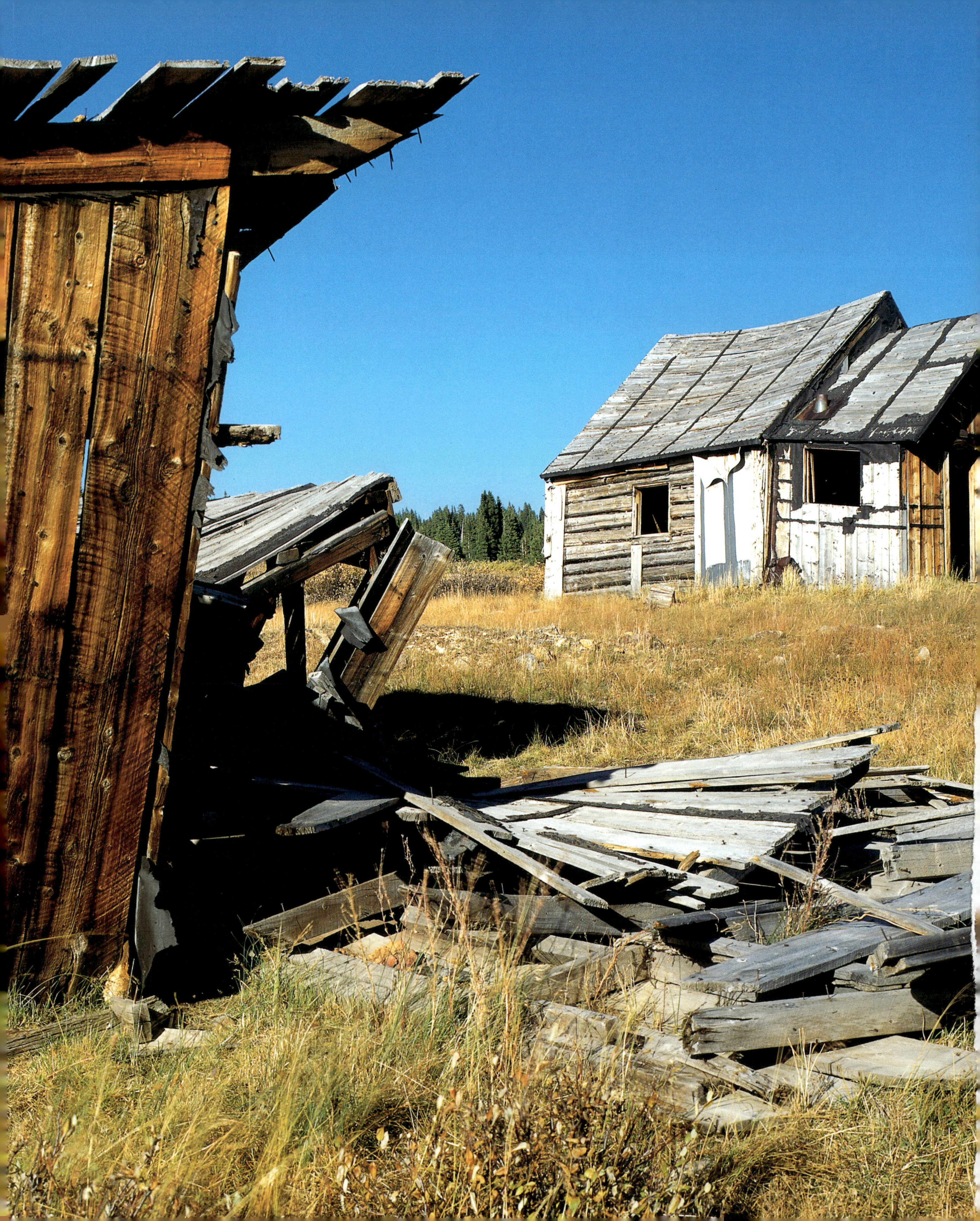

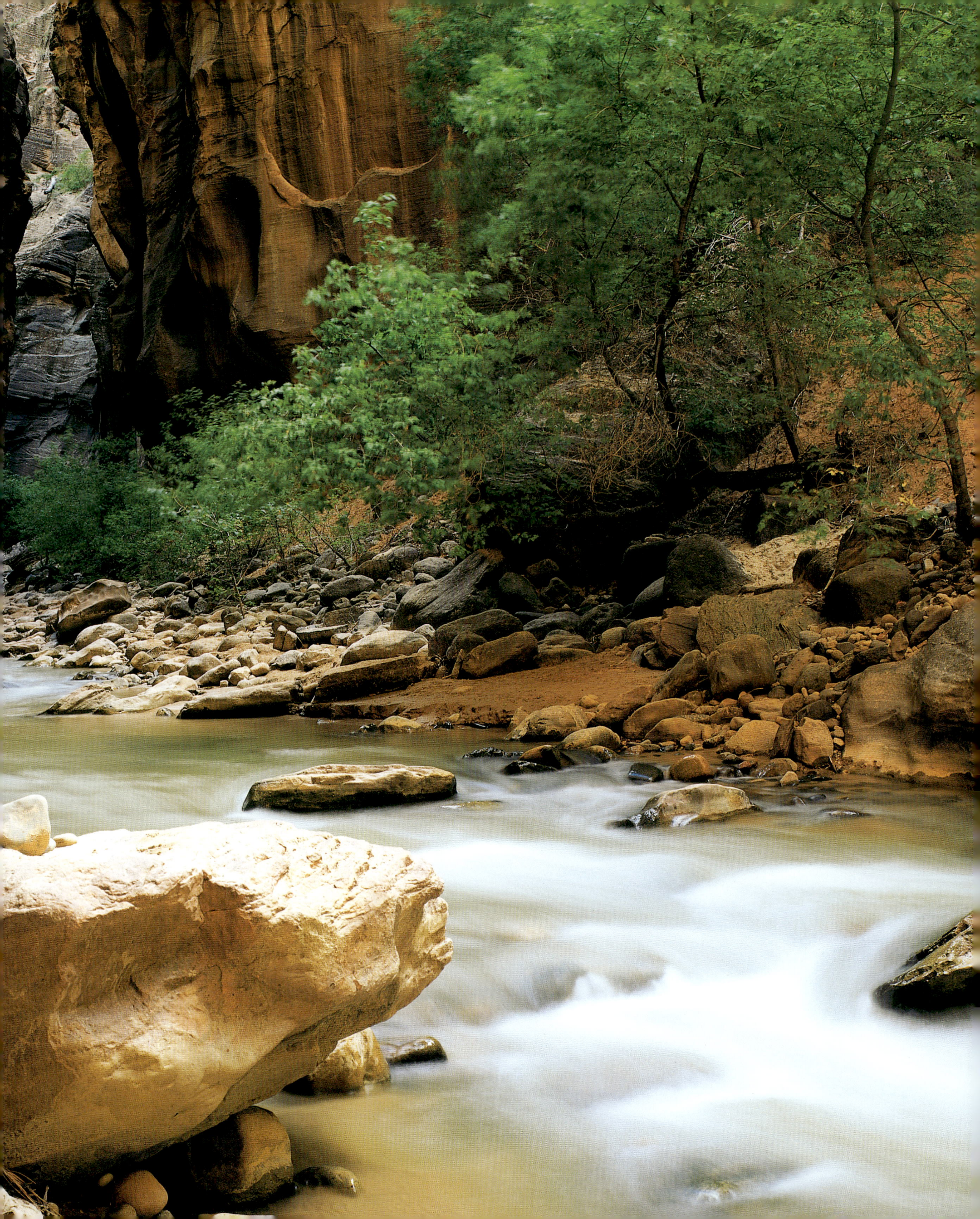

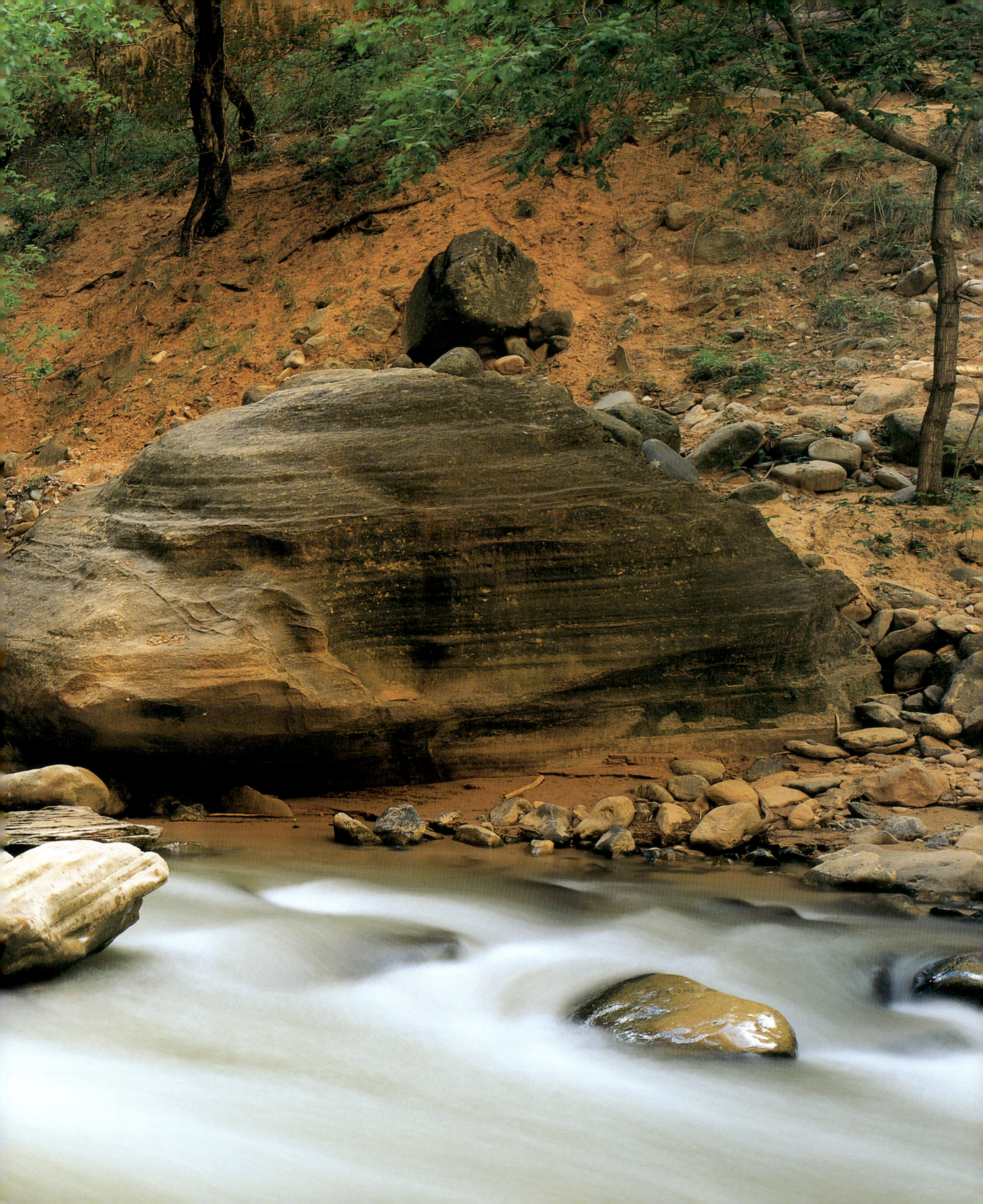

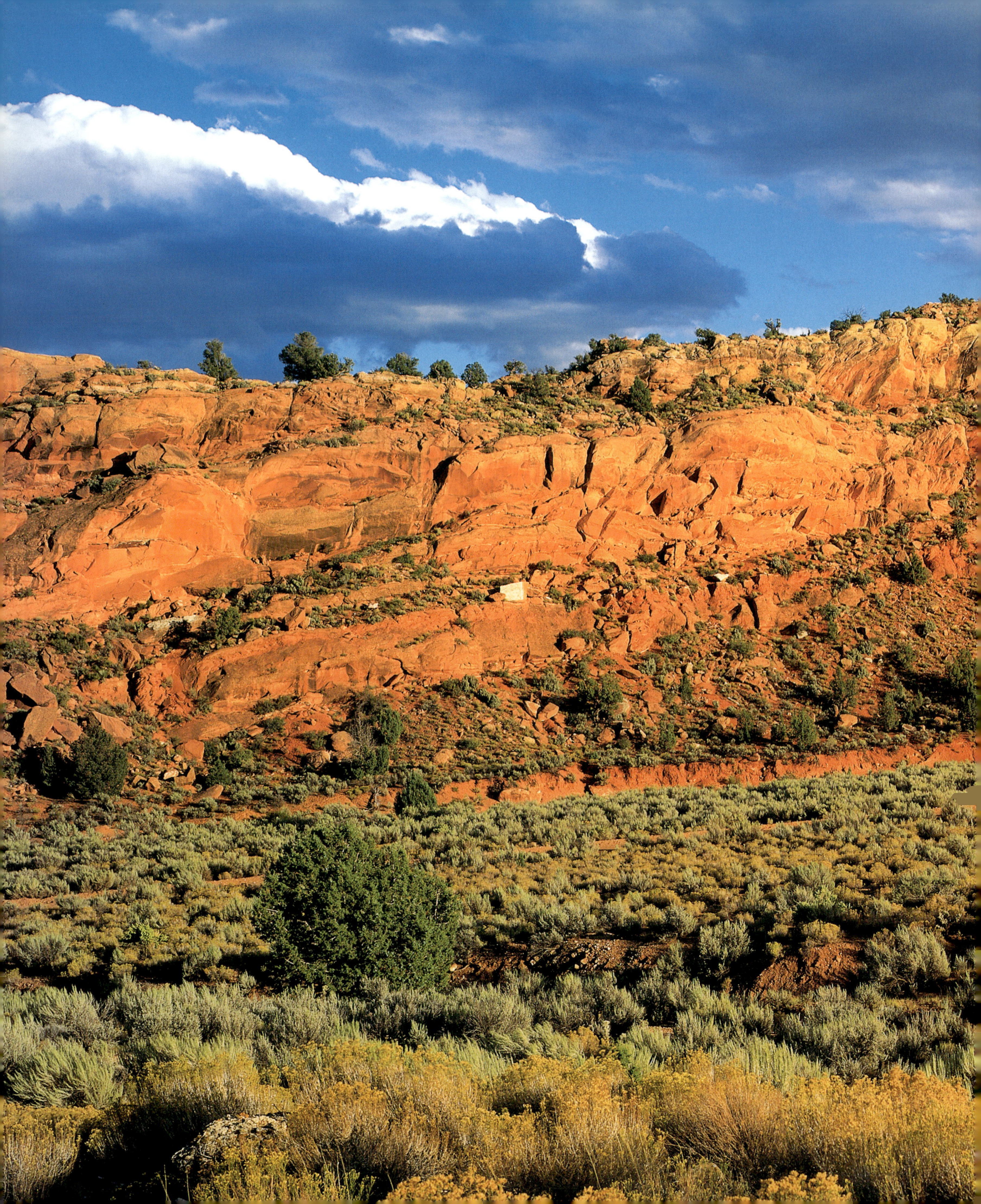

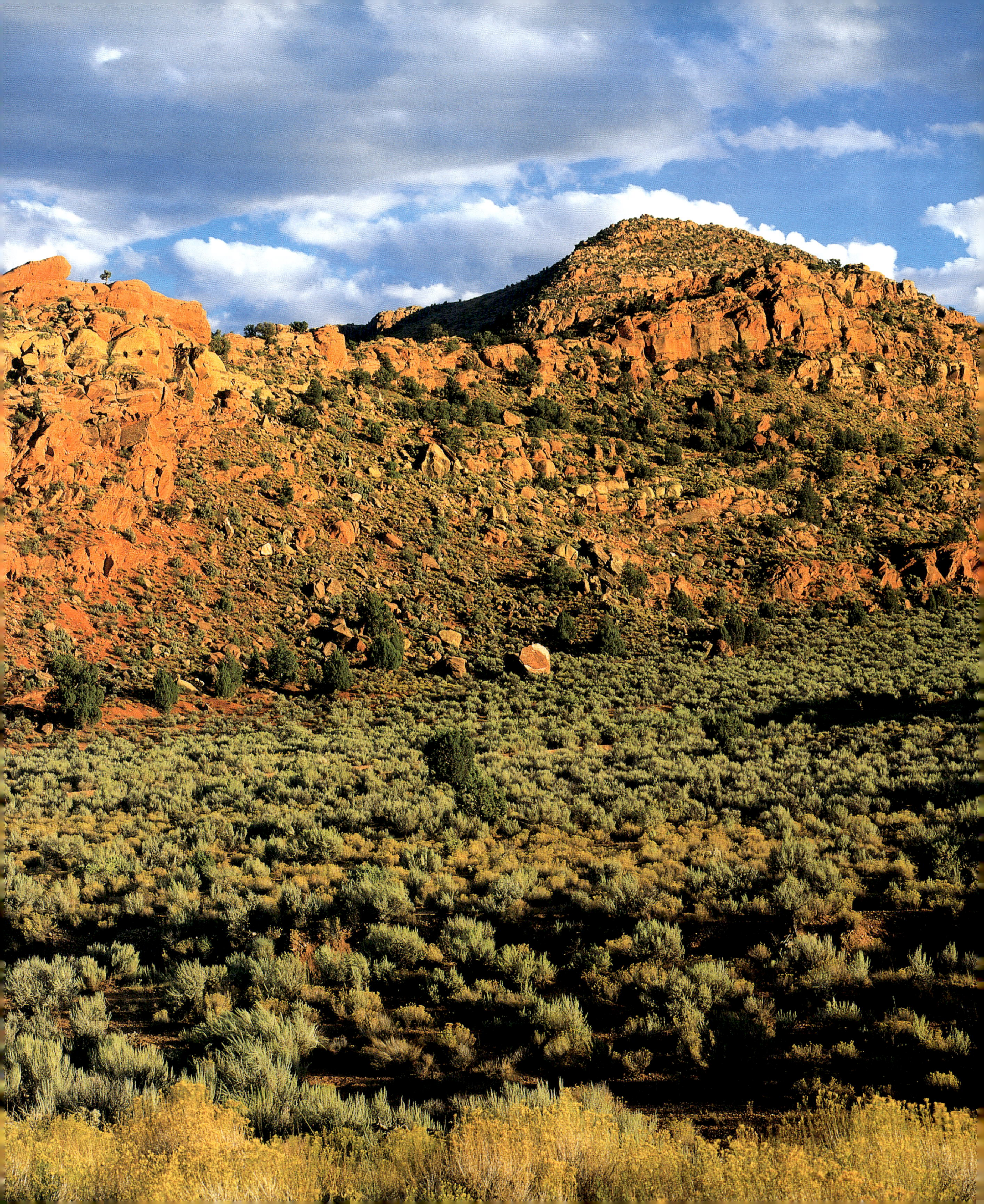

Bild oben:
Die Blüten des Saguaro-Kaktus öffnen sich in der Nacht. Nach nur zwölf Stunden ist es mit der Pracht vorbei, dann sind sie in der sengenden Wüstensonne bereits verwelkt.

Bild Mitte:
Ein stachliger Landeplatz für einen Glücksbringer. Aber in den USA gilt selbst für Insekten: Wer wagt, gewinnt.

Bild unten:
Die Form gewisser Kakteen ist äusserst bizarr. Je nach Perspektive des Betrachters lässt sich ein anders Fabelwesen ausmachen.

Grosses Bild rechts:
Der «Monarch» der Sonora-Wüste unweit von Tuscon (Arizona) ist der Saguaro-Kaktus. Er wächst äusserst langsam, wird im Extremfall fünfzehn Meter hoch und acht Tonnen schwer. Saguaros können ein Alter von zweihundert Jahren erreichen; Arme bildet dieser Kaktus frühestens fünfundsiebzigjährig.

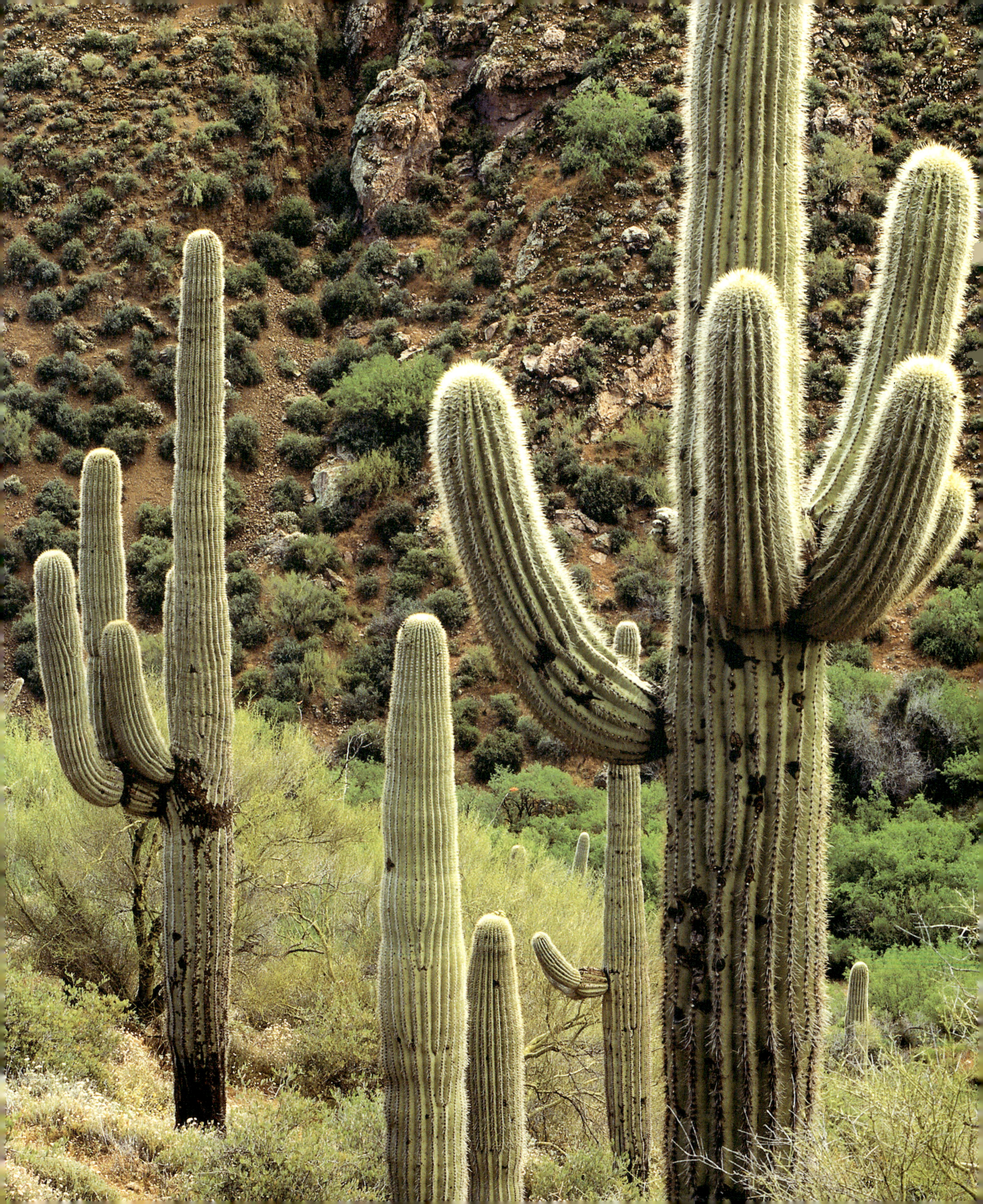

Indianisches Kunsthandwerk im Südwesten: Rettung durch den Tourismus?

Keine andere Region der USA prägt unser Bild vom «Wilden Westen» stärker als der Südwesten. Der Grand Canyon, das Monument Valley, prähistorische Siedlungen, einsame Highways, riesige Kakteen – hier sind sie zu finden. Fast so bekannt wie die Landschaft ist das indianische Kunsthandwerk des Südwestens, der Silberschmuck der Zuni, die Webarbeiten der Navajo, die Kachina-Puppen der Hopi, die Korbwaren der Apache und die Töpfereien der Pueblos. In Arizona und New Mexico hat sich über die Jahrhunderte eine kulturelle Vielfalt und Eigenständigkeit herausgebildet, die noch heute für die USA einzigartig ist. Dieser kulturelle Pluralismus war aber im letzten Drittel des 19. Jahrhunderts höchst gefährdet.

Der Südwesten wurde von den Spaniern zwar schon 1540 entdeckt und besetzt, das Land war aber so karg, dass die ersten Kolonialherren ihr Interesse bald verloren und im 18. Jahrhundert wieder abzogen. Bis die Region 1848 als Kriegsbeute von Mexiko an die Vereinigten Staaten überging, lebten die Indianer relativ ungestört auf ihrem angestammten Land. Nun aber begann die wohl brutalste Phase in der Kolonisierung des Südwestens. Mit militärischer Gewalt gingen die Vereinigten Staaten besonders gegen die Apache und Navajo vor, deren nomadisierende Lebensweise sie störte. Man versuchte, die Stämme zu sesshaften Ackerbauern zu erziehen und siedelte sie zwangsweise um. Der Versuch scheiterte kläglich und kostete viele Indianer das Leben. Nach einigen Jahren liess die Bundesregierung die Navajo in ihr Stammland zurückkehren; das Land der Apache war in der Zwischenzeit jedoch von weissen Viehzüchtern annektiert worden. Noch heute leben die Apache nur auf einem kleinen Teil ihres ursprünglichen Territoriums. Mit Bitterkeit erinnern sich die beiden Stämme an diese Phase ihrer Geschichte. Auch die Pueblos kamen nicht ungeschoren davon. Man versuchte sie zu christianisieren und zwang ihre Kinder in «weisse» Schulen, wo sie absichtlich ihrer Sprache und Kultur entfremdet wurden. Der vormals blühende Handel und die auf Selbstversorgung ausgerichtete Ökonomie der Region wurden durch den kolonialen Übergriff des Bundes empfindlich gestört, so dass das indianische Handwerk im Südwesten gegen Ende des 19. Jahrhunderts im Verschwinden begriffen war.

Erst die 1884 fertig gestellte «Zweite Transkontinentale Eisenbahnlinie» löste eine neue Entwicklung aus, indem sie Arizona und New Mexico für den Tourismus erschloss. Es war ein Glücksfall, dass die Eisenbahngesellschaft den Restaurateur Frederick Henry Harvey mit der Entwicklung eines auf die Region zugeschnittenen Tourismuskonzepts beauftragte. Harvey, der um 1850 von London in die USA emigriert war, eröffnete 1876 in Topeka, Kansas, sein erstes Eisenbahnrestaurant. Daraus wurde eine Kette von Restaurants, Hotels und Speisewagen, welche im ganzen Land berühmt war für ihr frisches Essen und die professionelle Bedienung. Harveys Konzept für den Südwesten sah vor, dass Amerika den Amerikanern näher gebracht werden sollte. Während das wohlhabende Amerika zur Wiege der westlichen Kultur pilgerte und Schiffsreisen nach Griechenland und Ägypten unternahm, sollte den weniger Begüterten der unbekannte «Wilde Westen» näher gebracht werden. Fred Harvey nutzte dabei geschickt die zeitgenössische Vorliebe für die Antike und konstruierte eine zwar falsche, aber werbewirksame Verbindung zwischen dem legendären Azteken-Häuptling Montezuma und den gerade eben entdeckten prähistorischen Kulturen des Südwestens. Bis heute hat Montezuma in den Namen von zahlreichen Gaststätten, Souvenirläden und Sehenswürdigkeiten der Region überlebt.

Auch vor hundert Jahren sollte eine Reise durch den «Wilden Westen» möglichst bequem sein. Zu diesem Zweck baute die «Harvey Company» entlang der Bahnlinie eine Reihe von Hotels und Restaurants, damit sich die Reisenden in stilvoller Umgebung verpflegen und gediegen übernachten konnten. Das gesamte Angebot einschliesslich Inneneinrichtung und Abendunterhaltung versprühte den typischen *spirit* des Südwestens. Fred Harvey war nicht nur der Erfinder der ersten Restaurantkette, sondern auch der amerikanischen Erlebnisgastronomie. Gekonnt paarte er Kulinarisches mit Unterhaltung und Kultur, so dass sich den Touristen die Reise als unvergessliches Erlebnis einprägte.

Die Indianer spielten in Harveys Erlebniswelt zu Anfang nur eine untergeordnete Rolle. Wie der Grand Canyon wurden sie zwar als eine Art Naturwunder bestaunt, aber nicht als aktiver Teil ins touristische Programm eingebaut. Die ersten zaghaften Kontakte kamen über die Töpferinnen der Rio Grande Pueblos zustande. Ihnen wurde erlaubt, auf den Bahnhöfen ihre Erzeugnisse den Touristen direkt zum Verkauf anzubieten. Die Männer mussten im Hintergrund bleiben. Das änderte sich erst, als 1902 in Albuquerque das erste «Indian Building» errichtet wurde, das, ähnlich wie Albuquerques «Pueblo Kulturzentrum» heute, eine Mischung aus Museum, Ladengeschäft und Demonstrationsraum war. Hier konnten die Touristen einer Navajofrau beim Weben oder einem Mann bei der Silberschmuckherstellung zuschauen und die fertigen Produkte auch gleich kaufen.

Nach dem Tod von Fred Harvey, 1901, ging die nach ihm benannte Kompanie noch einen Schritt weiter. 1905 eröffnete sie am Südrand des Grand Canyon, unweit des berühmten Hotels «El Tovar», das «Hopi-Haus», das noch heute besucht werden kann. Das Gebäude sollte einem echten Wohnhaus der Hopi möglichst nahe kommen, die Hopi, die dort arbeiteten, ihr authentisches Leben möglichst genau imitieren. Während die Frauen töpferten und typische Hausarbeiten verrichteten, konnten die Touristen die Männer am Webrahmen oder beim Schnitzen von Katchina-Puppen beobachten. Sogar eine Kiva, ein unterirdischer Zeremonialraum, war zu besichtigen. Zuweilen liessen sich auch Tänzer in ihren farbenfrohen Kostümen für das Fotoalbum ablichten. Und selbstverständlich konnte man die indianischen Handwerksprodukte kaufen.

Solchen touristischen Attraktionen und ihren Initianten ist es zu verdanken, dass sich das indianische Handwerk zu Beginn des 20. Jahrhunderts wieder erholen konnte. Zu den Förderern zählte auch der Anthropologe Walter Fewkes, der Ende des 19. Jahrhunderts in der Nähe des Hopi-Dorfes Hano eine archäologische Grabung leitete. Auf seine Anregung hin liess die Hopi-Töpferin Nampeyo den prähistorischen Stil, den Fewkes zu Tage gefördert hatte, in ihre Töpferei einfliessen. Daraus entwickelte sich um 1900 der Stil «Hano-Polychrome», für den Nampeyo berühmt wurde und der heute in der Hopi-Töpferei noch tonangebend ist. Nampeyo gehörte zu jenen Handwerkerinnen, die von Fred Harvey eingeladen wurden, ihre Kunst im «Hopi-House» am Grand Canyon zu demonstrieren. Als Förderer sind schliesslich auch die Kuratorinnen und Kuratoren des «Museum of New Mexico» zu nennen, die 1922 in Santa Fe die erste Ausstellung indianischen Handwerks veranstalteten. Für Insider ist die «Indian Fair» von Santa Fe unterdessen das kunsthandwerkliche Ereignis des Südwestens. Mehr als tausend indianische Künstlerinnen und Künstler nehmen jedes Jahr im August daran teil, lassen ihre Kunst vom Wettbewerbsausschuss bewerten und bieten ihre Produkte dem Publikum zum Kauf an.

Durch den Tourismus hat sich die gesamte Ökonomie des Südwestens verändert. Seit der Jahrhundertwende produzieren die Handwerker und Handwerkerinnen nicht mehr vorwiegend für den Eigengebrauch, sondern zur Hauptsache für den Verkauf an eine nicht indianische Käuferschaft. Dieser Umstand hatte nicht nur Auswirkungen auf das Handwerk selbst, sondern stellte die gesamte Gesellschaftsstruktur der indianischen Bevölkerung der Region auf den Kopf.

Töpferei gilt als typisch indianisches Kunsthandwerk. Bei den Pueblos formen und brennen vor allem Frauen die Gefässe, während Männer sich der Bemahlung der Keramiken annehmen.

Navajo-Indianer (Arizona).

Taos Pueblo (New Mexico). Die vier- bis fünfstöckigen Adobe-Anlagen werden seit einem halben Jahrtausend hauptsächlich von Tiwa-sprechenden Pueblos bewohnt. Mit diesen typischen Häusern und den vielen Kunstgalerien hinterlässt Taos den Eindruck eines Freilichtmuseums. Heute leben nur noch etwa hundertfünfzig Personen permanent im alten Pueblo.

Ursprünglich war die Töpferei der Pueblos ausschliesslich Frauensache, die Männer waren für das Weben und die Herstellung von Kleidern und Mokassins verantwortlich. Die steigende Nachfrage nach Keramiken liess immer mehr Ehepaare zur Teamarbeit übergehen. Dabei waren die Frauen nach wie vor für das Formen und das Brennen der Gefässe zuständig, während die Männer immer öfter die Bemalung übernahmen. Am Aufbau der Tonwaren von Hand, ohne Zuhilfenahme der Töpferscheibe, halten die Pueblos allerdings bis heute fest, es ist ebenso ihr «Markenzeichen» wie das Brennen der Keramiken auf offenen Feuerstellen im Freien. Aufgrund der besonderen Bedürfnisse der Reisenden haben sie jedoch neue Formen wie Aschenbecher oder Kerzenständer und kleinere Gefässe entwickelt, die leicht in einer Reisetasche Platz finden. Zudem sind neue Stilrichtungen wie der «Hano-Polychrome»-Stil der Töpferin Nampeyo, aber auch die berühmte «Schwarze Ware» von San Ildefonso entstanden.

Der Stil «San Ildefonso Black-on-Black» wurde vom Ehepaar Maria und Julian Martinez Anfang der Zwanzigerjahre entwickelt, zu einer Zeit, als das Pueblo die Nachfrage nach Töpfereien trotz Teamarbeit nicht mehr befriedigen konnte. Die «Schwarze Ware» wird mit dem reduzierten Brand erzeugt, bei dem gegen Ende des Brennvorganges die Sauerstoffzufuhr durch Auflegen von Dung vollständig gestoppt wird. Dadurch erhalten die Gefässe ihre tiefschwarze Farbe. Maria und Julian Martinez bemalten die polierten Töpfe mit einer metallischen Farbe, die sich nach dem Brennen matt schimmernd von der glänzend schwarzen Unterlage abhob. Dieses Verfahren erlaubte es, die Bemalung der Gefässe weniger aufwendig auszuführen. Maria konnte dadurch vergleichsweise viele Keramiken auf den Markt bringen. Auf Wunsch der weissen Händler begann sie 1923, ihre Produkte zu signieren. Dadurch gewannen ihre Töpfereien an Wert und konnten teurer verkauft werden.

Kurz darauf begann eine neue Phase im Südwesttourismus. Endlich wagte man sich von der Eisenbahnlinie weg und hinein ins Indianergebiet. Im Mai 1926 startete in Las Vegas die erste Reisegruppe, die nicht mit dem Zug, sondern per Auto durch das «Indian Country» fuhr. Auch diese Reise wurde von der «Fred Harvey Company» ausgearbeitet, die dafür besonderes Personal ausbilden liess. Es folgten kürzere Reisen und Tagestouren, welche die Touristen vor allem aus der Umgebung von Santa Fe und Albuquerque in die umliegenden Pueblos brachte. Die Reisebusse trugen den bedeutungsvollen Namen «Thunderbird», Donnervogel, und wurden von uniformierten Cowboys chauffiert. Als Reiseleitung stellte die Company junge Frauen indianischer Abstammung ein, die von der Ethnologin Erna Fergusson ausgewählt und auf ihre Arbeit vorbereitet wurden. Fergussons Anliegen war es, den Touristen keine erfundenen Wild-West-Geschichten aufzutischen, sondern sie an die historischen

Tatsachen und das «wahre» Leben der Indianerinnen und Indianer heranzuführen. Ein Besuch der Pueblos mit ihren Häusern aus Stein und Adobe (luftgetrocknete Lehmziegel), wo die Handwerkerinnen und Handwerker bei der Arbeit beobachtet und ihre Erzeugnisse gekauft werden konnten, schien dafür geradezu ideal zu sein.

In den Dörfern selbst bewirkte der Tourismus und die mit ihm einhergehenden ökonomischen Veränderungen bis zum Zweiten Weltkrieg einen grundlegenden gesellschaftlichen Wandel. Bis Anfang des Jahrhunderts zeichneten sich die Pueblos durch eine egalitäre Gesellschaftsstruktur auf der Basis des Tauschhandels aus. Durch das Eindringen der Geldwirtschaft im Schlepptau des Tourismus kam es zur Bildung einer Zweiklassen-Gesellschaft. Wer zu Geld kam, weil er etwas zu verkaufen hatte, gehörte zur Oberklasse. Wer nichts verkaufen konnte, blieb notgedrungen beim Tauschhandel. Zur Geldklasse gehörten vorwiegend die Frauen, besonders die erfolgreichen Töpferinnen, während die Mehrheit der Männer und die weniger erfolgreichen Handwerkerinnen der zweiten Klasse angehörten. Die Folge waren Neid und Missgunst unter den Frauen und Alkoholismus bei den Männern, die sich ihrer traditionellen Rolle als Ernährer der Familien beraubt sahen.

Auch das Ehepaar Maria und Julian Martinez hatte mit solchen Problemen zu kämpfen. Die Nachfrage nach Marias Töpfen stieg im Verlauf der Zwanzigerjahre dermassen an, dass sie es sich leisten konnte, anderen Frauen unfertige Töpfe abzukaufen und sie fertig zu stellen. In den Dreissigerjahren beschäftigte Maria Martinez verwandte Frauen und produzierte ihre Keramik als Manufaktur, in der sogar das Signieren ein spezialisierter Arbeitsgang war. Die geschicktesten Frauen erhielten für ihre Arbeit Geld, alle anderen wurden mit Nahrungsmitteln entlöhnt. Maria Martinez' Töpfereibetrieb war so erfolgreich, dass die Produktionsmethode bald von andern Töpferinnen kopiert wurde. Damit sie ihre traditionellen weiblichen Verpflichtungen nicht zu vernachlässigen brauchte, stellte Maria Martinez für die Erledigung der Hausarbeit mexikanische Hausangestellte ein. Ihr Mann Julian, der sich zur selben Zeit als Maler versuchte, hatte mit seinen Werken weit weniger Erfolg und verfiel, wie andere Männer auch, dem Alkohol. Ihn vermochte allerdings das Geld seiner Frau zu retten: Dank einigen von Maria gesponserten Festen konnte Julian im öffentlichen Leben des Pueblos wieder Ansehen gewinnen und wurde 1940 von der Dorfbevölkerung schliesslich zum «Governor», dem «Gemeindepräsidenten», von San Ildefonso gewählt.

Man mag es als Ironie des Schicksals betrachten, dass eine neue Form der Kolonisierung – der Tourismus – das indianische Handwerk im Südwesten rettete. Tourismus und Kunsthandwerk sind heute für die meisten Pueblo-Familien die wichtigsten Einkommensquellen. Das Geschäft mit indianischem Kunsthandwerk boomt wie noch nie, und für den Laien wird es immer schwieriger, billige Kopien von Originalen zu unterscheiden. Das Problem wurde schon früh erkannt. Deshalb sorgen seit den Vierzigerjahren Handwerksgilden durch Zertifikate für die Qualitätssicherung. Zudem organisieren die Gilden für ihre Mitglieder Weiterbildungskurse und geben Publikationen über Techniken, Materialien und Stilrichtungen heraus. Der Innovationskraft und Anpassungsfähigkeit der Indianerinnen und Indianer sowie der Initiative einiger weisser Unternehmer, Händler und Wissenschafter ist es zu verdanken, dass wir im Südwesten heute ein reichhaltiges Kunsthandwerk finden, das sich durch einen hohen technischen und künstlerischen Standard auszeichnet. Und dies legt auf eindrückliche Weise Zeugnis ab von der Vitalität und Erneuerungskraft der indianischen Kulturen.

Tina Wodiunig Scherrer

Bilder auf den nachfolgenden Panoramaseiten:

Die Navajo-Indianer wurden aus der Gegend von Monument Valley (Arizona) vertrieben, kehrten aber dorthin zurück. Die Landschaft, geeigneter Schauplatz für Filme, trägt zum finanziellen Wohlergehen der indianischen Bevölkerung bei.

Cliff Palace im Mesa Verde National Park (Colorado). In der Endphase einer Dürreperiode bauten die prähistorischen Anasazi-Indianer ihre Behausungen zum Schutz unter steile Klippenwände – eine architektonische Meisterleistung und gleichzeitig eine kleine Welt voller Geheimnisse.

Horseshoe Canyon im Canyonlands National Park (Utah), Maze District. «The Great Gallery» gehört zu den ältesten, rätselhaftesten und zugleich schönsten indianischen Felszeichnungen des Südwestens.

Wandmalerei in Santa Fe (New Mexico), im «Land of Enchantment». Solche Malereien sind die Symbiose aus «Indian Spirit» und westlichem «New Age». Die Erinnerung an die grosse Zeit des Roten Mannes ist zum Mythos verkommen; denn die Zahl der heute in den USA lebenden Indianer verschiedenster Stämme macht nicht einmal ein Prozent der Gesamtbevölkerung aus.

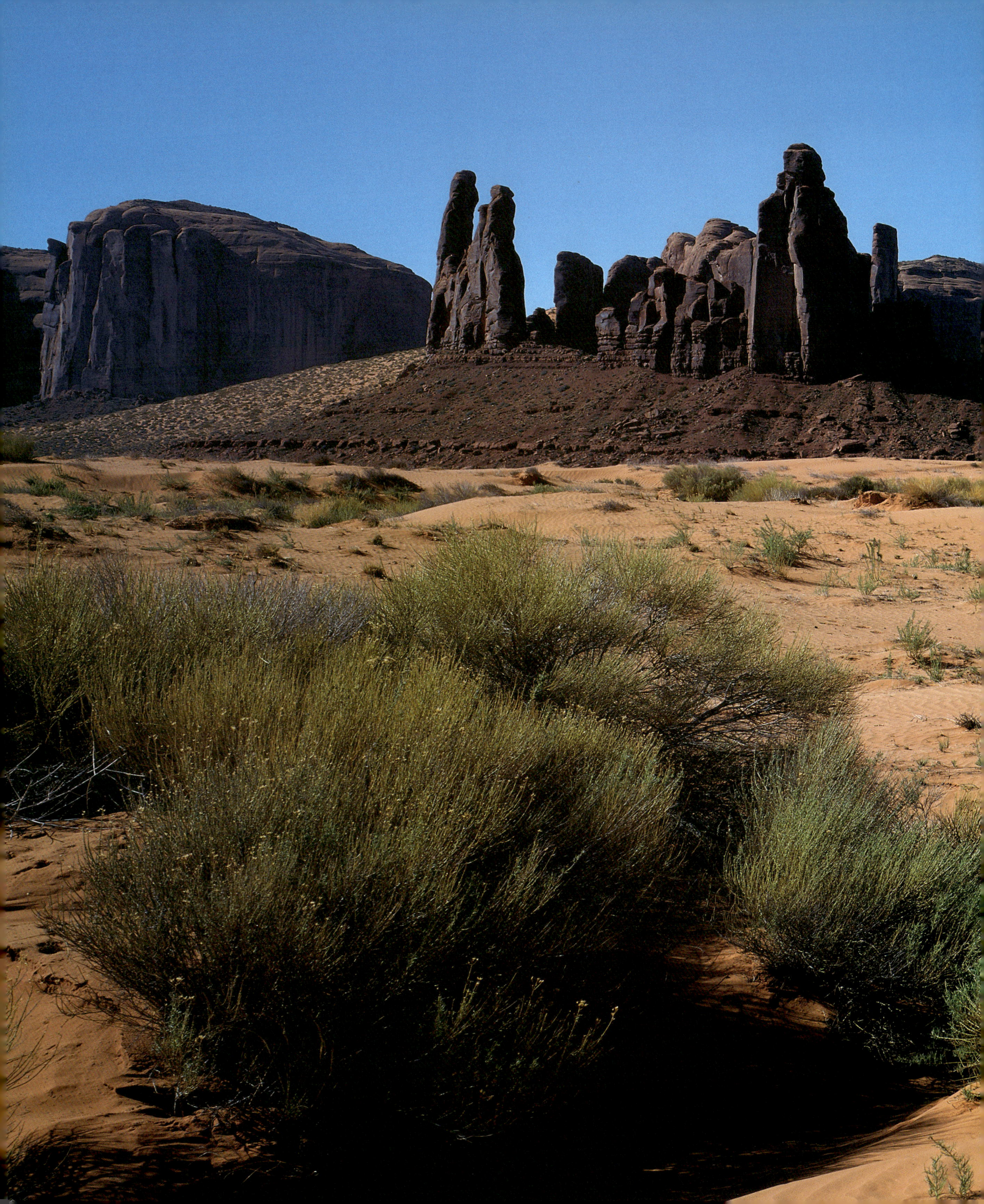

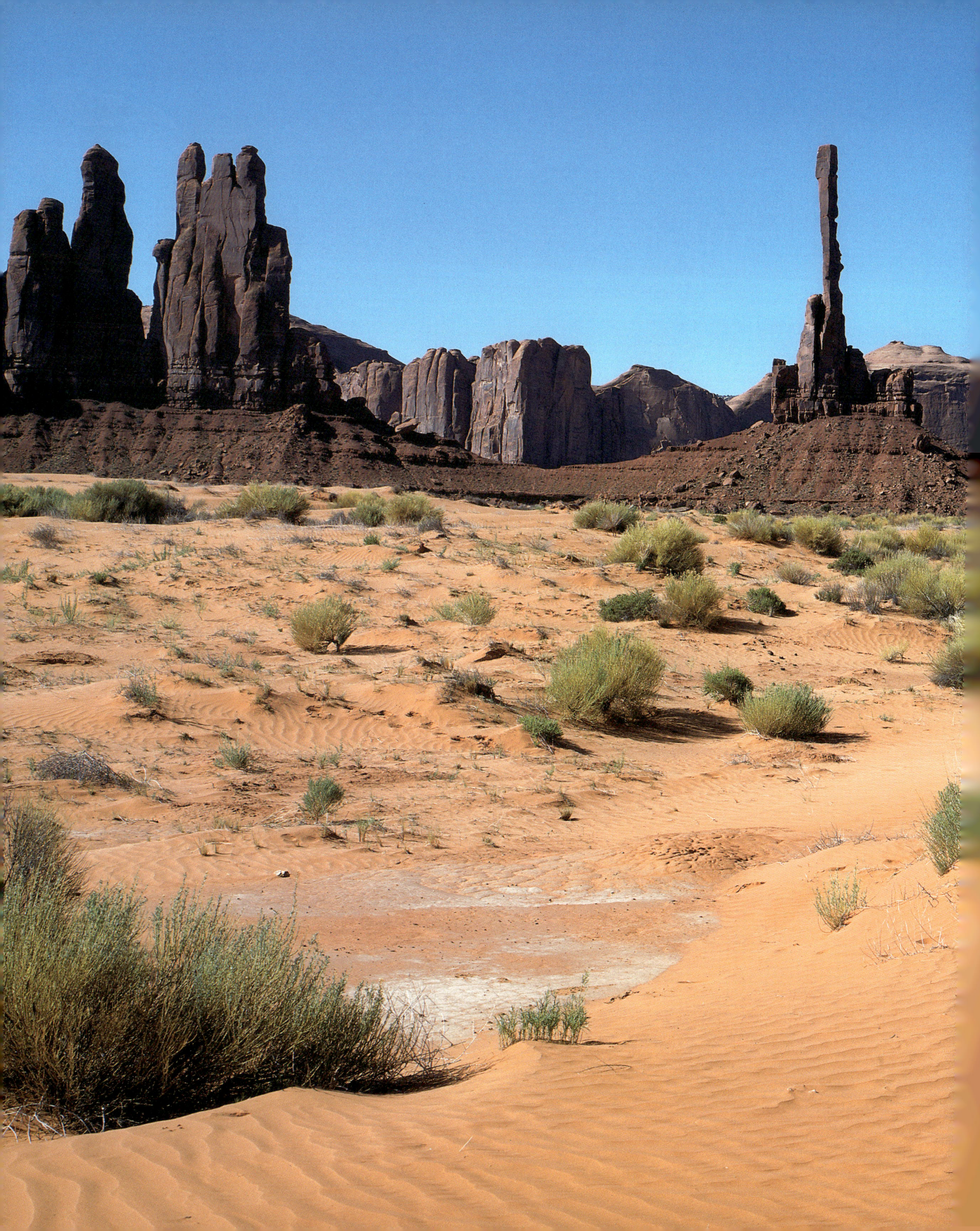

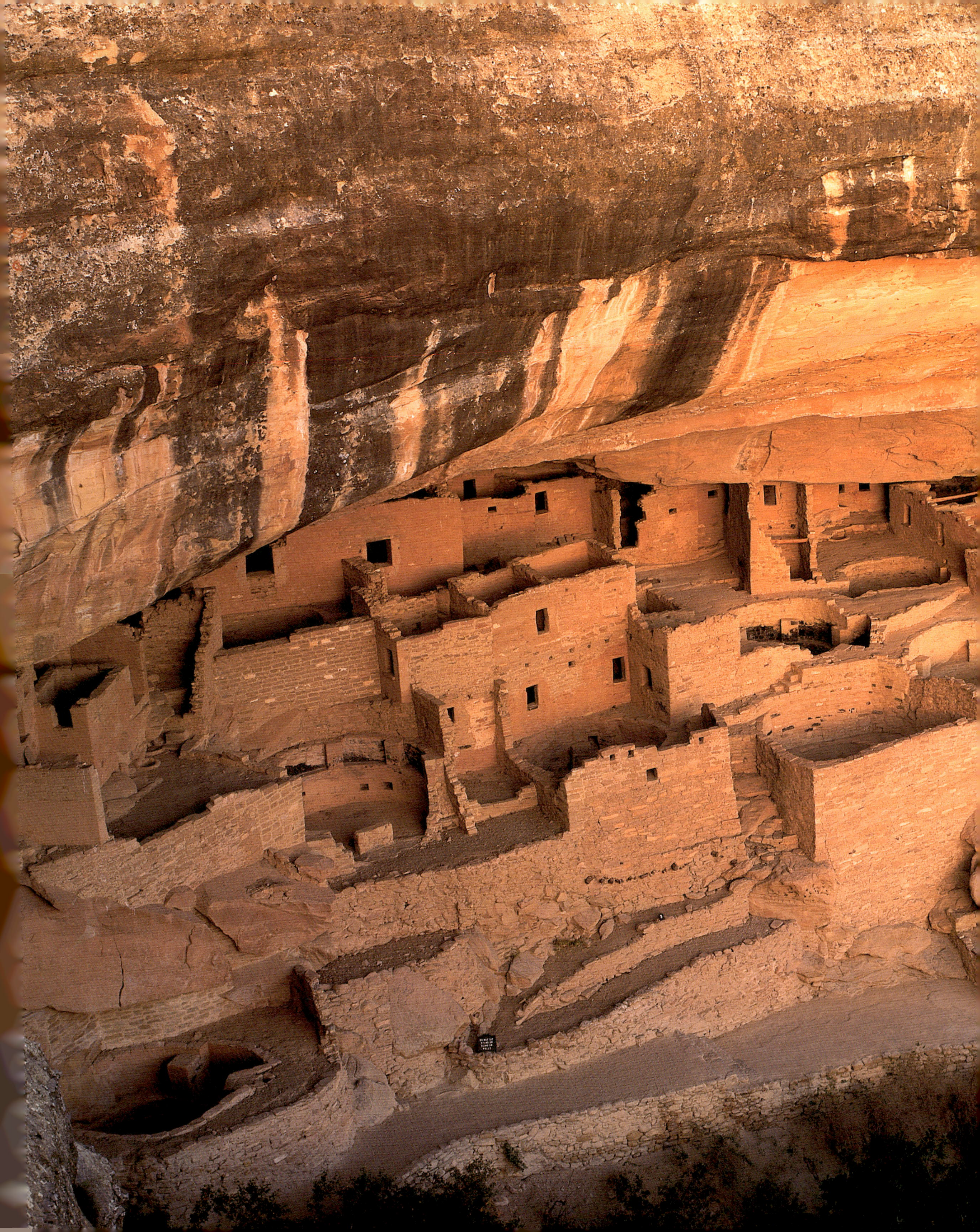

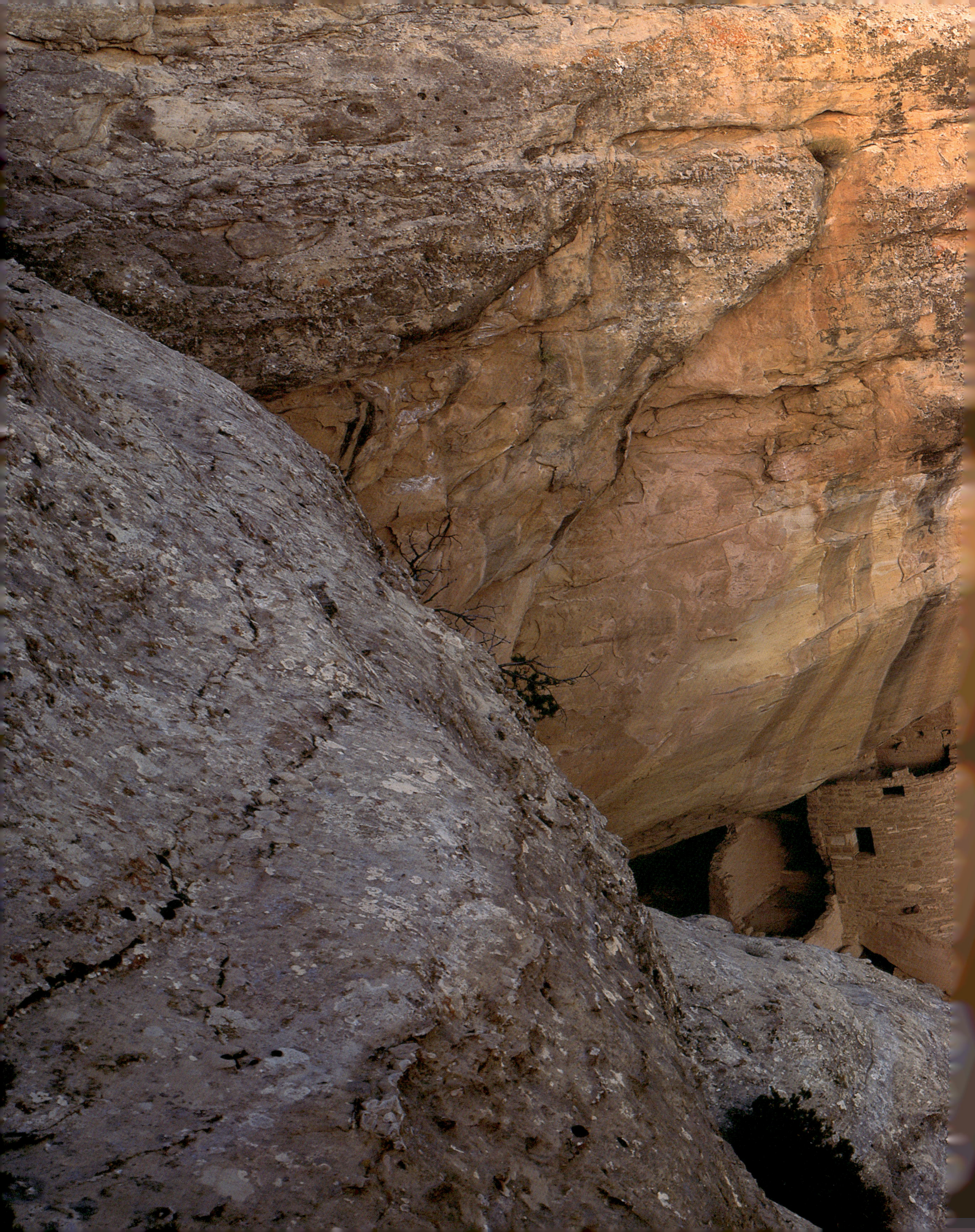

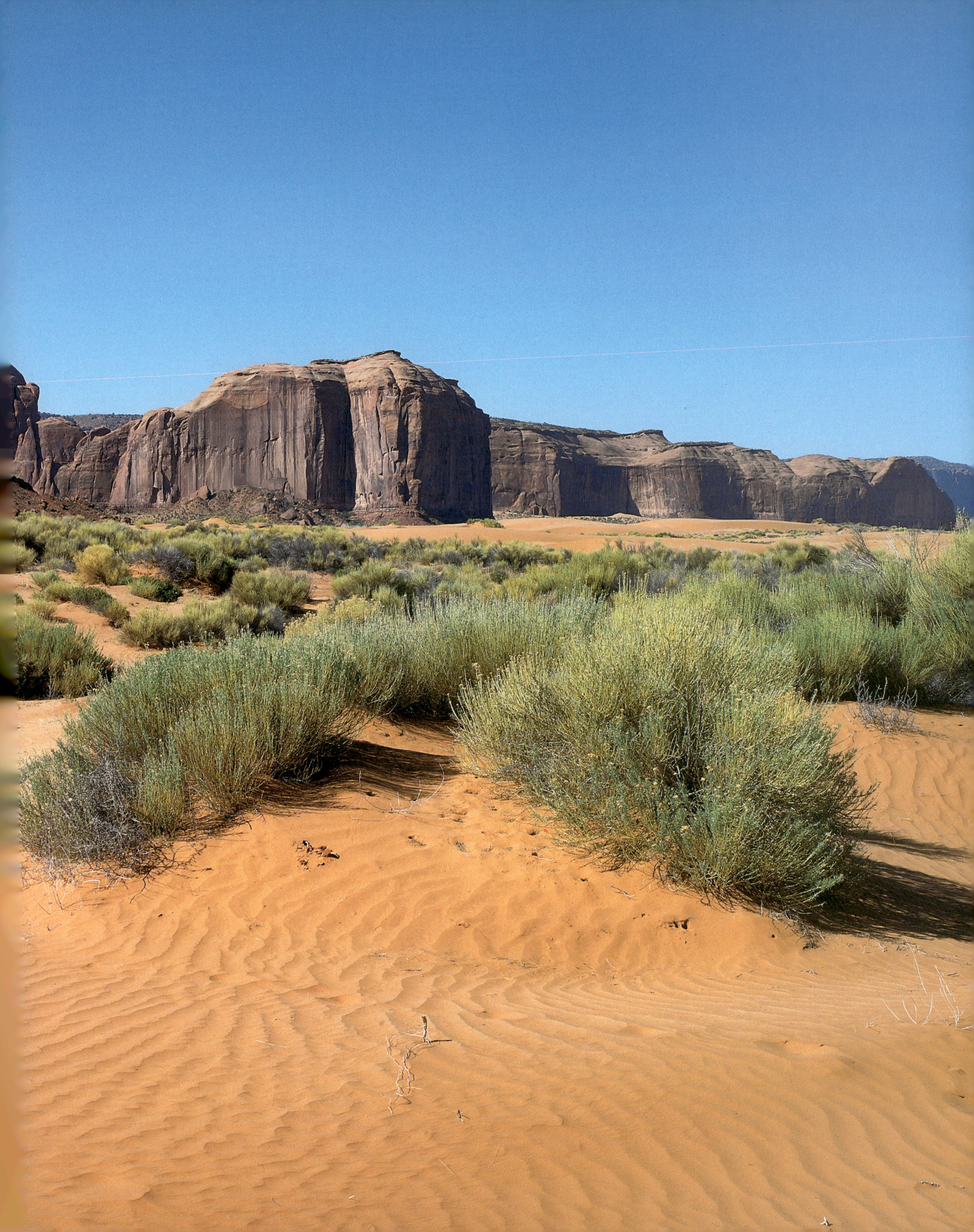

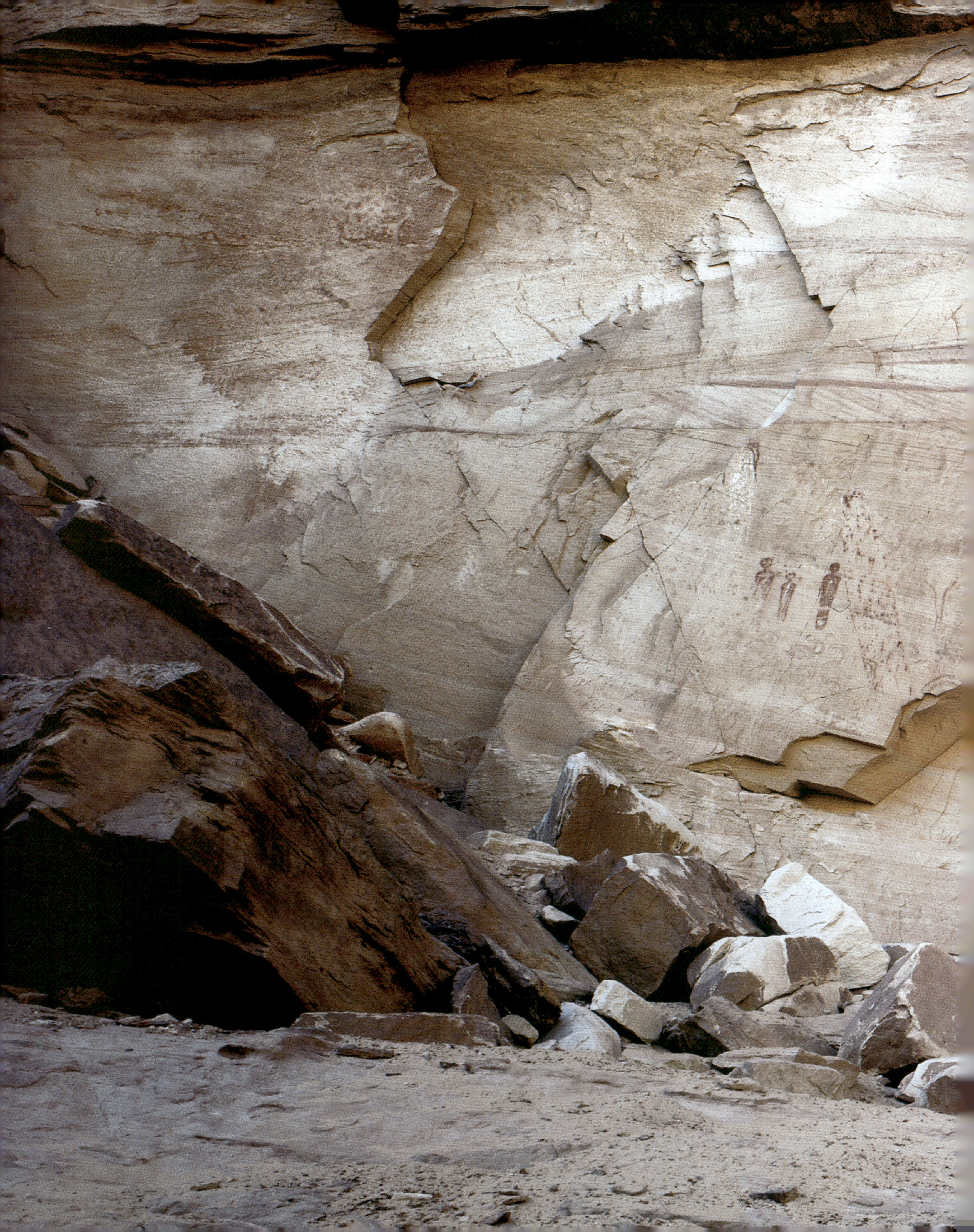

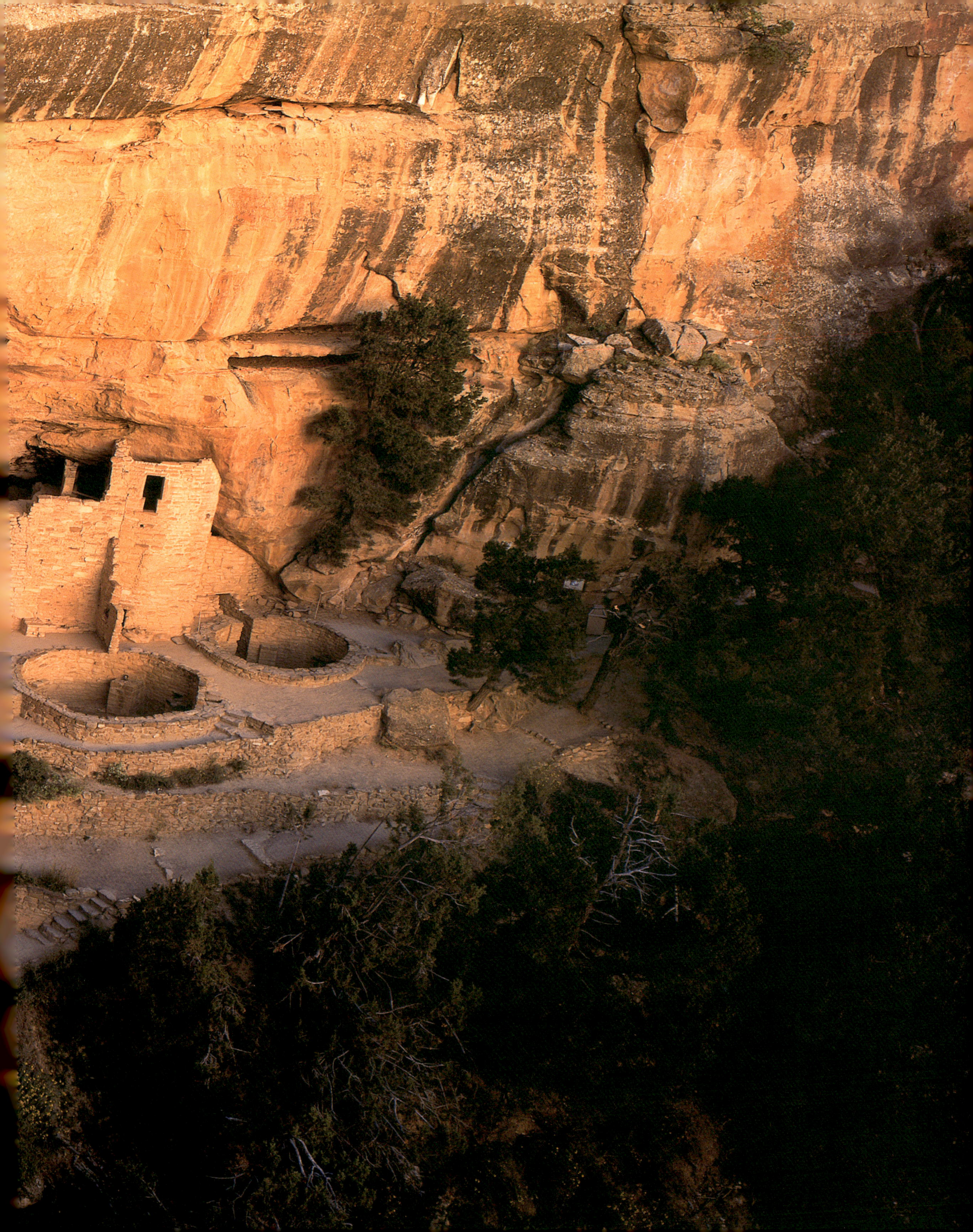

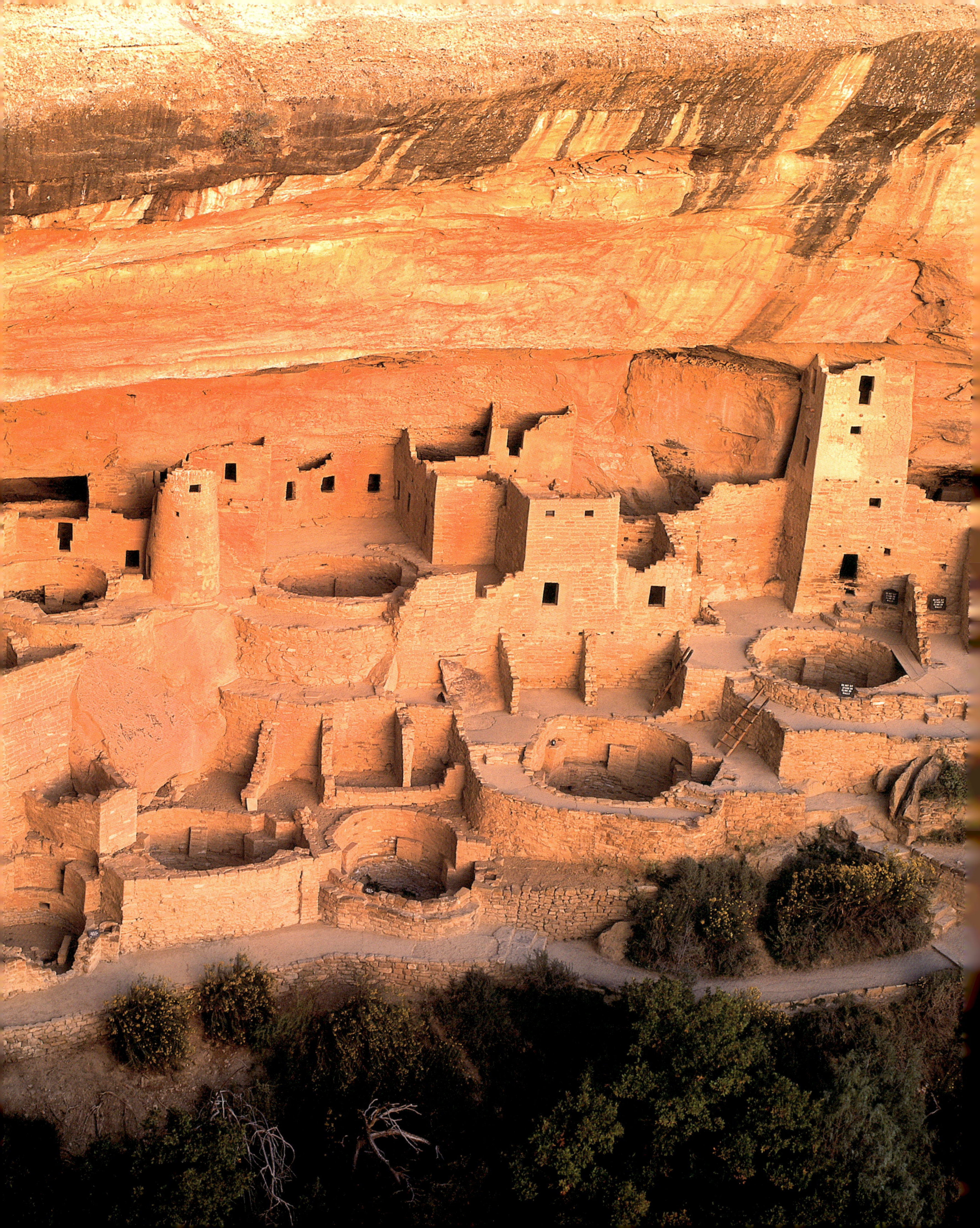

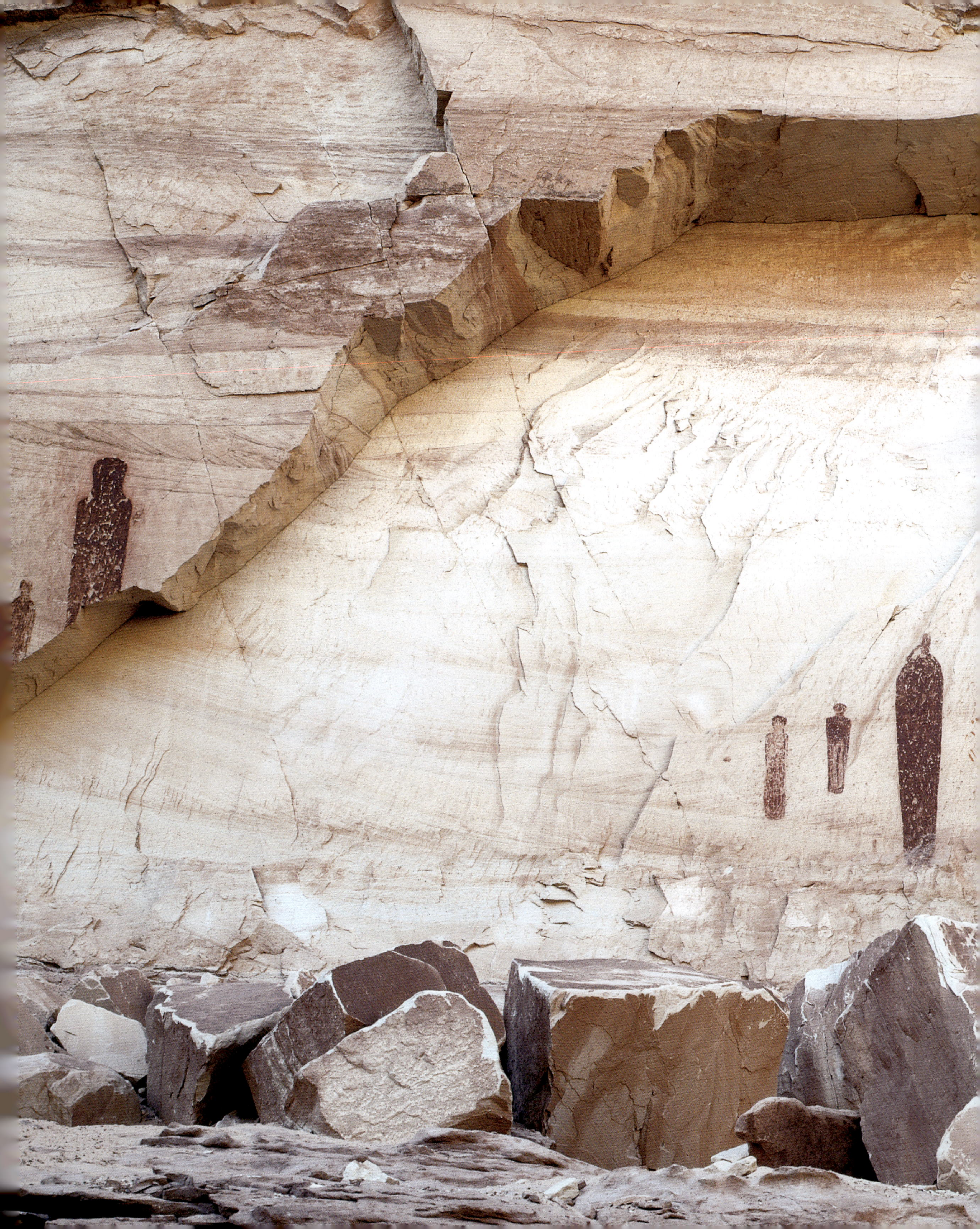

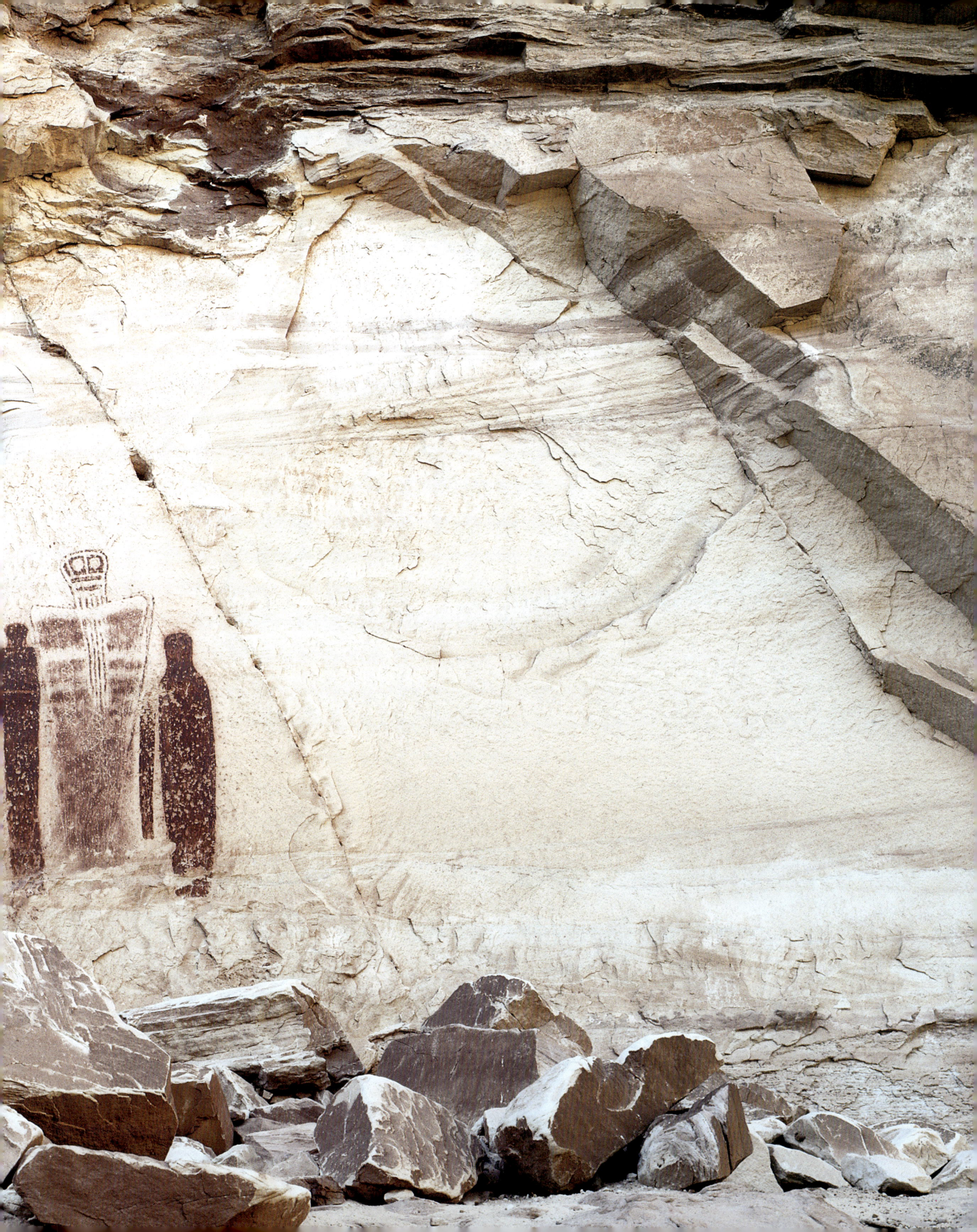

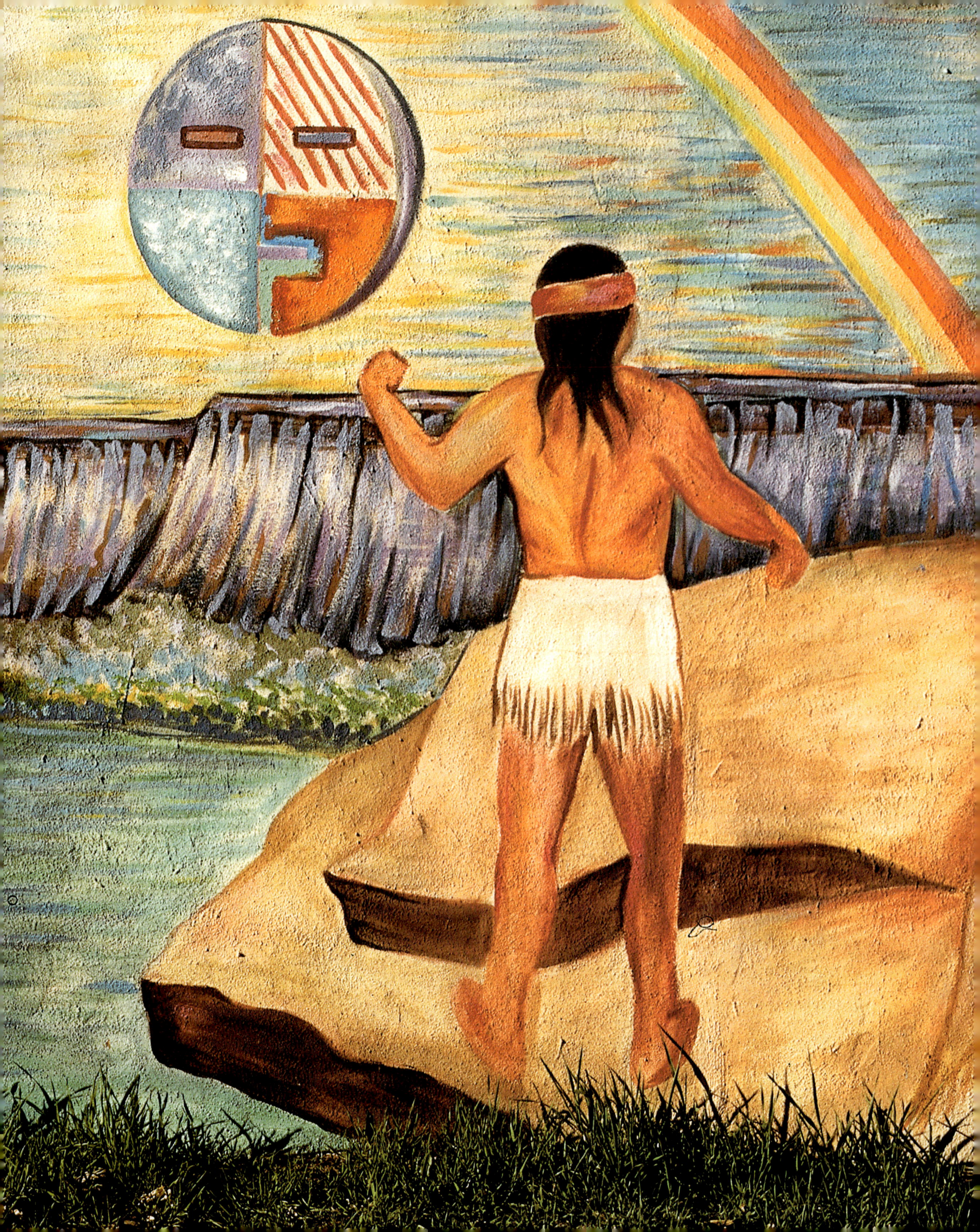

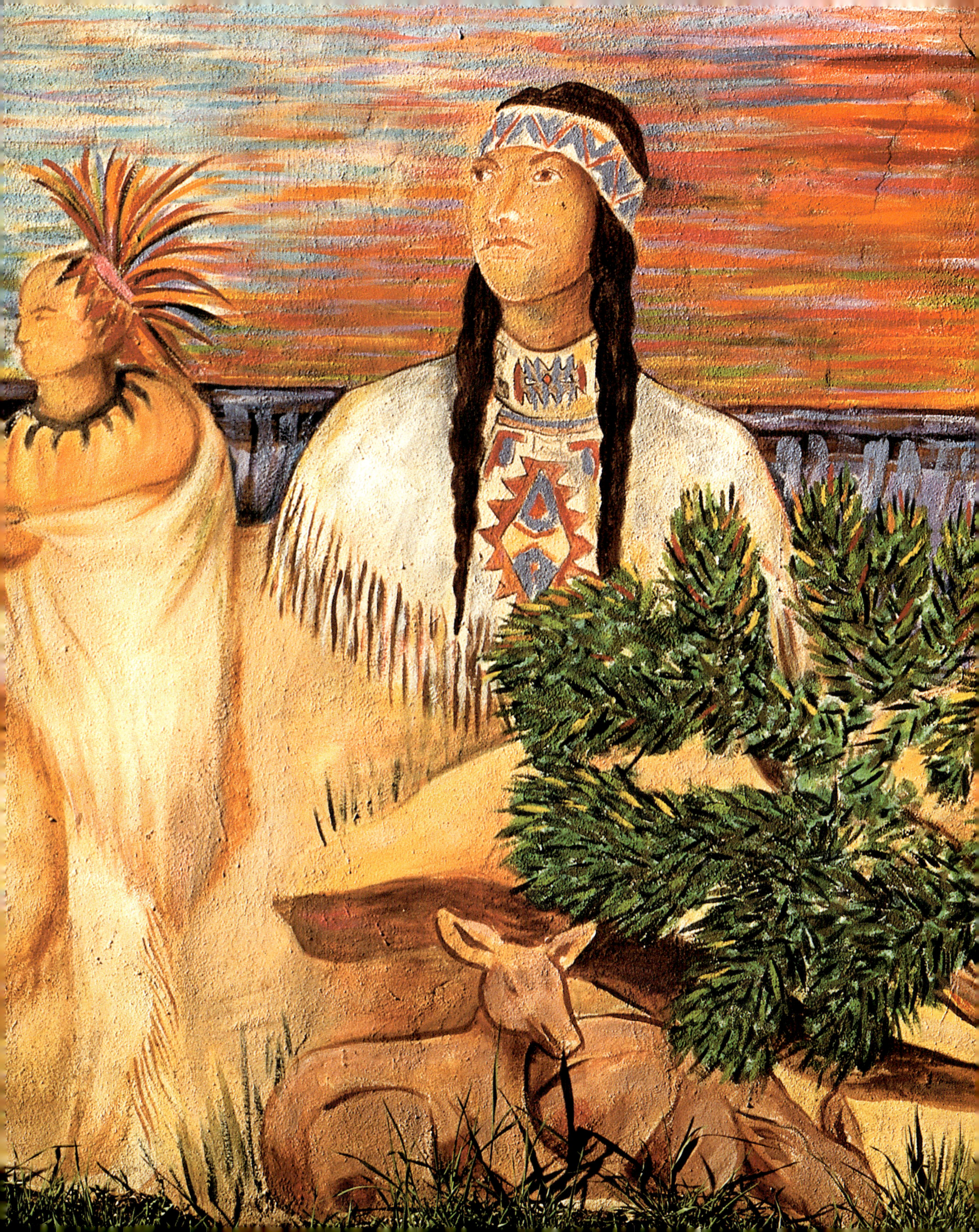

Bild oben:
Wacholdersträuche und Wacholderbäume sind in zahlreichen Regionen der USA zu finden. Das immergrüne Nadelgehölz prägt mit seiner Dominanz manche Landschaft.

Bild Mitte:
Die Indianer, die seit Urzeiten eng mit der Natur zusammenleben, verarbeiten manches, was sie in der Natur gewinnen, zu Schmuckstücken. So werden auch Wacholderbeeren zu Ketten aufgereiht.

Bild unten:
Im Monument Valley (Arizona) sind Touristen für die Existenz der Indianer wichtig. Das Geld, das aus dem Tourismus stammt, sichert manchem Einheimischen die Lebensgrundlage.

Bild rechts:
Abendstimmung im Kodachrome Basin, Redrock Country, unweit des Bryce Canyon National Park (Utah).

Bilder auf den nachfolgenden Panoramaseiten:

In den White Mountains (California) trotzen Kiefern auf einer Höhe von gegen viertausend Meter den extremen klimatischen Bedingungen. Die Bäume gehören zu den ältesten «Lebewesen» auf unserem Planeten. Einige Exemplare sind über viertausend Jahre alt.

Der Canyon des Chelly (Colorado) ist historisch bedeutsam.

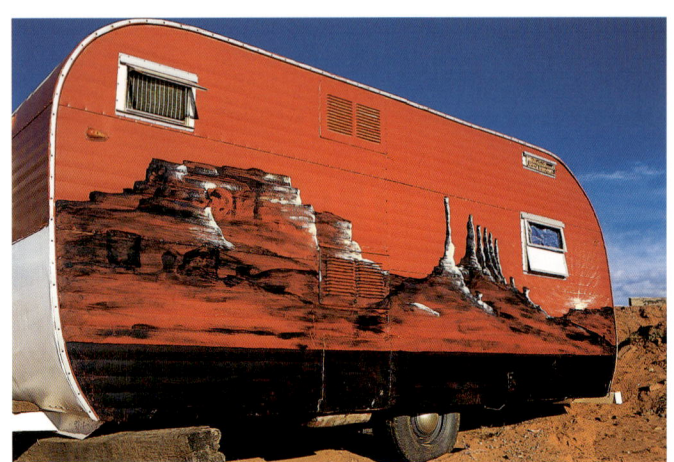

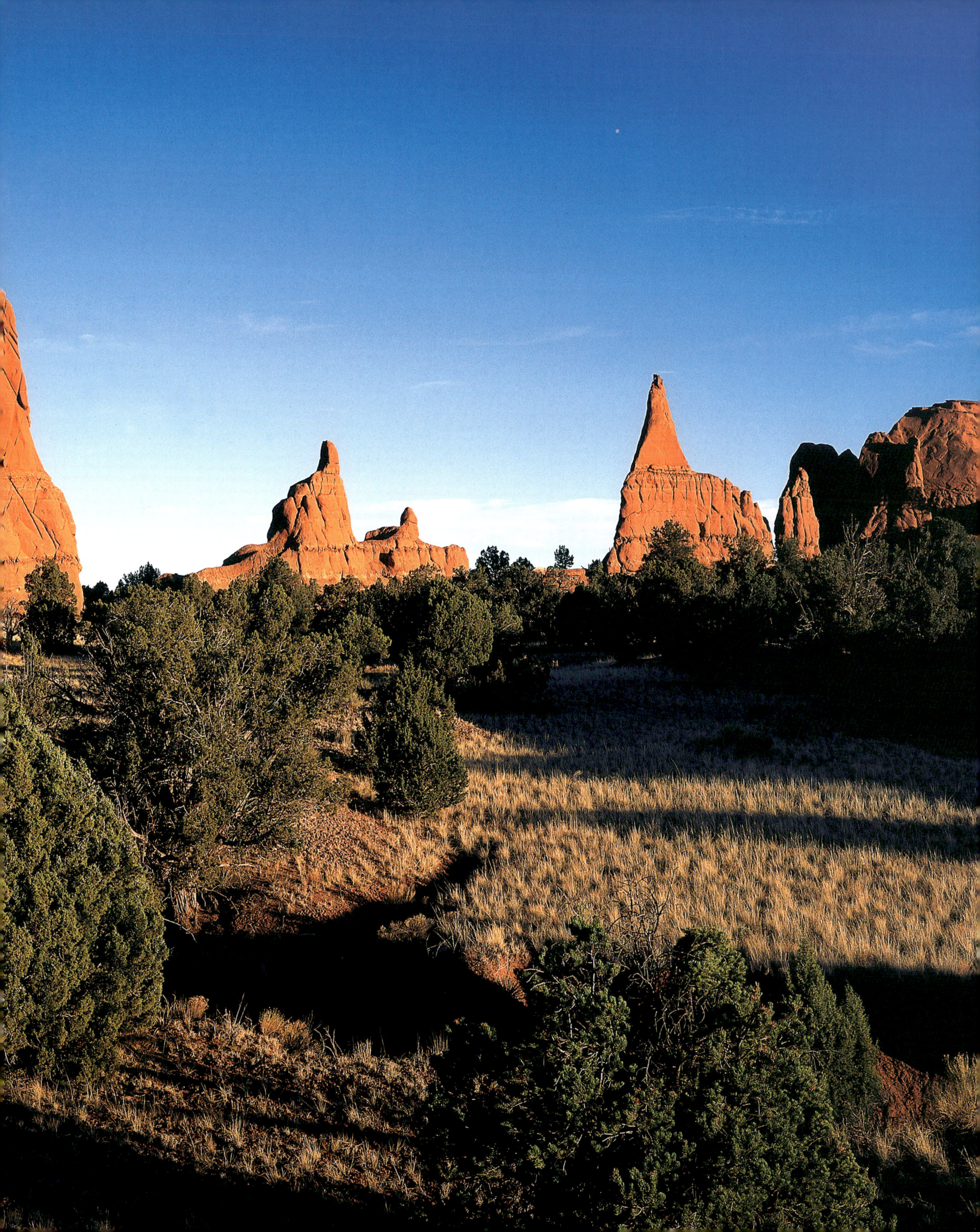

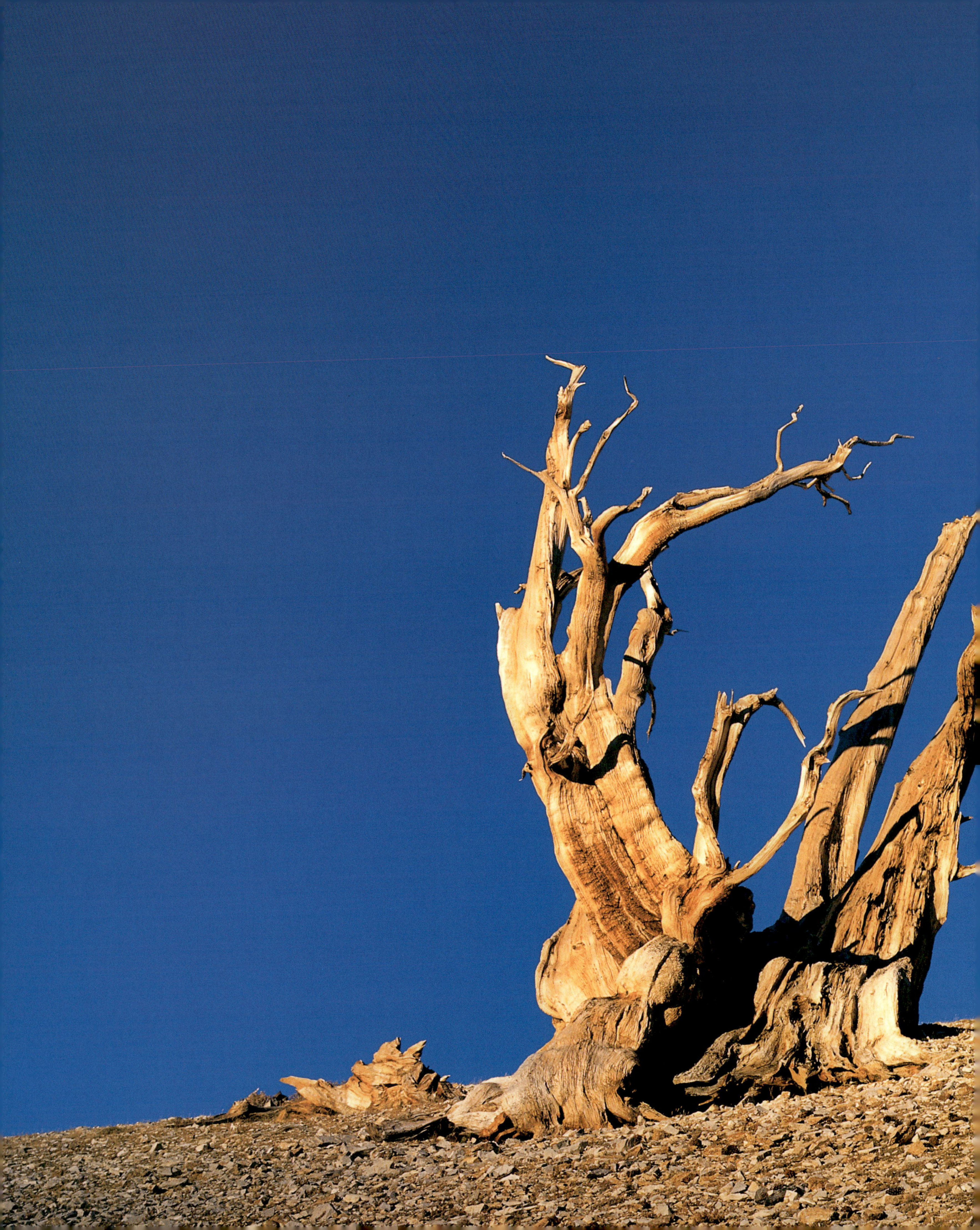

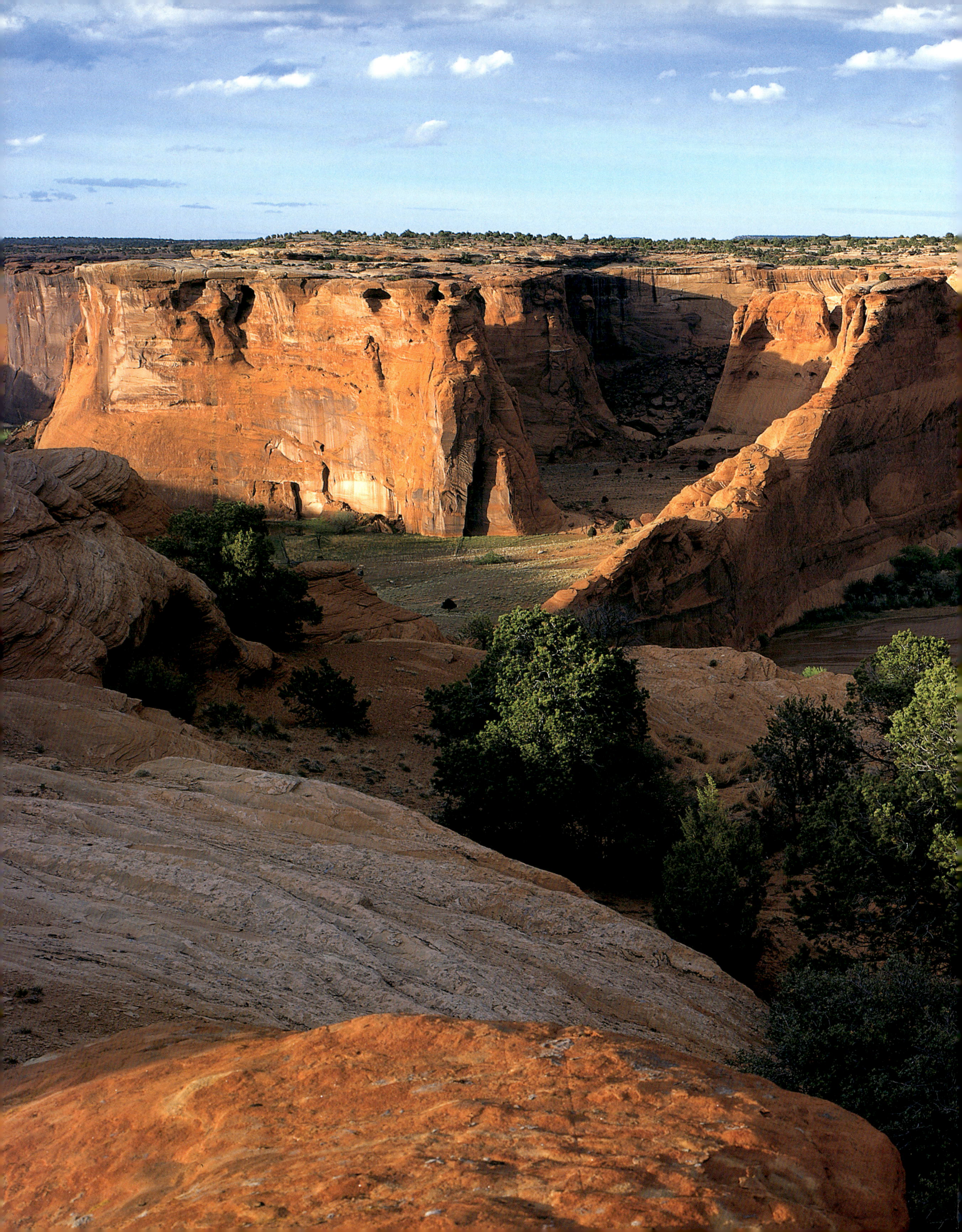

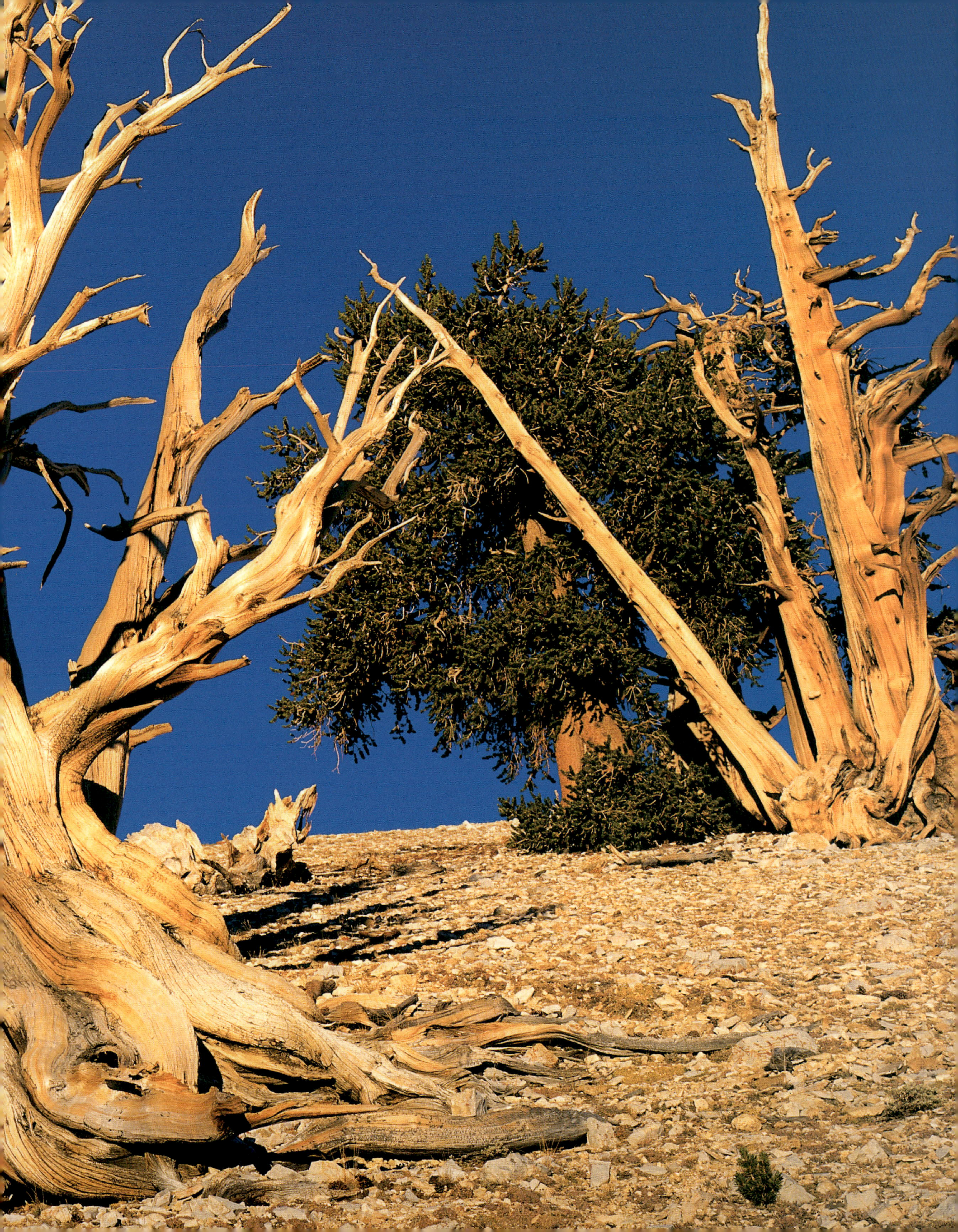

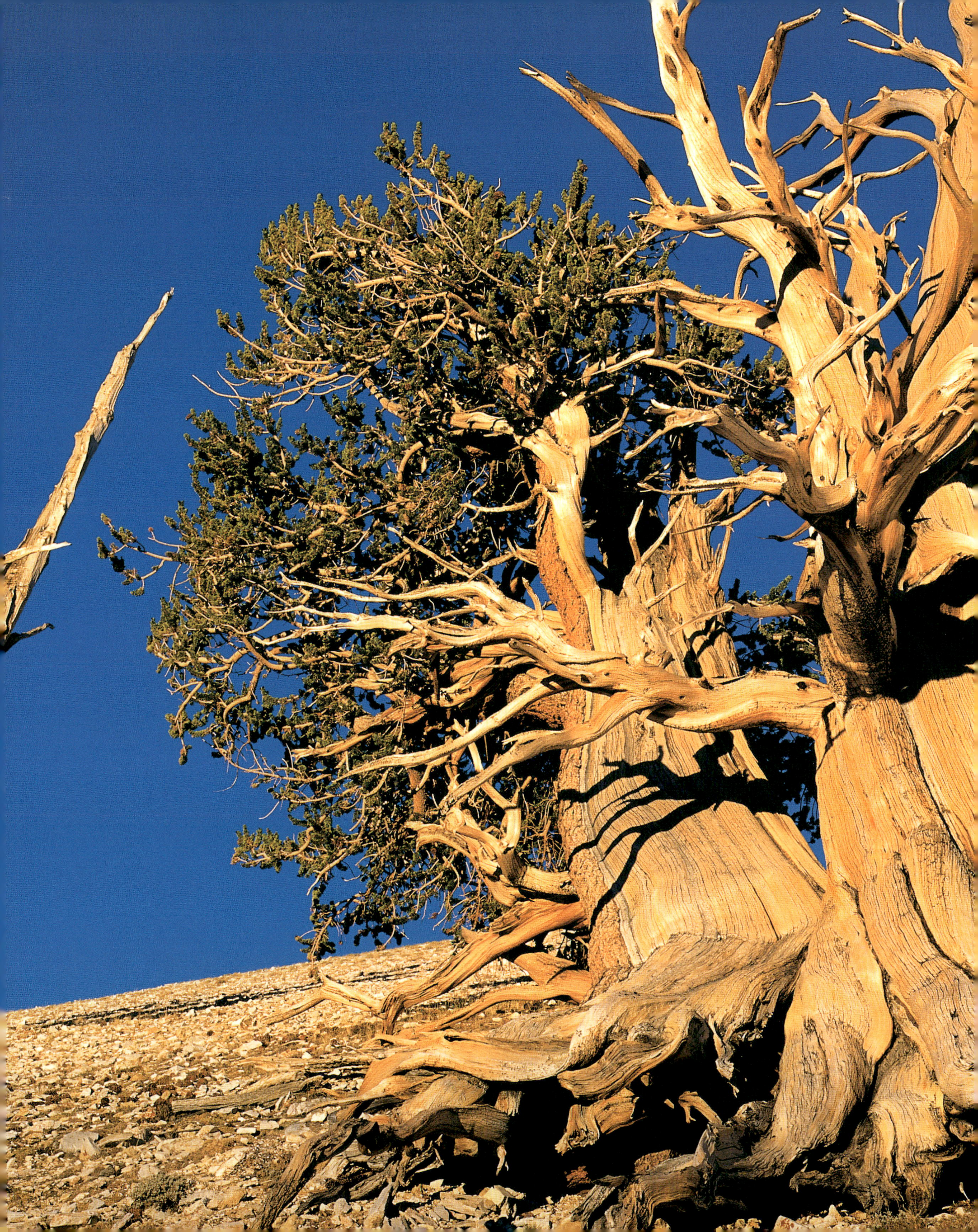

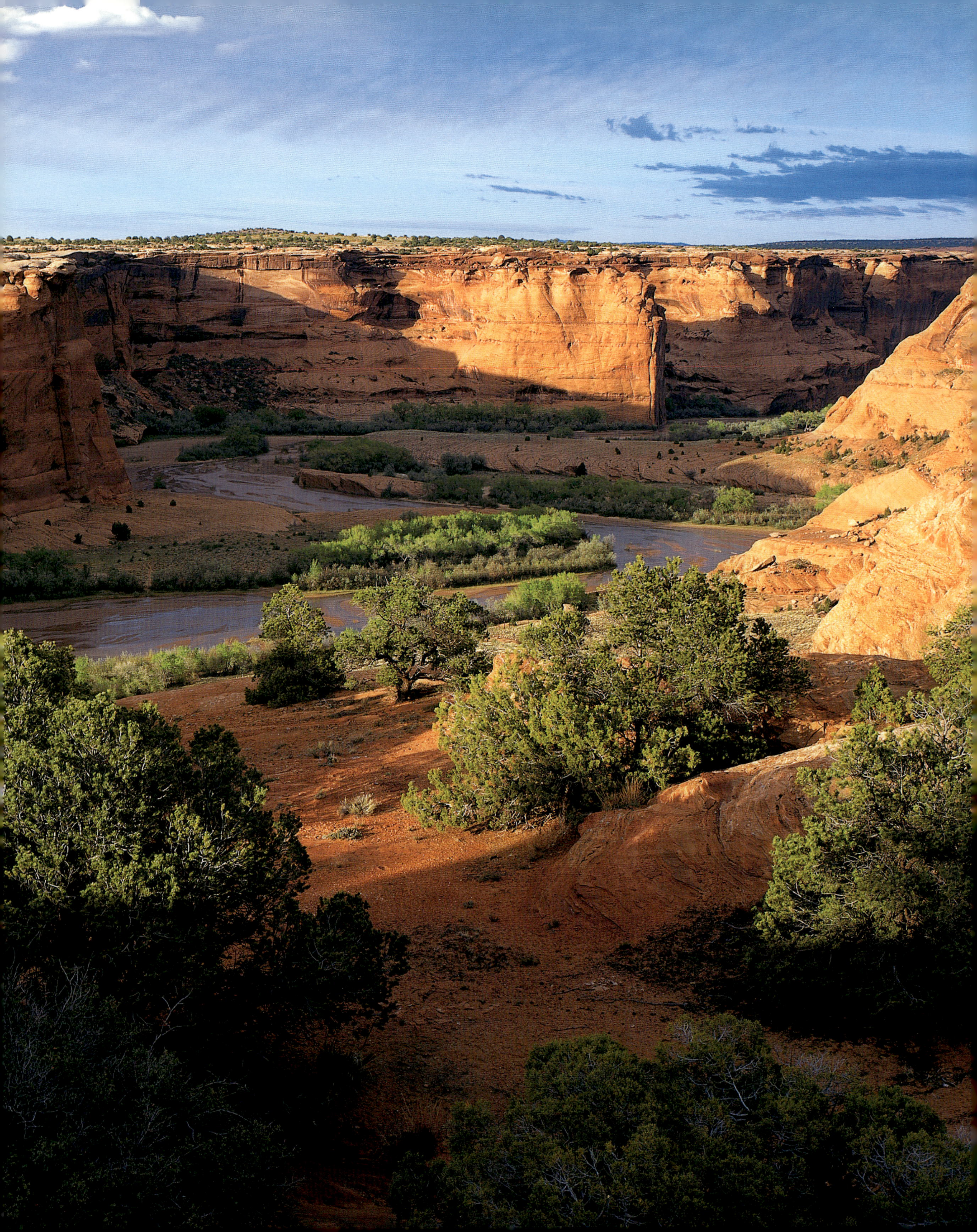

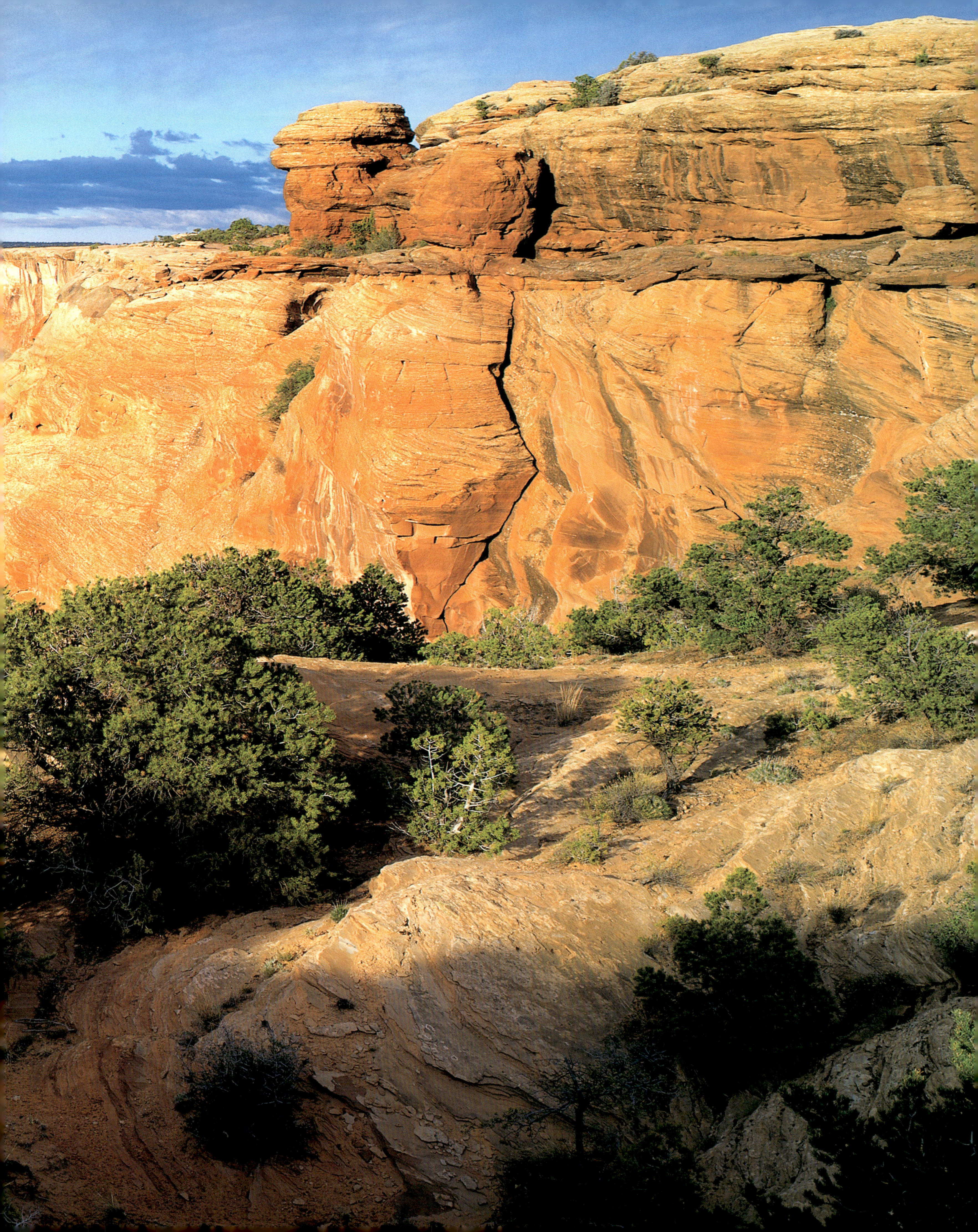

Landschaften:
Grasland, Steppe, grüne Wälder

Aus den südlichen Rocky Mountains kommend, sieht man bei Trinidad zum ersten Mal in die offene Prärie hinaus. Gelbbraunes, sanft gewelltes Grasland, in der Ferne ein Saum weisser Blumenkohlwolken, so dicht über dem verschwimmenden Horizont, als lägen sie auf der Erde. Schmale, schnurgerade Strassen, die sich von Welle zu Welle schwingen, führen in die Weite hinaus. Irgendwo, in der Mitte des Nichts, bricht der Asphalt ab, die Strasse geht in tiefe Karrengeleise über, staubtrocken an glühend heissen Sommertagen, wassergefüllt nach einem Gewitter. Sie führen zu einer Ranch. Aber nirgendwo unter dem Horizont ist eine menschliche Behausung in Sicht. Über die flachen Bodenwellen zieht sich ein endloser Stacheldrahtzaun. Ein paar Rinder weiden in der Ferne, kleine schwarze Punkte im immensen Raum. Man spürt die Einsamkeit, in der viele der ersten Siedler der Melancholie verfielen, den *horror vacui* (Angst vor der Leere), der sie in den Wahnsinn trieb. Von Trinidad am Fuss der Rocky Mountains dehnen sich die Great Plains siebenhundertfünfzig Kilometer tief bis ins östliche Kansas aus, ein riesiger Ablagerungsfächer erodierender Flüsse aus den Rocky Mountains, und gehen dort ins Zentrale Tiefland über, das bis zu den Appalachen reicht. Von Alberta und Saskatchewan in Kanada ziehen sie sich mehr als viertausend Kilometer nach Süden. Ein Ozean aus gewelltem Grasland. Weite Flächen der Plains sind aber auch flach und glatt wie ein Mühleteich oder aufgerauht, gebrochen, zerrissen wie das Meer bei Sturm. Wasser und Wind haben Sedimentschichten abgetragen, Zeugenberge, Mesas, sind stehen geblieben. Die Erosion hat Gebirge aus den Plains herausgeschnitten, deren Gipfel auf gleicher Höhe wie die Ebene liegen, in deren Täler man aus der Ebene hinunterfährt, wie etwa in die Badlands, die letzte Zuflucht der Sioux in North Dakota.

Der Historiker und Abenteurer Francis Parkman jr., der die Prärie 1846 bereiste, erzählt von einem Jagdausflug: «Wir galoppierten schnell durch das üppige Gras auf den Fuss der Hügel zu. Von einer Lücke zog sich eine tiefe Schlucht hinunter, die sich bei ihrer Mündung in die Prärie verbreitete. Wir galoppierten in ihr hoch und waren nach wenigen Augenblicken von den öden Sandhügeln umgeben. Die Hälfte ihrer steilen Flanken war kahl, der Rest war kärglich bedeckt mit Büscheln von Gras und verschiedenen struppigen Pflanzen, unter denen die reptilartige *prickly-pear* (Blattkaktus) hervorstach. Wir krabbelten aus dieser Schlucht hinaus und stiessen, durch die Mulden galoppierend, bald auf eine weitere, die sich wie eine Schlange durch die Hügel wand und so tief war, dass sie uns vollständig verbarg.»

Parkman verlor auf diesem Ritt die Orientierung. Doch fühlte er sich in der menschenleeren Weite nicht einsam. «Die ganze Oberfläche des Landes», erzählt er, «war, so weit man sehen konnte, gesprenkelt mit Hunderten von Büffeln. Die Antilopen waren zahlreich, und weil sie in Gesellschaft von Büffeln immer mutig sind, kamen sie ganz nah heran, um mich zu sehen. Schmutzige, schurkenhafte Wölfe schlichen durch die Mulden und sandigen Tobel. Verschiedene Male kam ich durch Dörfer von Präriehunden, die, jeder in der Öffnung seines Baus sitzend, die Pfoten vor sich hielten, als würden sie beten, und die mit äusserster Vehemenz schrien. Gefleckte Schlangen sonnten sich mitten in den Dörfern, und gelassene kleine, graue Eulen mit einem grossen weissen Ring um jedes Auge sassen Seite an Seite mit den richtigen Bewohnern.»

Bevor die weissen Siedler den Missouri überschritten, lebten im baumlosen Grasland zwischen dem Mississippi und den Rocky Mountains fünfundvierzig Millionen Büffel, Lebensgrundlage der Prärie-Indianer, deren Untergang mit dem

Verschwinden des Bisons besiegelt war. Pronghornantilopen, Weissschwanzhirsche und Rothirsche durchzogen in Herden die Prärie. Grizzlybären, Wölfe und Pumas stellten ihnen nach. Unzählige Kleinvögel lebten im hohen Gras. In Sümpfen, an Wassertümpeln und Flussläufen brüteten Schwäne, Gänse, Enten, Pelikane, Kraniche und Reiher. Im Frühjahr und im Herbst zogen riesige Schwärme von Zugvögeln über die Ebenen.

Heute sind die Great Plains durch Strassen, Zäune, Autobahnen, Eisenbahnlinien, Hochspannungsleitungen in Abertausende von Parzellen zerstückelt. Die Wildnis hat der Landwirtschaft Platz gemacht. Die Zerstörung der ursprünglichen Pflanzendecke hatte allerdings schwerwiegende Folgen. Im Grasland, wo kalte Luftmassen aus dem hohen Norden ungehindert auf feuchte, subtropische Luft treffen, kommt es oft zu heftigen Gewittern mit sintflutartigen Regenfällen. Wasser und Wind tragen den Humus ab. Manche Regionen des Graslandes, etwa das Panhandle von Oklahoma, verwandelten sich in Wüsten.

Die ersten Besiedler der Plains, Ackerbauern, wagten sich nicht über den 98. Längengrad vor. Westlich dieses Meridians fallen pro Jahr weniger als fünfhundert Millimeter Niederschlag. Entlang der Trockengrenze schwankt die Niederschlagsmenge zudem von Jahr zu Jahr beträchtlich – keine sichere Grundlage für die Landwirtschaft. In die ungenutzten Trockengebiete am Fuss der Rockies drangen aus der texanischen Golfküstenebene Viehbarone vor, die extensive Rinderweidewirtschaft, das *ranching* griff nach Norden aus. Nach 1890 wurde im Westen leicht zugängliches, frei verfügbares Land aber knapp. Immer mehr Farmer liessen sich in den Plains nieder, viele wagten sich jetzt, nachdem die Methoden des *dryfarming* entwickelt worden waren, auch in die Trockengebiete jenseits des 98. Längengrades und drängten die Rinderzüchter nach New Mexico und Colorado und bis in den Westen der Dakotas zurück. Aber dann kam die Dürre, brachen Agrarkrisen aus. Tausende von Farmern gingen Konkurs. In den Dreissigerjahren verwandelten sich die Great Plains in ein gigantisches Abwanderungsgebiet.

Traktor und Pflug und die Bodenerosion sind aber nicht überallhin vorgedrungen. Im Norden der Great Plains, in Montana, North Dakota und den angrenzenden kanadischen Prärieprovinzen sind grosse, nahezu unberührte Areale übrig geblieben, in denen die ursprüngliche Tier- und Pflanzenwelt überlebt hat. Der Grizzlybär ist aus dem Grasland allerdings verschwunden. Der Wolf hat sich in die unzugänglichen Gebirgsketten der Rocky Mountains zurückgezogen. Die Bisons, von denen nur zwanzig die Schlächtereien durch Jäger und Rinderzüchter überlebt haben, grasen heute wieder in den Parks und Büffelfarmen der Great Plains.

Die Interstate 25 führt am Fuss der Rocky Mountains nach Norden, quer durch die drei städtischen Agglomerationen Pueblo, Colorado Springs und Denver, und jenseits des Städtebandes wieder in die Leere der Prärie hinaus. Bei Orin quert sie den North Platte River, den Fluss, dem zwischen 1840 und 1870 Hunderttausende von Auswanderern auf dem Weg nach Westen folgten – zu Pferd, zu Fuss, mit Planwagen, begleitet von Viehherden. Platte und North Platte River führten die Pioniere durch die Plains von Nebraska ins Wyoming-Becken. Dort wechselten sie zum Sweetwater River, der den Zugang zum South Pass vermittelte, dem einzigen Übergang über die Rocky Mountains, der flach und wasserreich genug war für Planwagen und Herden. Tausendeinhundert Kilometer vom Pazifik, tausendvierhundert vom Golf von Mexiko entfernt – das Wyoming-Becken liegt tief im Innern des Kontinents. Im Regenschatten der Rockies erhält es kaum Niederschlag, das Gras ist dem *sagebrush*, dem wilden Wermut, gewichen. Blassgrün und weisslich bedeckt er die ausgedörrten Ebenen von Horizont zu Horizont. Ackerbau ist hier nicht mehr möglich, Weizenanbau nur in tieferen Lagen im Ostteil des Staates. Die Hochebenen des Wyoming-Beckens sind klimatische Steppen und Wüsten und werden für die extensive Weidewirtschaft mit Rindern und Schafen genutzt. Brütende Hitze, bei Wetterstürzen Schnee sogar im August. Heftige Gewitter, in klirrend kalten Wintern Blizzards, die alle Strassen blockieren. Der Chinook, Föhn aus den Rockies, der Land,

Pflanzen können in sandigen Böden die Erosion aufhalten oder wenigstens verlangsamen. In steinigem Gelände hingegen vermögen ihre Wurzeln das Gestein zu sprengen und beschleunigen dadurch dessen Zerfall.

Espen am Grand Canyon National Park North Rim (Arizona). Die Bäume sind voll im Saft, die Blätter präsentieren sich im sattesten Frühlingsgrün.

Den Herbst zeigen die Espen mit einer anderen Farbe an. Weitherum sichtbar leuchten die goldgelben Blätter.

Mensch und Tier ausdörrt. Im Februar Tiefsttemperaturen von unter –40 °C, im Juli Maximalwerte von über +40 °C. Das Wyoming-Becken ist ein Land der Extreme.

Ein Julimittag am Sweetwater River. Die Luft steht still und wabert über den flachen Hügeln, die Sonne brennt feindselig vom wolkenlosen Himmel. Die Jeans kleben an den Schenkeln, scheuern die Haut, der Mund ist ausgedörrt. Staub knirscht zwischen den Zähnen; unter den Pferdehufen explodiert er Tritt für Tritt zu feinen Wolken. Baumlose, wasserlose, endlose Weite. Die Pferde gehen im Schritt, die Landschaft verändert sich mit unvorstellbarer Langsamkeit, ab und zu taucht ein Rudel Pronghornantilopen auf, äugt neugierig hinüber, flieht mit unglaublicher Geschwindigkeit durch den kniehochen Busch. Sonst steht alles still, die Zeit steht still, die Gedanken schweifen, dann stehen auch die Gedanken still und sind nichts mehr als das Bild, das die Augen sehen – wilden Wermut und Sand. Grünlichblau und Gelb in sanften, endlosen Wellen. Im Himmelsblau verschwimmende Horizonte. Tafelberge, blass und leicht verzerrt in der hitzeflimmernden Luft. Die fernen Gipfel der Wind River Range. Dort liegt Schnee in den nach Osten gerichteten Hängen, Schnee! Doch er ist viele Tagesritte entfernt.

Man wird in der Wüste, in der alles trockener Wermut, alles Gelb, alles Staub, alles Durst ist, das Bild allerdings nicht los: waldbedeckte Höhen, kühle Bäche, kühler Wind und Schnee. Deshalb steigt man vom Pferd und nimmt den weiten Weg unter die Räder. Vom South Pass sind es hundertsechzig Kilometer bis nach Pinedale. Der kleine Ort am Fuss der Wind River Berge ist eine «Wild West Town», wie sie im Bilderbuch steht: breite Hauptstrasse, auf beiden Seiten gedeckte *boardwalks*, Ladengeschäfte mit Imponierfassaden, Bars, Restaurants, im Westen und Süden die Steppe, im Osten, nahe der Stadt, das blaue Gebirge. Siebzig Kilometer dem Green River entlang auf das Gebirge zu und in das Gebirge hinein, Schlaglöcher, Steine, Schlamm oder Staub. Ab und zu eine Farm, Rinderherden in den Flussauen. Fichtenwald, schäumende Bäche und dann der Green Lake, ein grüner Bergsee, in dem sich, ein gigantischer Kegelstumpf, der Flattop Mountain, spiegelt. Hier endet die Zivilisation. Die Wind River Range, über deren Kamm die kontinentale Wasserscheide verläuft, stösst hundertdreissig Kilometer tief ins Wyoming-Becken vor. Sie kulminiert im 4200 Meter hohen Gannett Peak. Sieben der zehn grössten Gletscher der Vereinigten Staaten und weit über tausend Bergseen liegen unter den zerklüfteten Granit- und Gneisgipfeln des Gebirges, das völlig unbesiedelt ist.

Dem besonnten Ostufer des Green Lake entlang führt ein Fusspfad tiefer ins Gebirge hinein. Der Hang ist bis weit hinauf baumlos, das steile, schattige Westufer gegenüber bis ans Wasser mit dichtem Nadelwald bewachsen. Bis zur oberen Waldgrenze auf 3200 Meter über Meer dominiert in den mittleren Rocky Mountains die *lodgepole pine*, ein Nadelbaum, der sich das Gebirge mit ganz besonderen Eigenschaften erobert hat. Die *lodgepole pine* bleibt klein, schmächtig, fast kümmerlich, von der rechten Grösse eben, um – wie der Name sagt – ideales Baumaterial für Blockhütten abzugeben. Die *lodgepole pine* wächst schneller als andere Koniferen. Und sie ist auf besondere Weise an das Feuer angepasst, das in den Rocky Mountains immer wieder grosse Waldareale vernichtet. Die Zapfen der kleinen Tanne sind mit einem Harz versiegelt, das erst bei hohen Temperaturen schmilzt. Vernichtet das Feuer den Baum, so öffnet es auch die Zapfen. Sie geben nach dem Brand allmählich die Samen frei – in einer Umgebung ganz ohne Konkurrenz durch andere Nadelbäume, die ihre Chance erst wieder haben, wenn überalterte *lodgepole pine*-Bestände zusammenbrechen.

Der Pfad verlässt den See, führt am Rand einer Schlucht steil einen schäumenden Bergfluss entlang. Donnernde Schnellen und Wasserfälle. Dann erreicht der Trail eine baumlose Hochebene, ein grosses Ried. Stille. Am mäandrierenden Fluss weiden Hirsche. Nah ragen die zerklüfteten Wände des Flattop Mountain in den tiefblauen Himmel. Der Pfad taucht in ein riesiges Waldbrandareal. Gespensterhaft die verkohlten Stämme der Fichten. Den Boden bedeckt ein dichter

Teppich von Sträuchern, Blütenpflanzen, Gräsern, in dem Zehntausende von Insekten summen. Zwischen dem Totholz steht der Jungwald an manchen Stellen schon übermannshoch. Im Schatten der Fichten wird sich der Grünwuchs in zwanzig Jahren wieder in nadelbedeckten, trockenbraunen Waldboden verwandeln, der die Lebensgrundlage für eine ganz andere Tier- und Pflanzengesellschaft bildet.

Ein Areal von zweitausendneunhundert Quadratkilometern ist «Wilderness and Primitive Area» in der Wind River Range, Naturschutzgebiet, in dem der Mensch gemäss Gesetz nur Gast ist. Wandern, bergsteigen, campen. Einsame Trails, viele sind alte Indianerpfade, führen kreuz und quer durch das Gebirge. Zwei bis drei Tage wandert man von den spärlichen Zeltplätzen bis zu den Gipfeln der zentralen Kette. Dem Gebirge entlang führt der hundertfünfzehn Kilometer lange «Highline Trail» – ohne Packpferd lässt er sich nicht erwandern. Die wildreiche Wind River Range war Jagdgebiet und Durchgangsland zahlreicher Indianerstämme, von Trappern und Pelzhändlern. Schon 1868 richtete die Bundesregierung am Osthang des Gebirges die «Wind River Reservation» ein, das einzige Indianerreservat Wyomings. Durch einen Verwaltungsakt wurden die Arapaho ins Stammland der Shoshone, ihrer traditionellen Feinde, gezwungen. Bis heute sind die Gegensätze zwischen den beiden Nationen nicht verschwunden, doch die Feindschaft ist der Kooperation gewichen. Denn es gilt, die Gunst der Stunde zu nützen. Auch ausserhalb des Grand Teton und des Yellowstone National Park zieht der Tourismus im dünn besiedelten Staat an. «Würden Sie mehr Unterkünfte in der Region begrüssen?», fragen die Shoshone und Arapaho bei einer Publikumsbefragung, welche die Grundlagen für ein Marketingkonzept des Reservats liefern soll. Ein lange vergessenes Gesetz erlaubt es den *native Americans*, in den Reservaten kommerzielles Glücksspiel zu betreiben. Deshalb liest man auf dem Fragebogen auch: «Würden Sie ein Spielcasino in der Wind River Reservation begrüssen?» Verteilt wurde das Papier bei einem traditionellen Gesangswettbewerb im Westernstädtchen Lander. Indianerkinder tanzen in buntem Federschmuck auf der Wiese, ein junger Sänger am Mikrofon legt seine Seele in die fremdklingende Melodie, ernster Applaus aus dem Publikum. Ein Spielcasino in der Wind River Range? Die Zeit schreitet in Wyoming vielleicht langsamer voran als anderswo. Aber still steht sie nicht.

Marc Valance

Ein Bild der Zerstörung bieten die von Waldbränden heimgesuchten Wälder im Yellowstone National Park (Wyoming). Aber die Natur lässt sich nicht so leicht unterkriegen: Neues Grün kündigt den Wiederbeginn an.

Bilder auf den nachfolgenden Panoramaseiten:

Die als Überrest eines ausgetrockneten Inlandmeeres entstandene Salzebene im Death Valley National Monument (California) erreicht bei Badwater die tiefst gelegene Stelle der westlichen Hemisphäre: sechsundachtzig Meter unter dem Meeresspiegel.

Castle Valley im Capitol Reef National Park (Utah). Die vor Jahrmillionen abgelagerten Sedimente werden von der Erosion abgetragen. Weil die Gesteine unterschiedlich hart sind, bilden sich dabei «Burgen» (castles) heraus.

Left Fork of North Creek im Zion National Park (Utah). Die Farben des Herbstwaldes und des Wasserfalls bilden einen wunderschönen Kontrast.

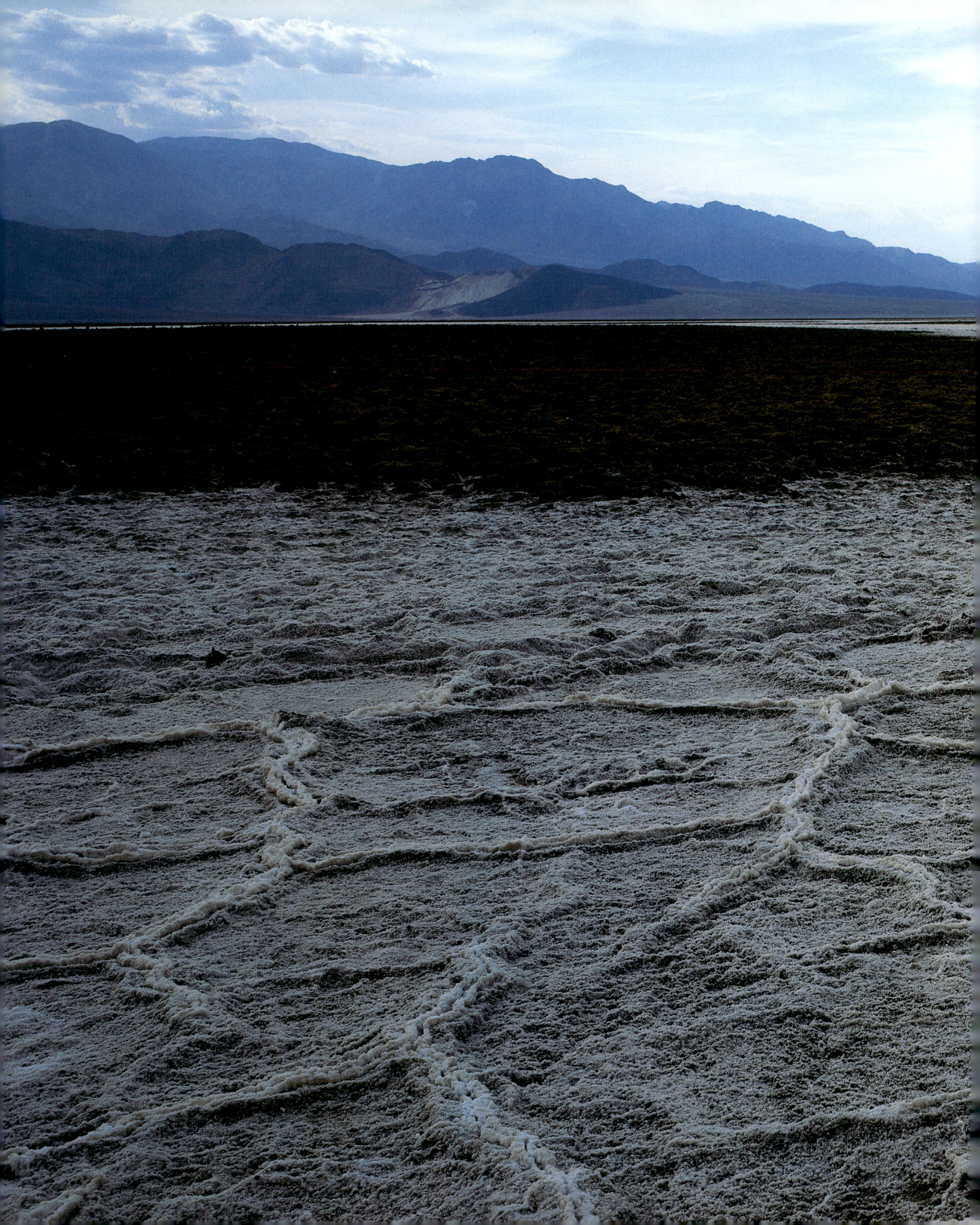

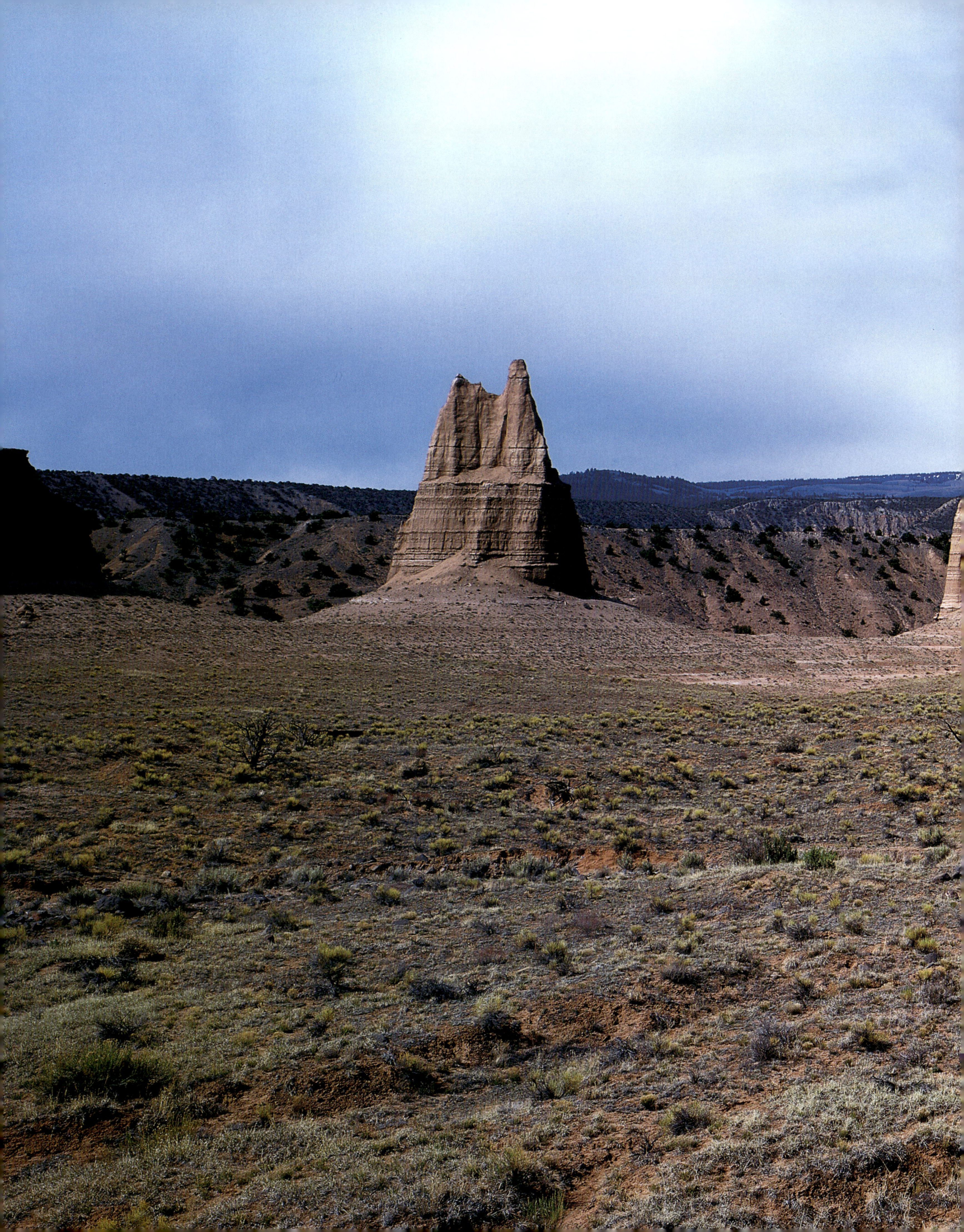

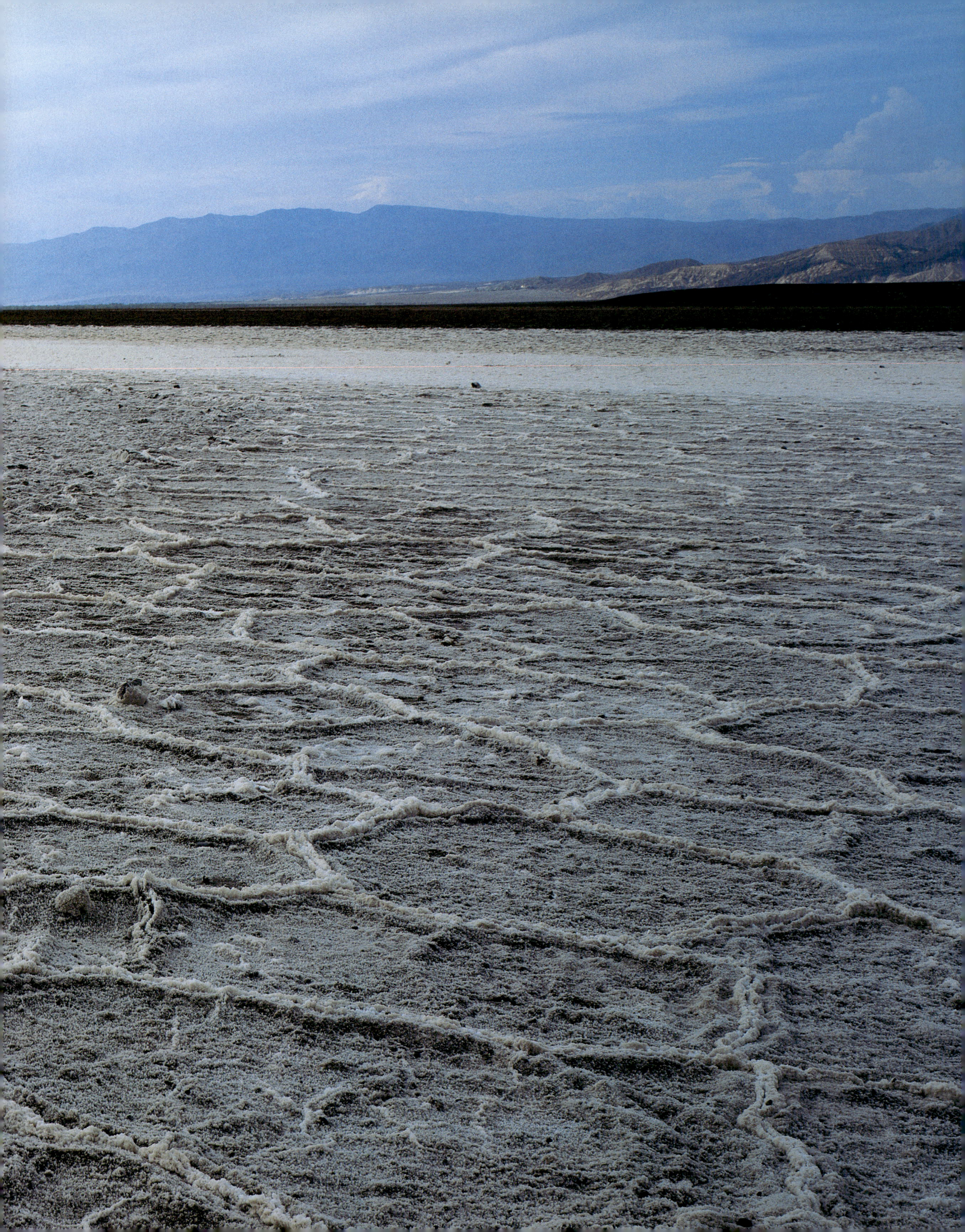

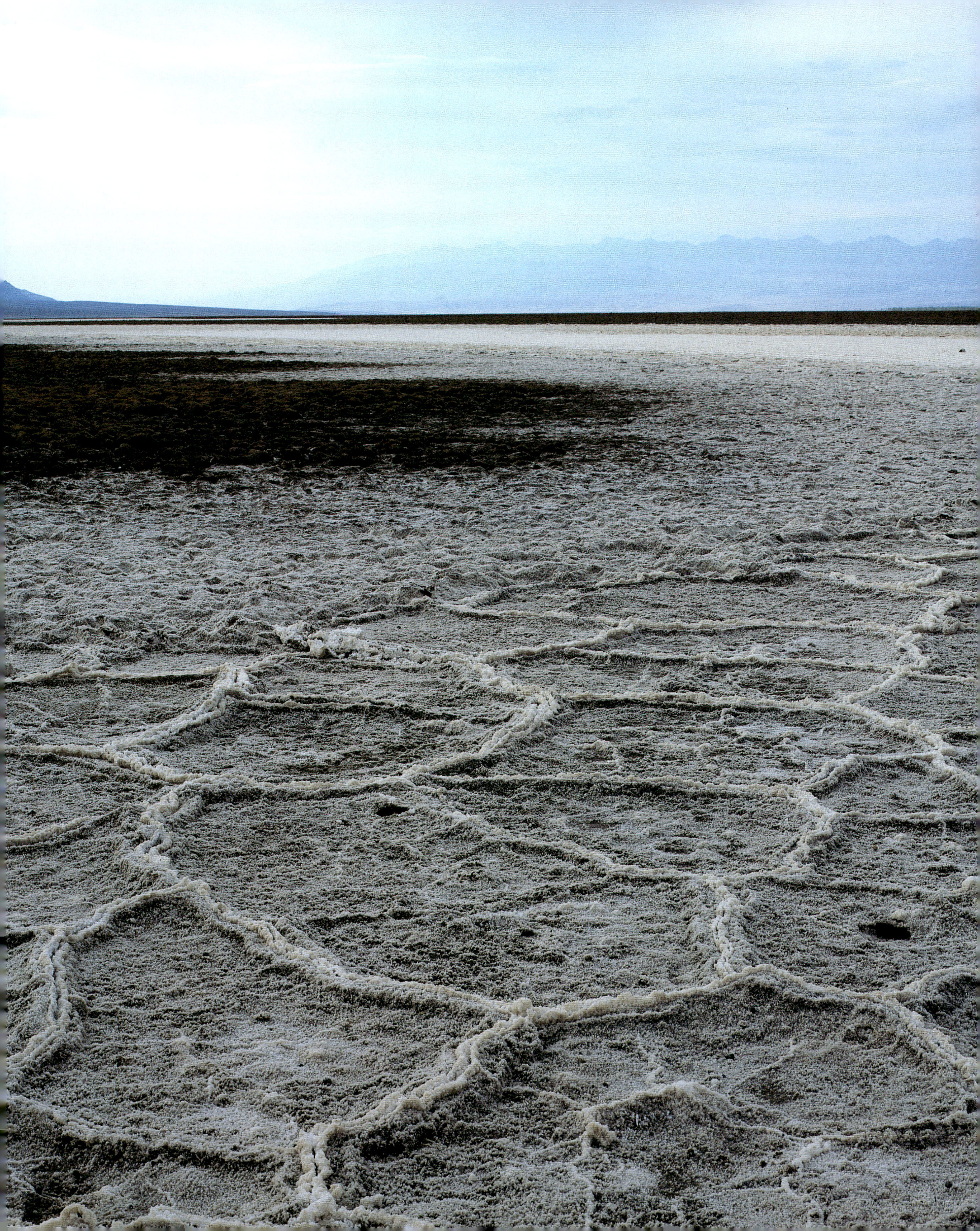

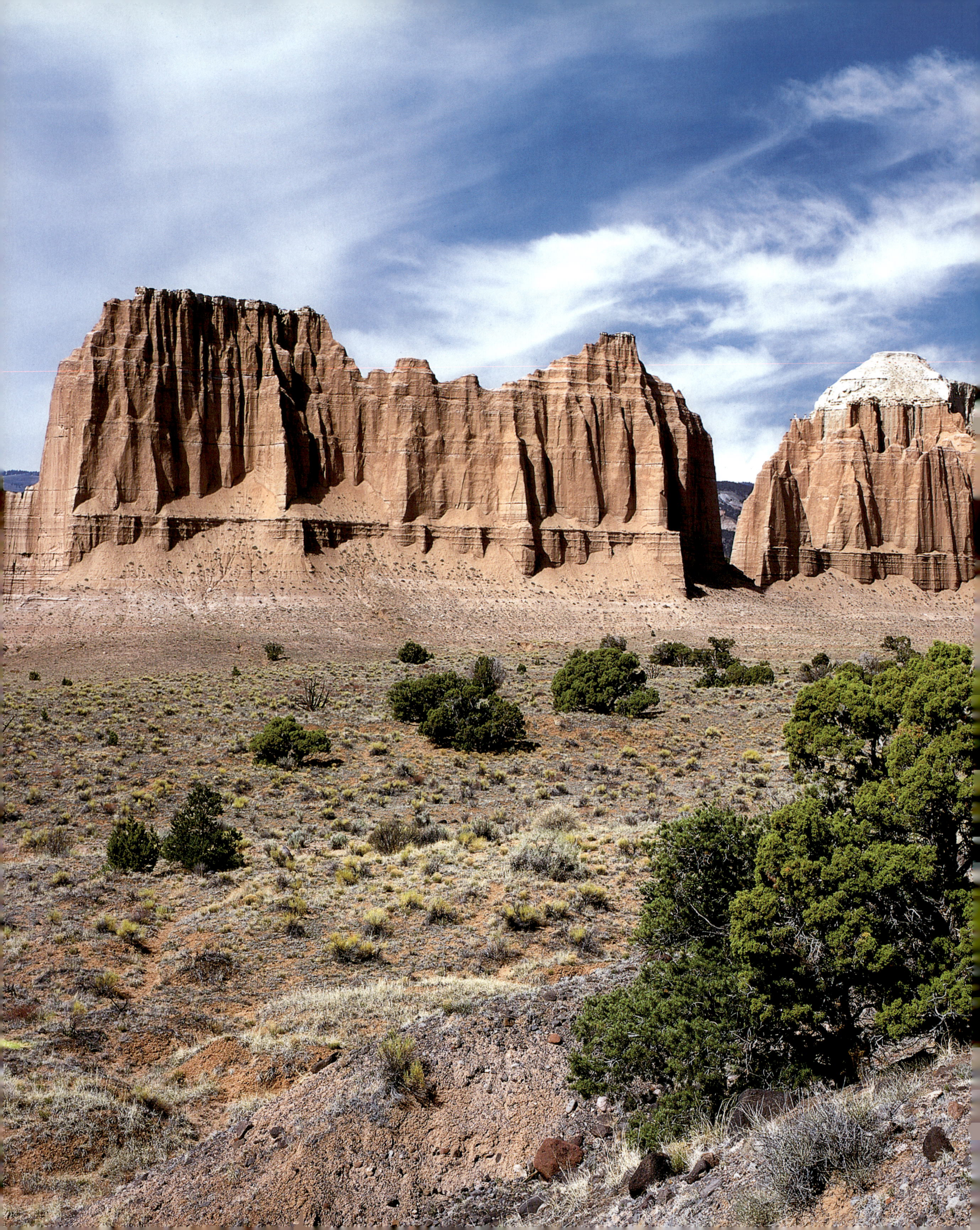

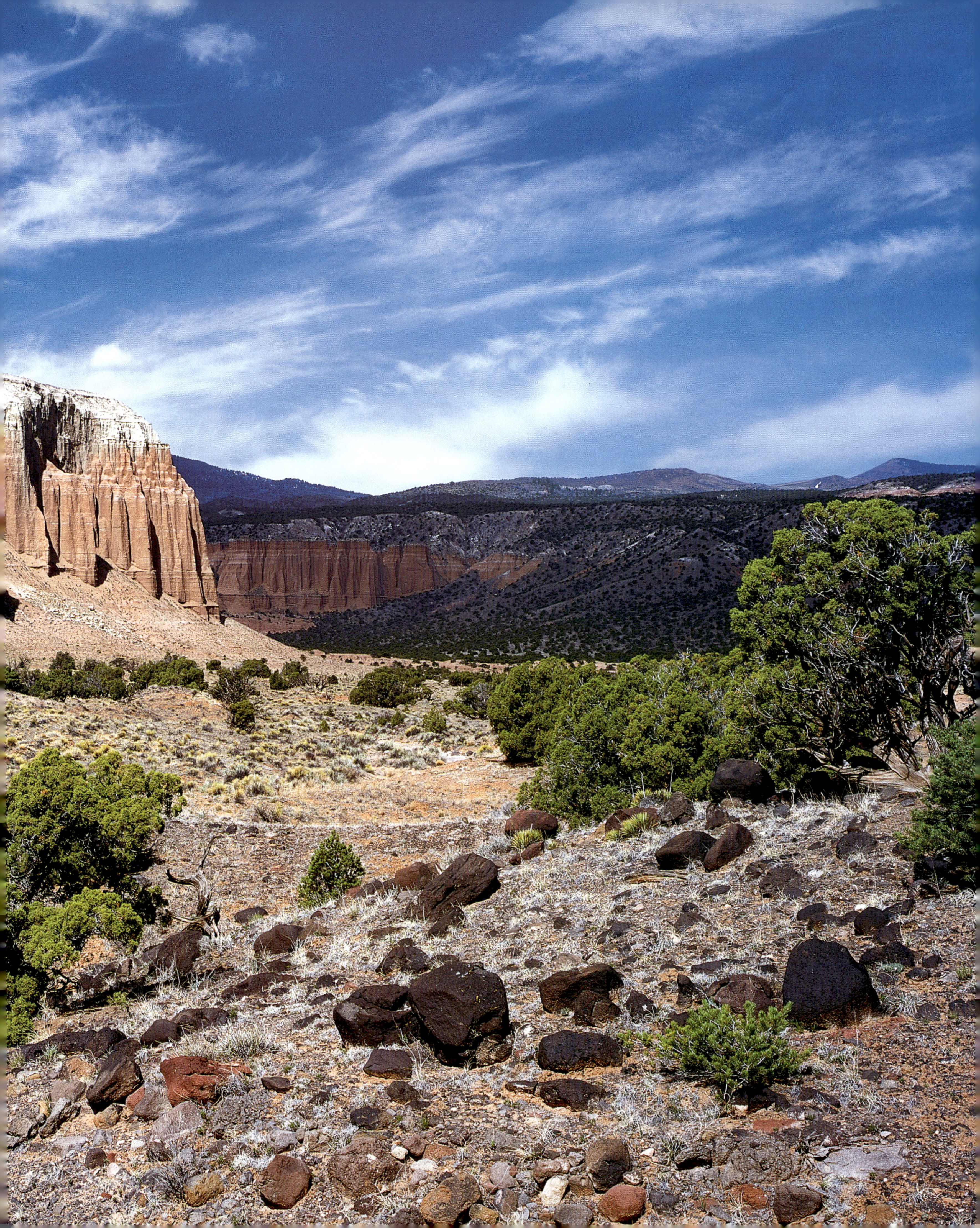

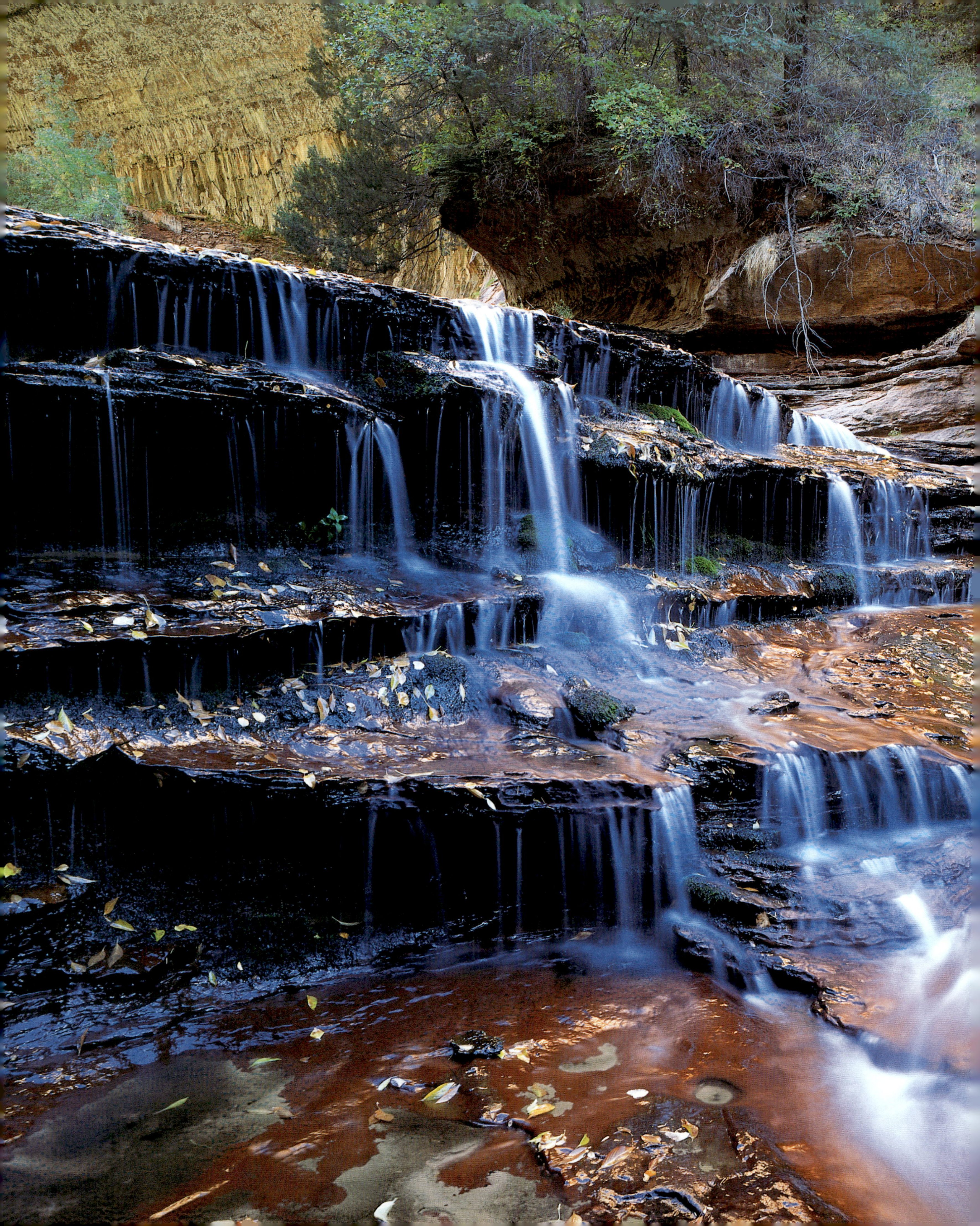

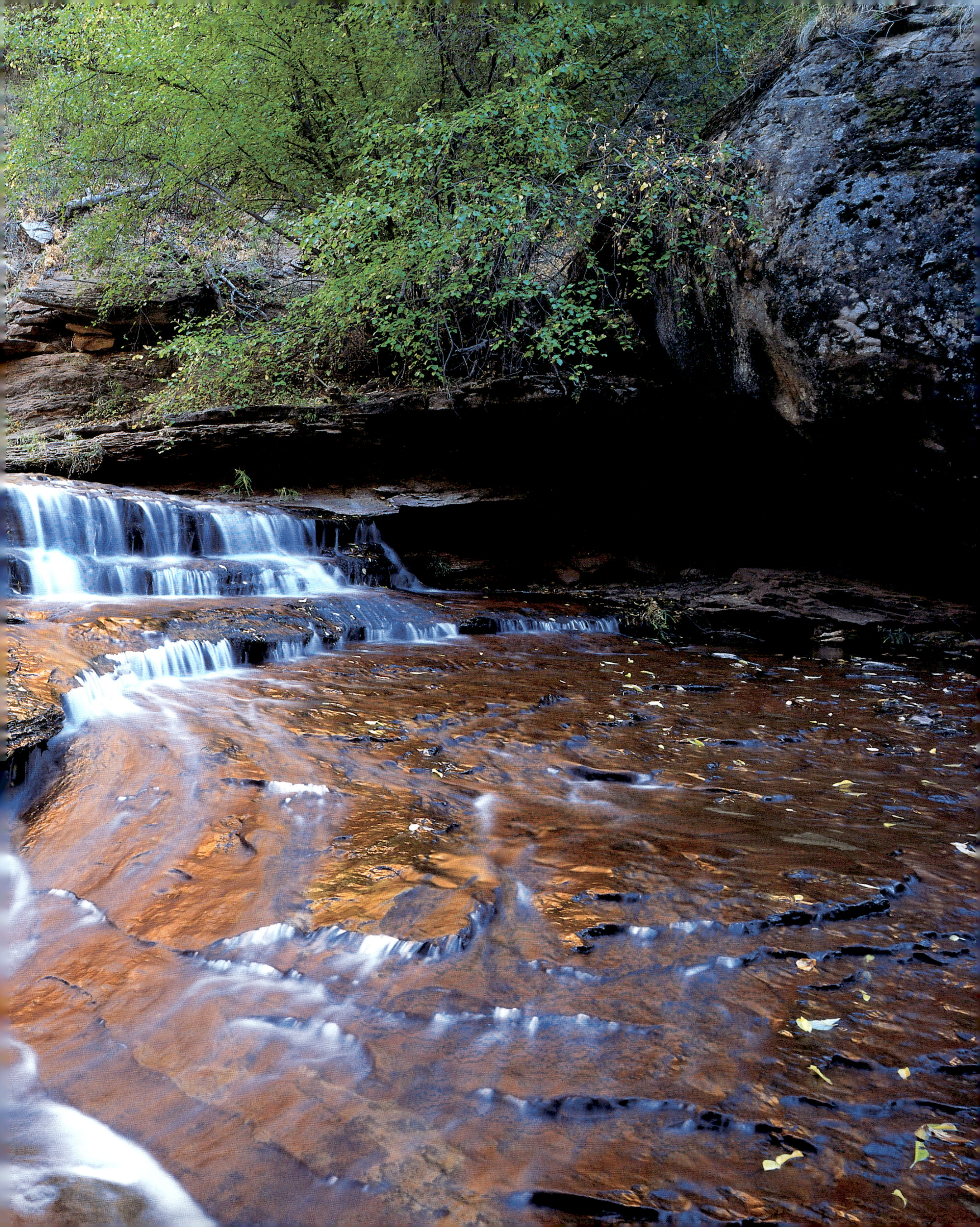

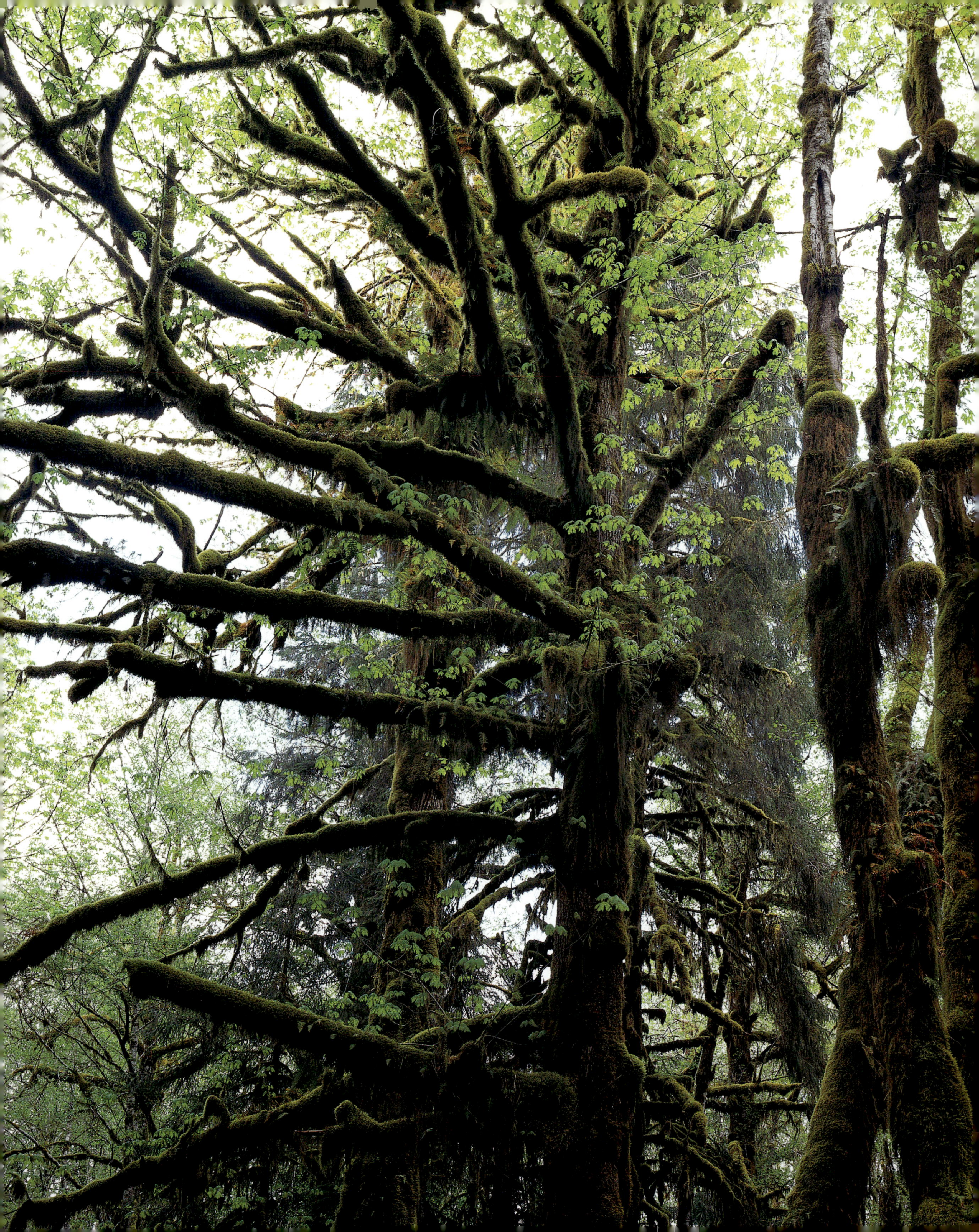

Bilder auf den nachfolgenden Panoramaseiten:

Indian Summer (Altweibersommer) im Uncompahgre National Forest (Colorado). Der Zauber der Verfärbung der Espenwälder vollzieht sich zwischen Mitte September und Anfang Oktober.

Bridger-Teton National Forest weist zahlreiche Gletscher und den höchsten Berg des Bundesstaates Wyoming auf. Die Weite, die Flüsse und Seen, die Vielfalt der Natur üben eine grosse Faszination auf die Besucher aus.

Die Tuff-Gebilde im Mono Lake (California) sind unter Wasser entstanden. Durch den intensiven Wasserverbrauch der Grossstädte sank der Spiegel.

Der Yosemite National Park (California) war der erste State Park der USA. Yosemite Valley mit Half Dom beansprucht nur einen winzigen, jedoch besonders prächtigen Teil des heutigen Nationalparks.

Bild links:
Der Olympic National Park (Washington) verdankt seine Einzigartigkeit dem Küstenklima. Wärme und hohe Luftfeuchtigkeit ermöglichen Landschaften mit Urwaldcharakter.

Bild oben:
Alles ist vergänglich, doch die Natur lässt aus Altem Neues wachsen, wenn die Voraussetzungen dafür günstig sind.

86 | 87

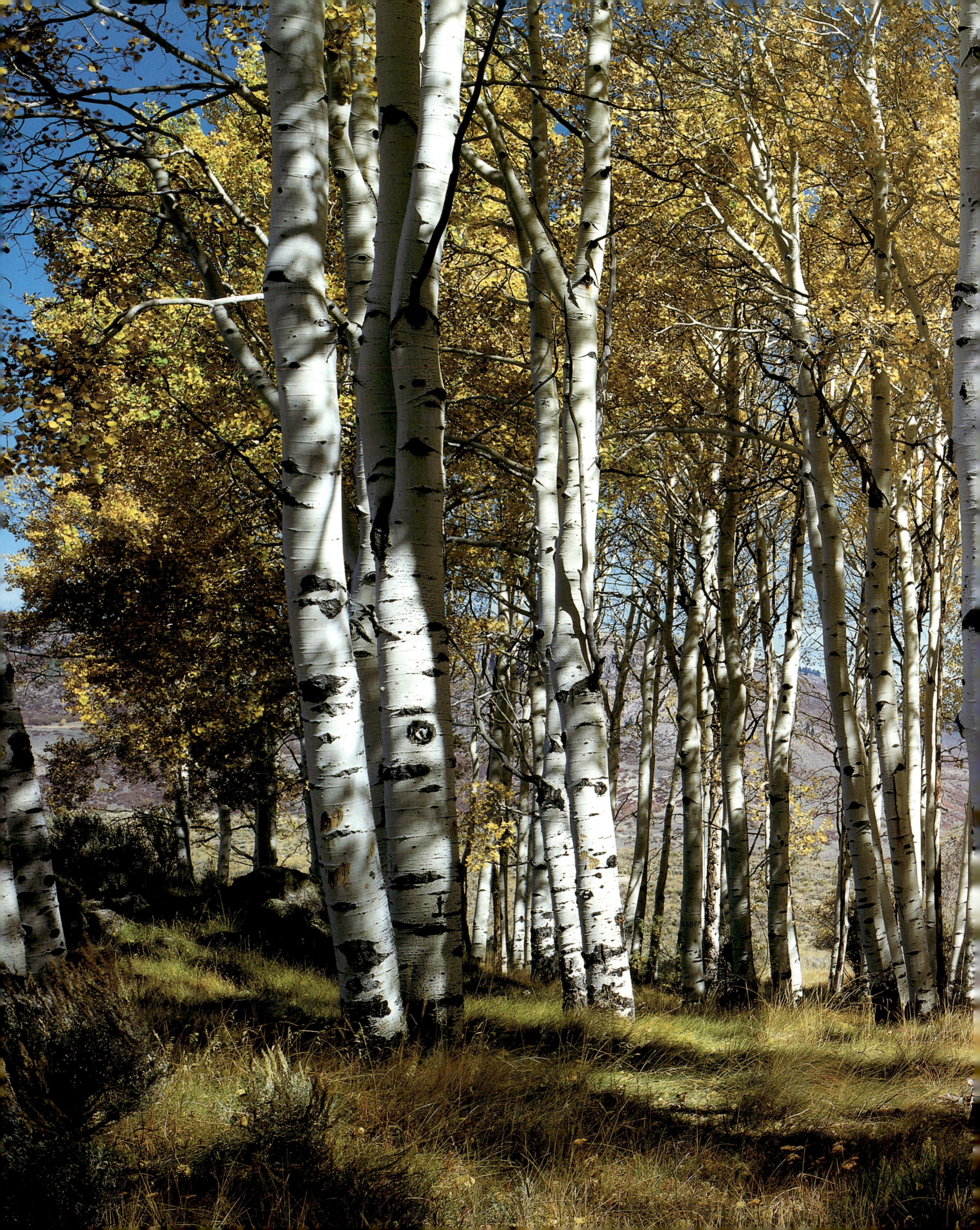

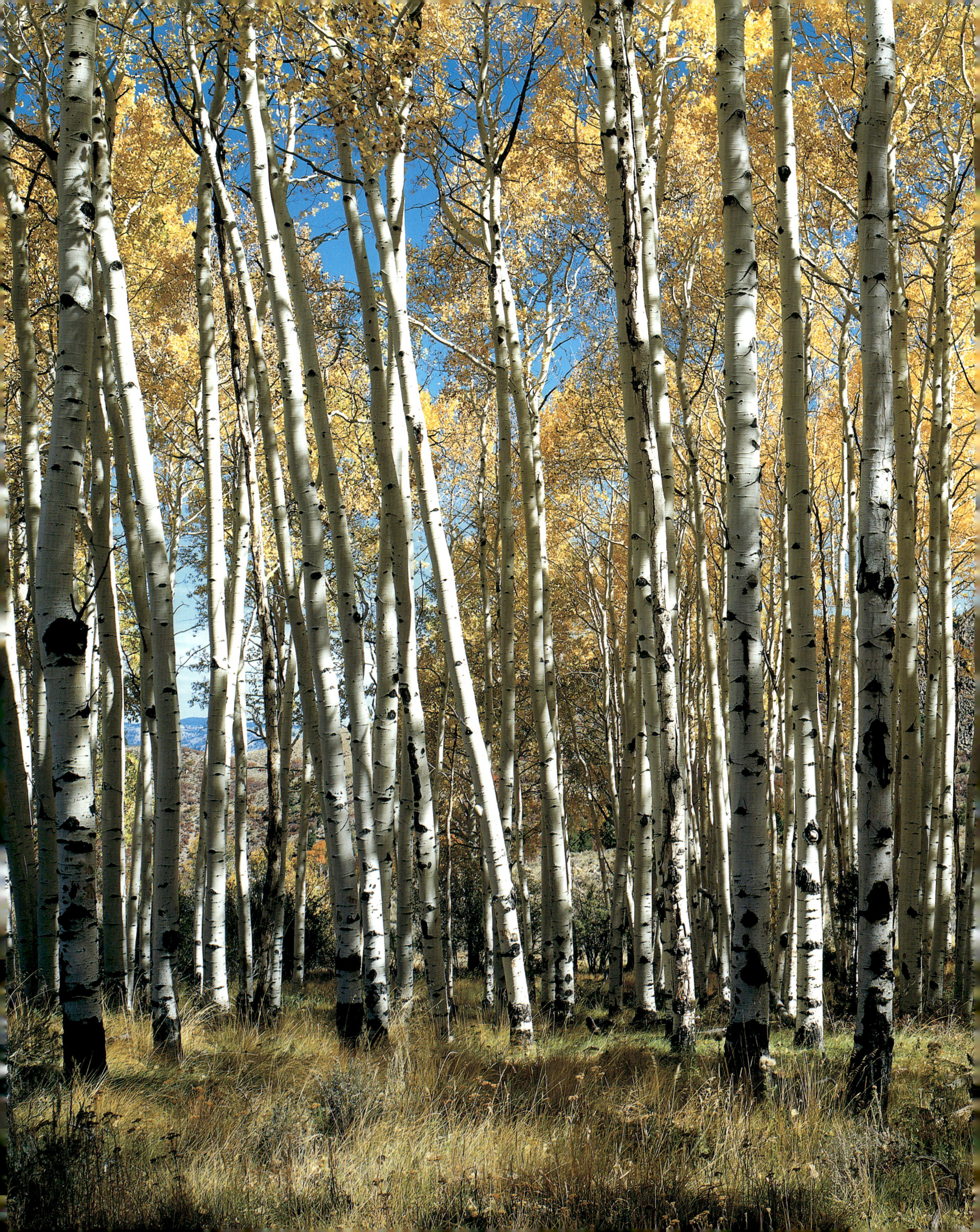

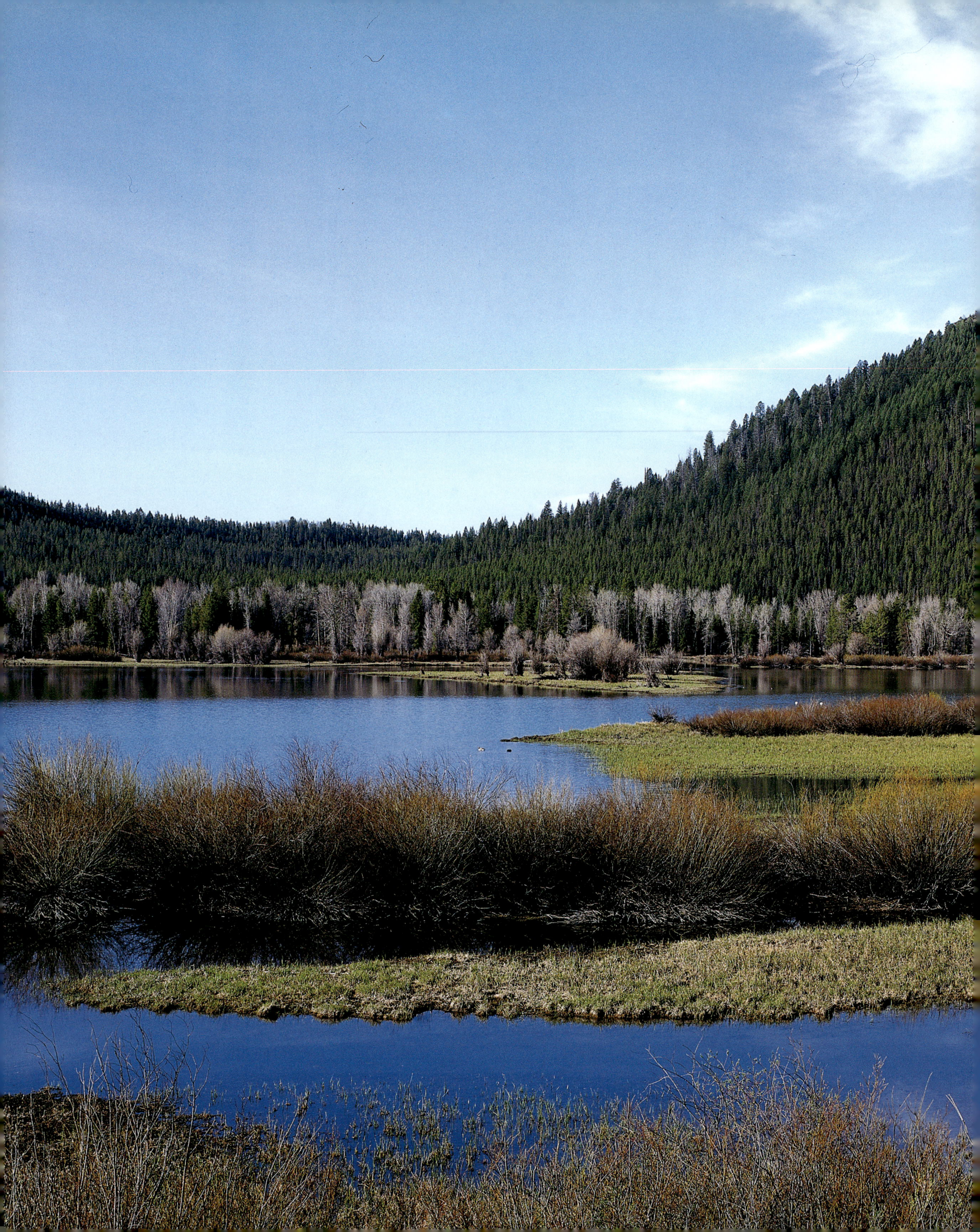

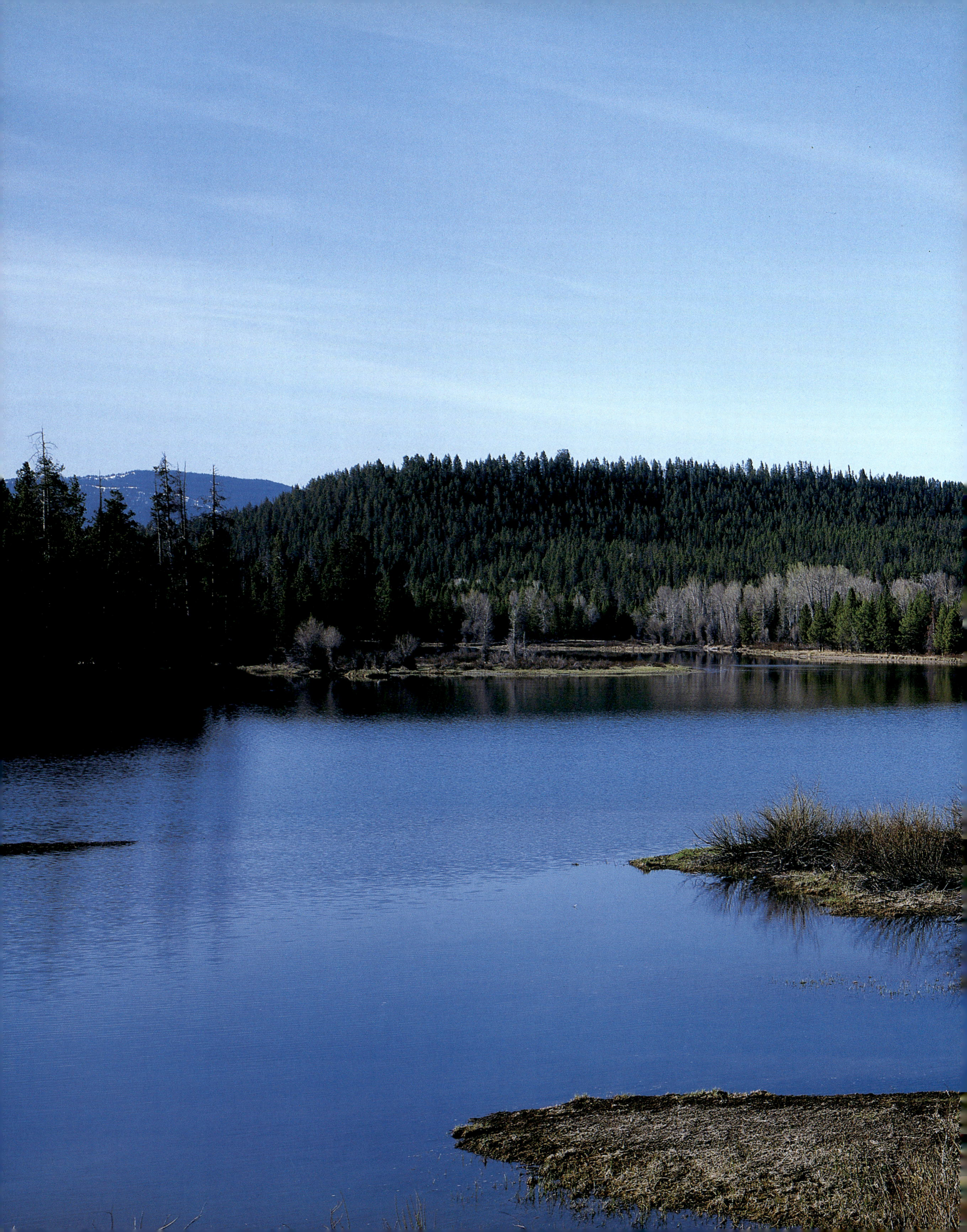

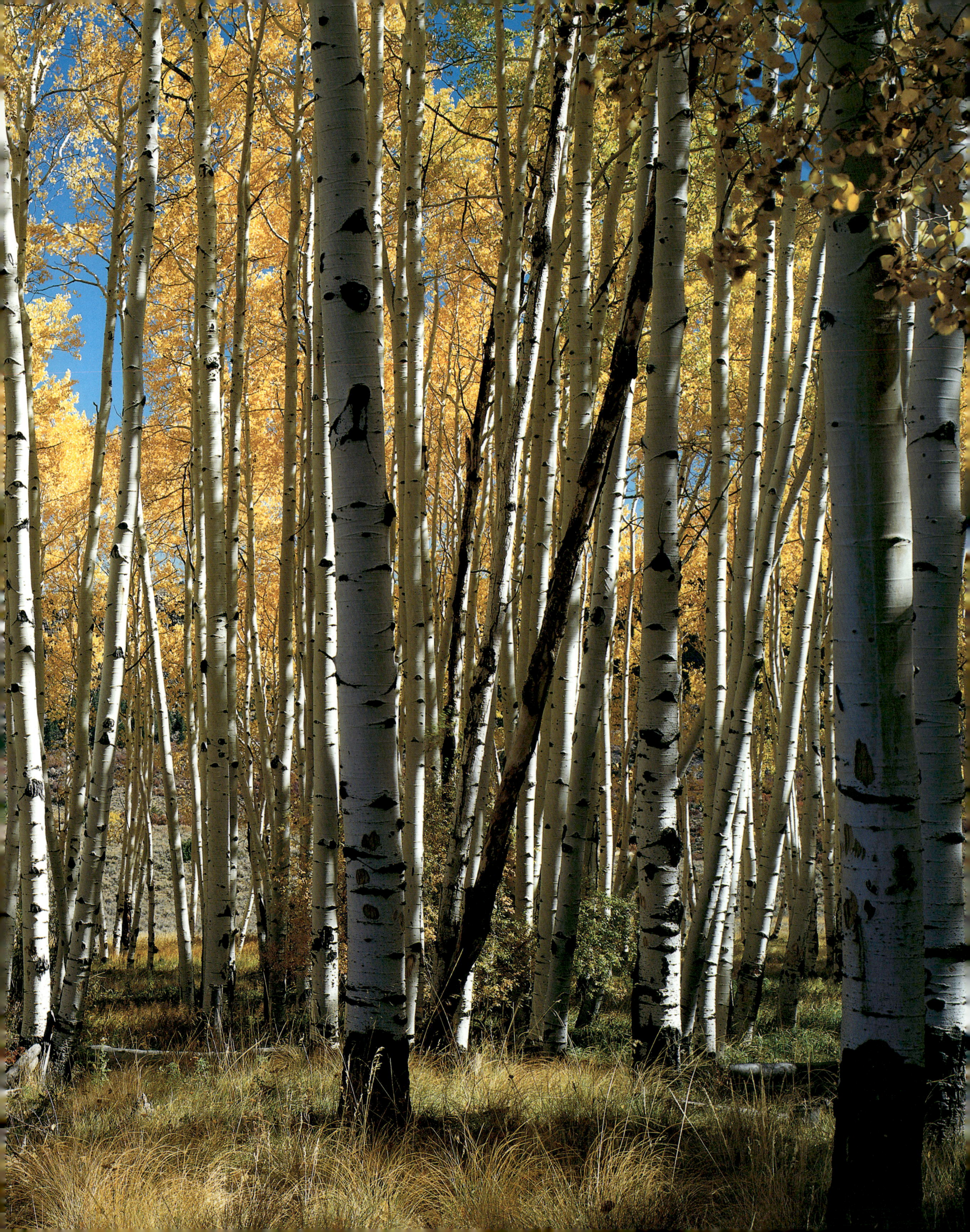

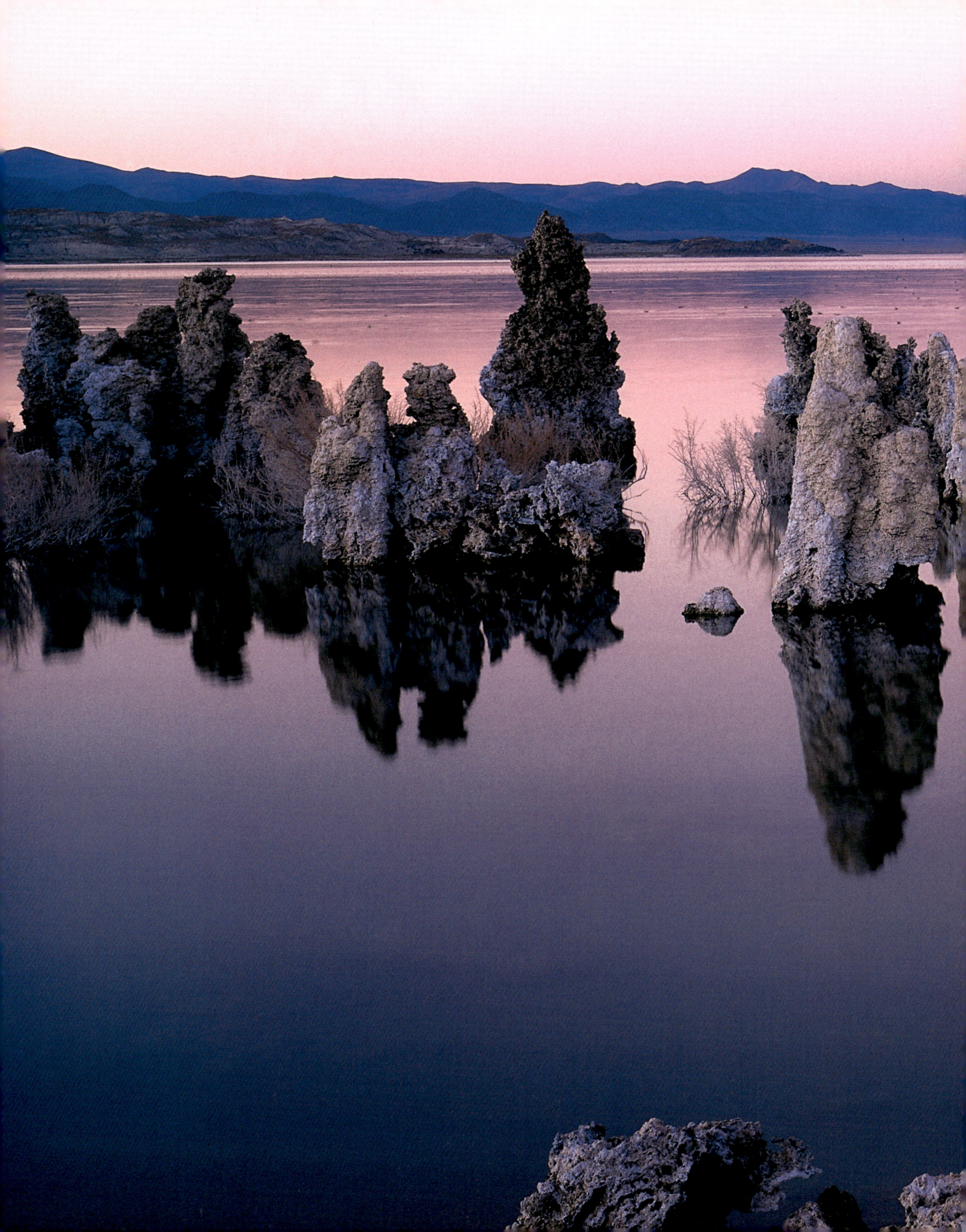

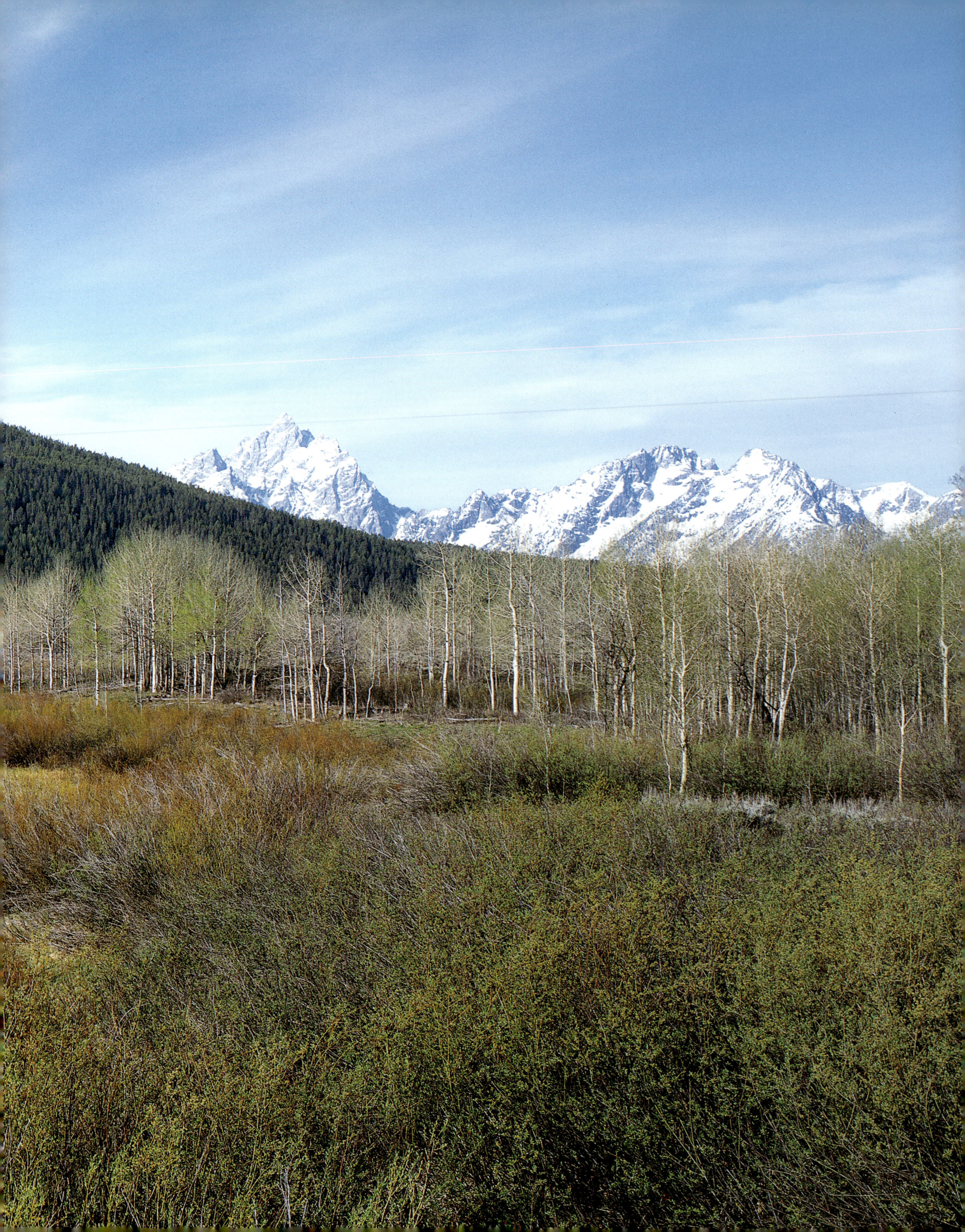

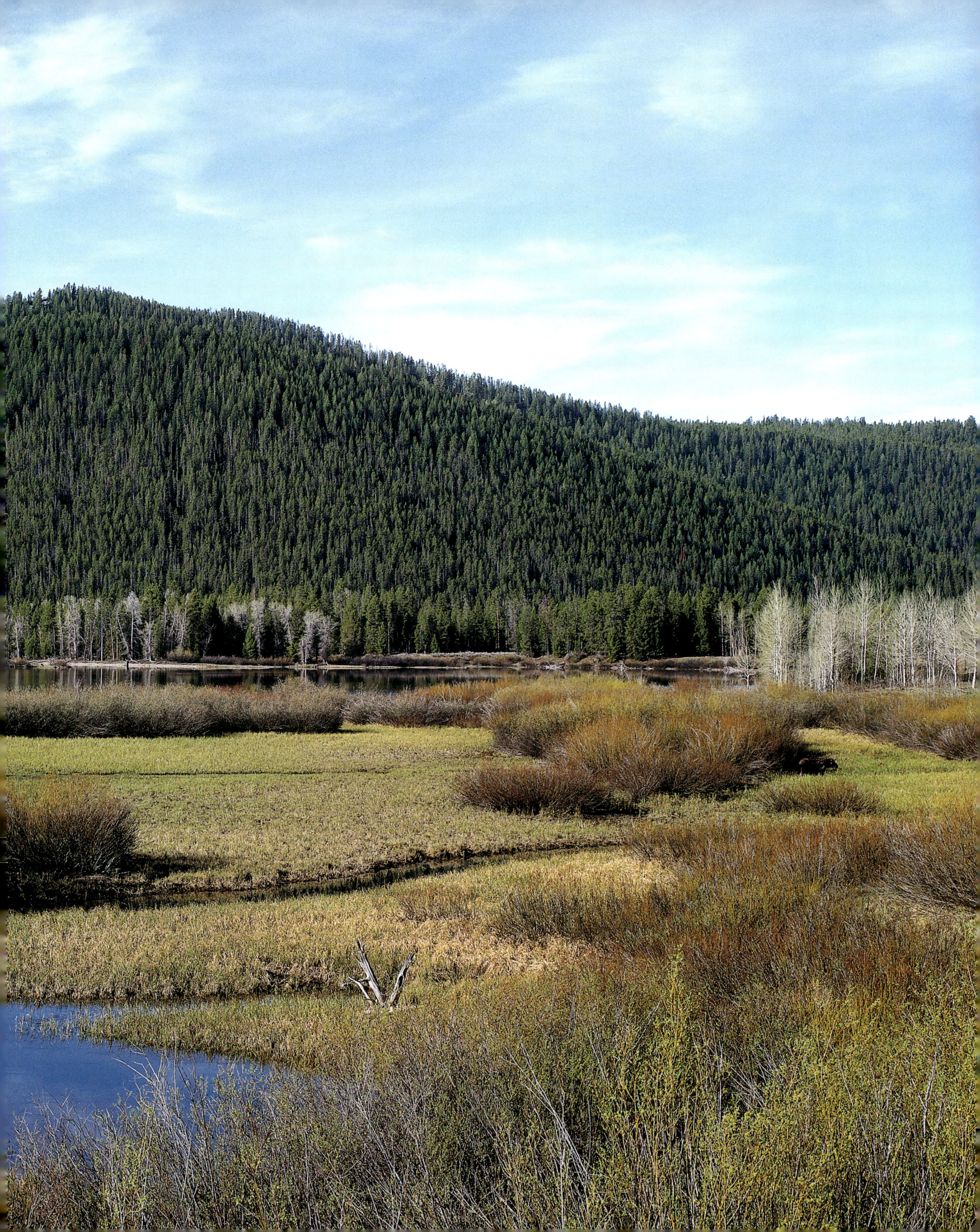

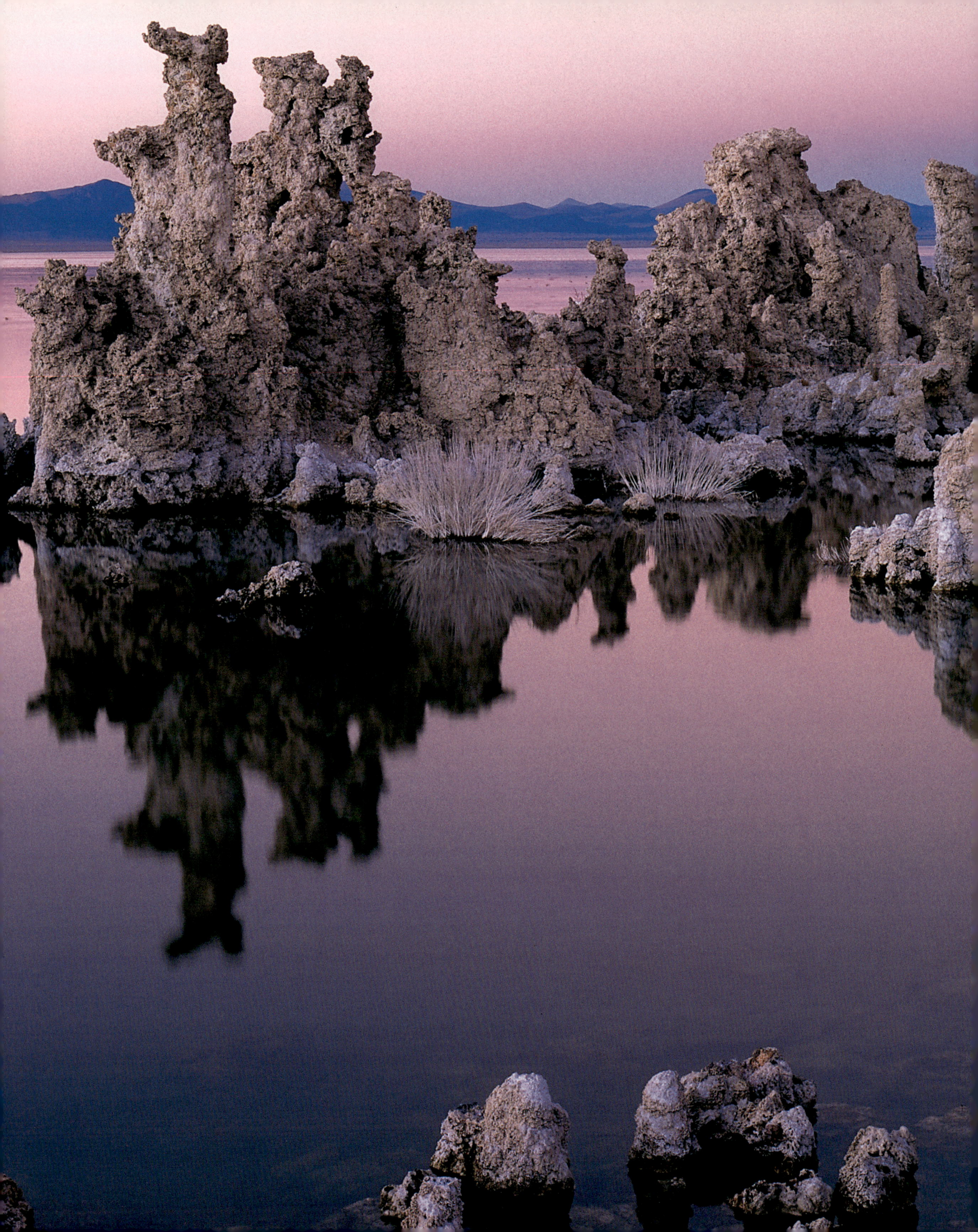

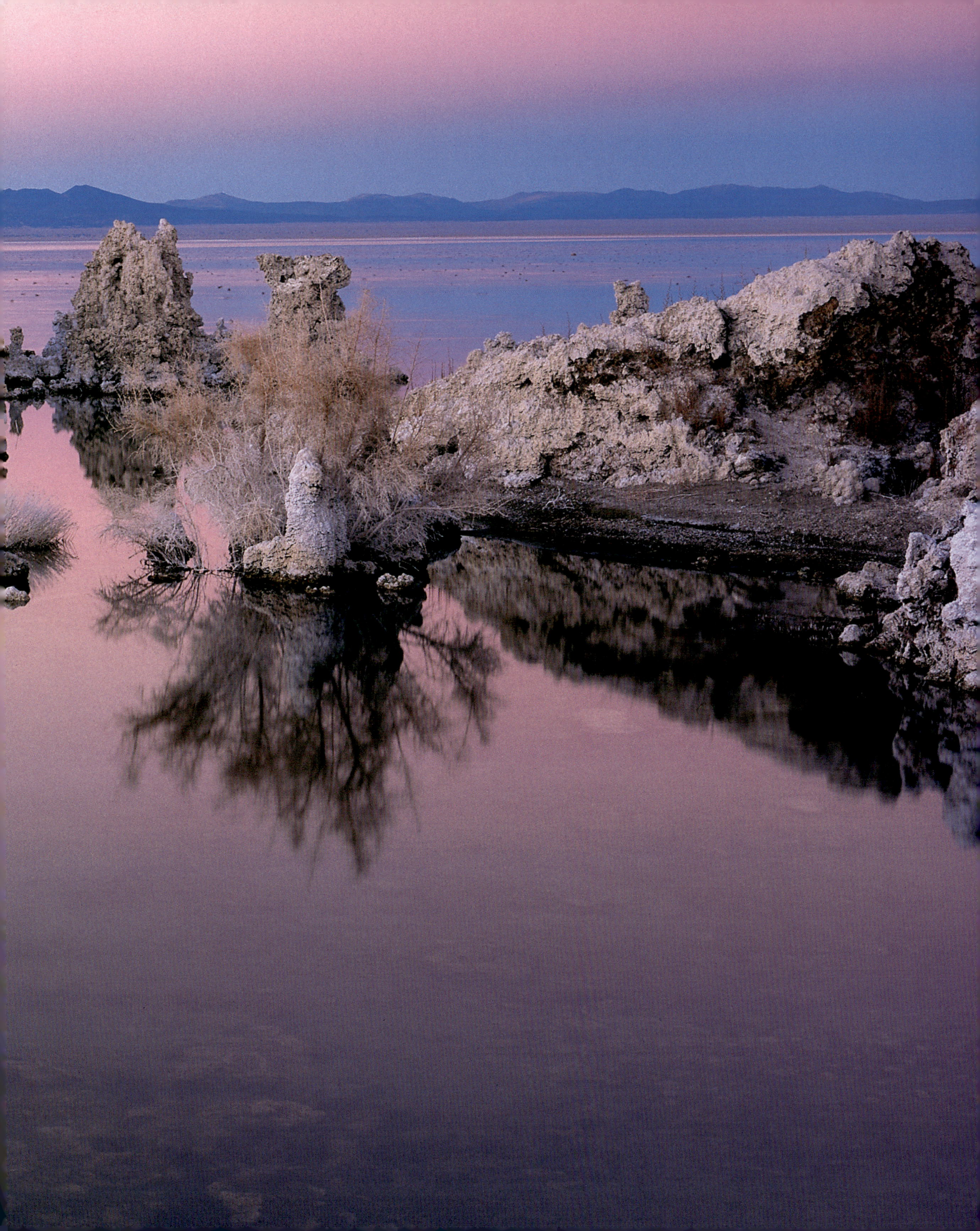

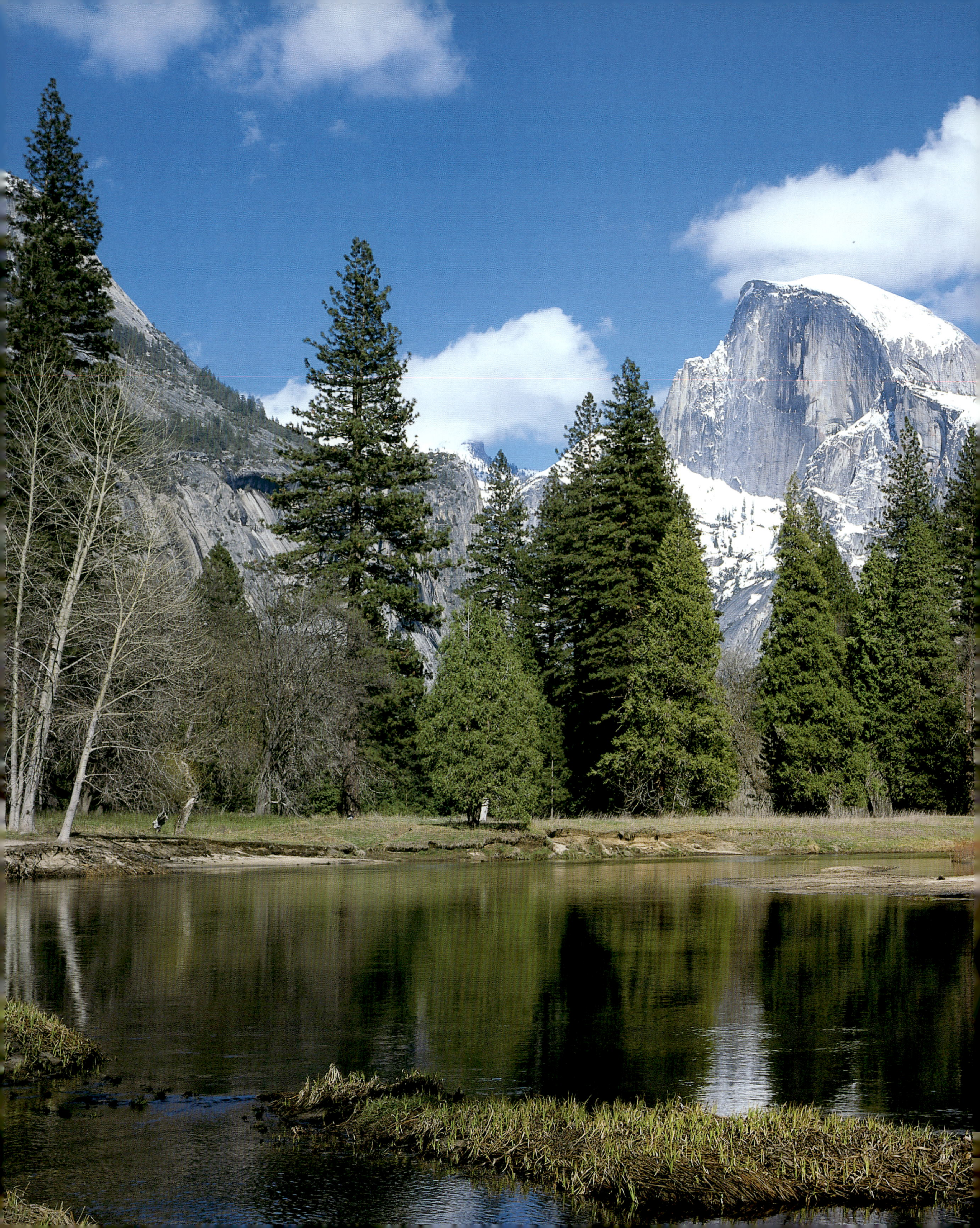

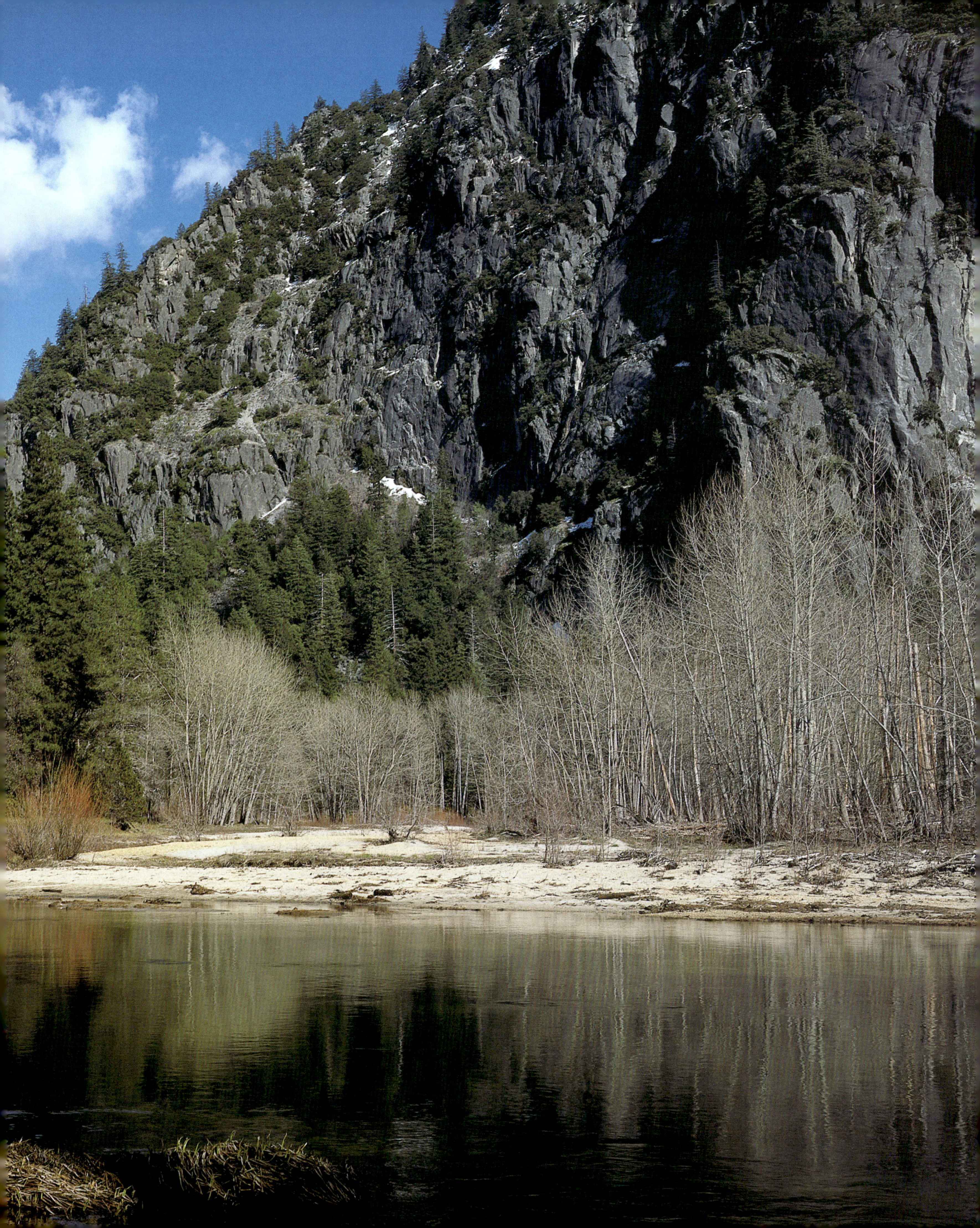

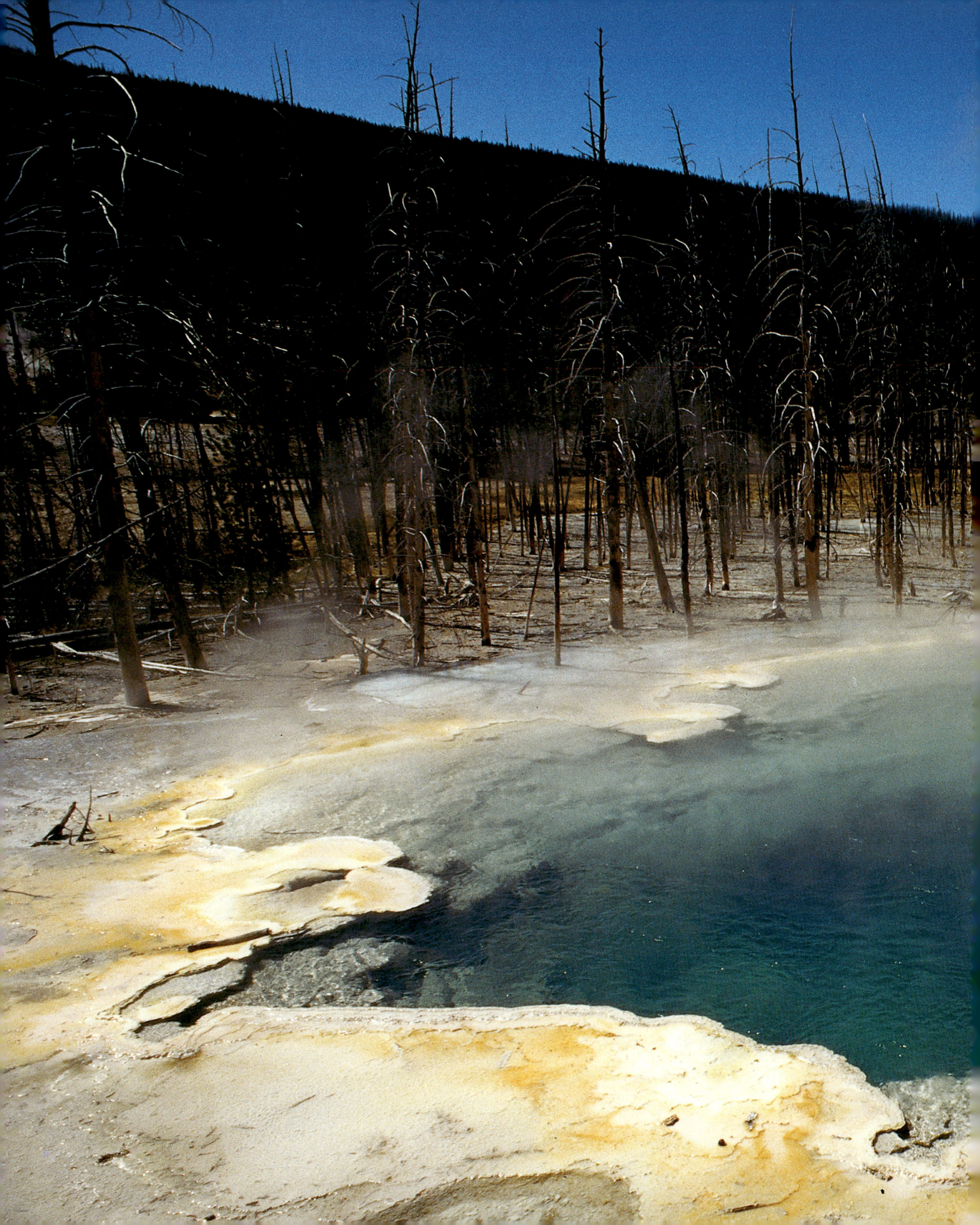

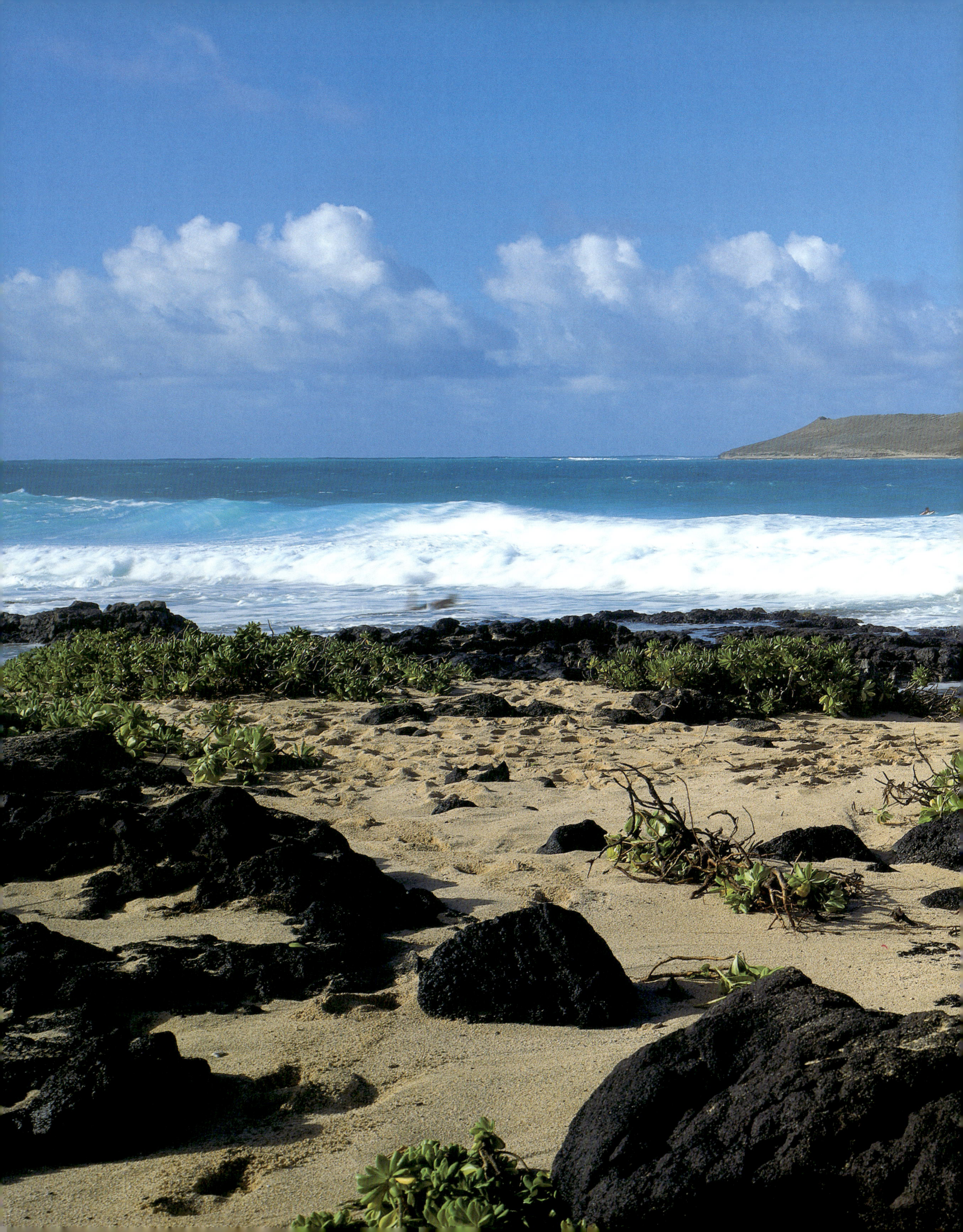

Bild links:
Der Yellowstone National Park (Wyoming) ist der älteste und meistbesuchte Nationalpark der USA. Vor rund sechshunderttausend Jahren explodierte ein Vulkan, dessen Inneres noch heute in etwa dreitausend Meter weiterglüht. An der Oberfläche zeugen heisse Quellen, Geysire und Töpfe aus kochendem Schlamm von den vulkanischen Kräften im Erdinnern.

Bild rechts:
Seine Einzigartigkeit verdankt der Yellowstone National Park (Wyoming) nicht nur seiner zauberhaften Landschaft, auch die vielseitige Tierwelt trägt zur Berühmtheit bei.

Bild auf der nachfolgenden Panoramaseite:

Oahu, Makapuu Point (Hawaii), ein bei Surfern äusserst beliebter Strand, zeigt die exotische Seite des «American dream».

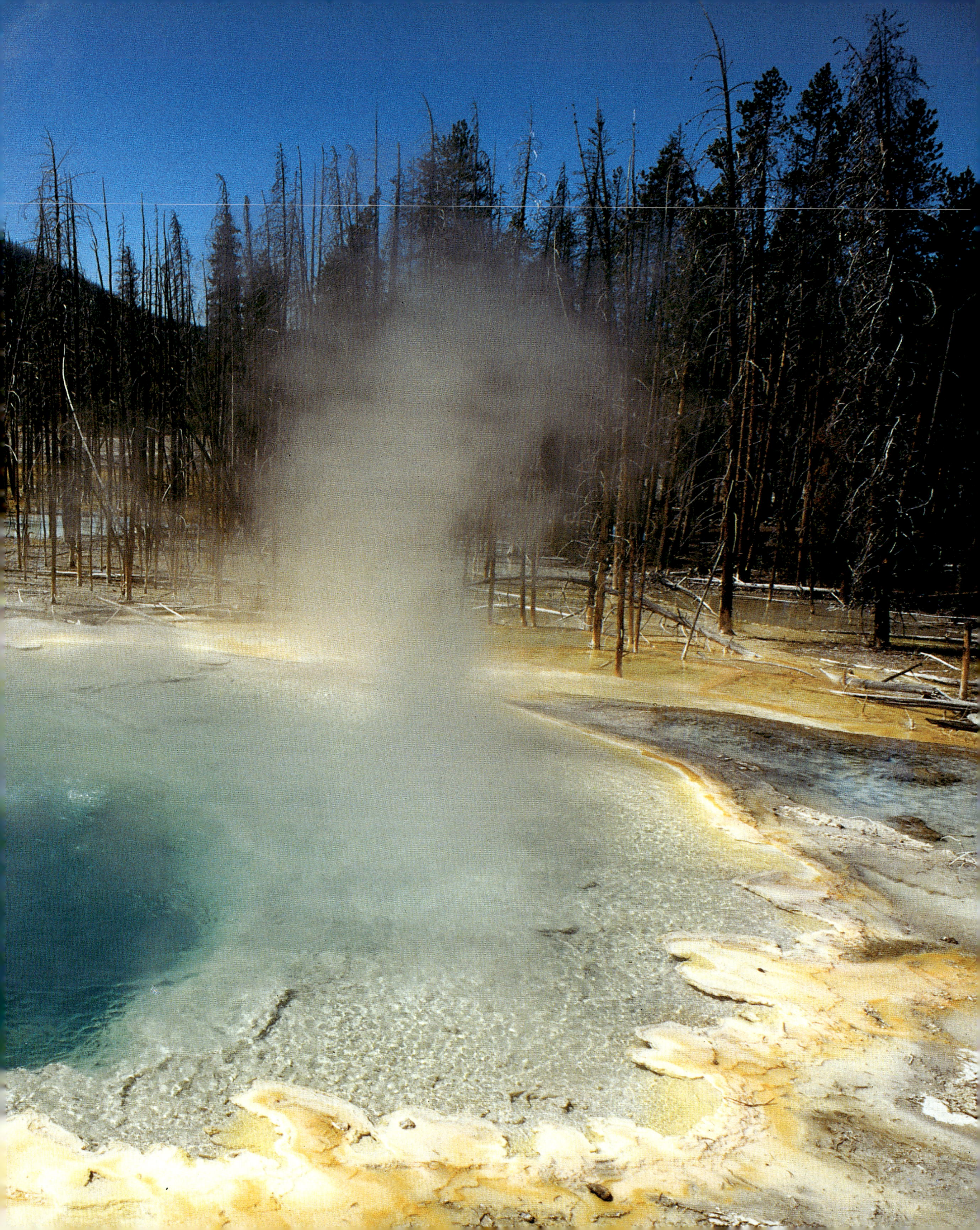

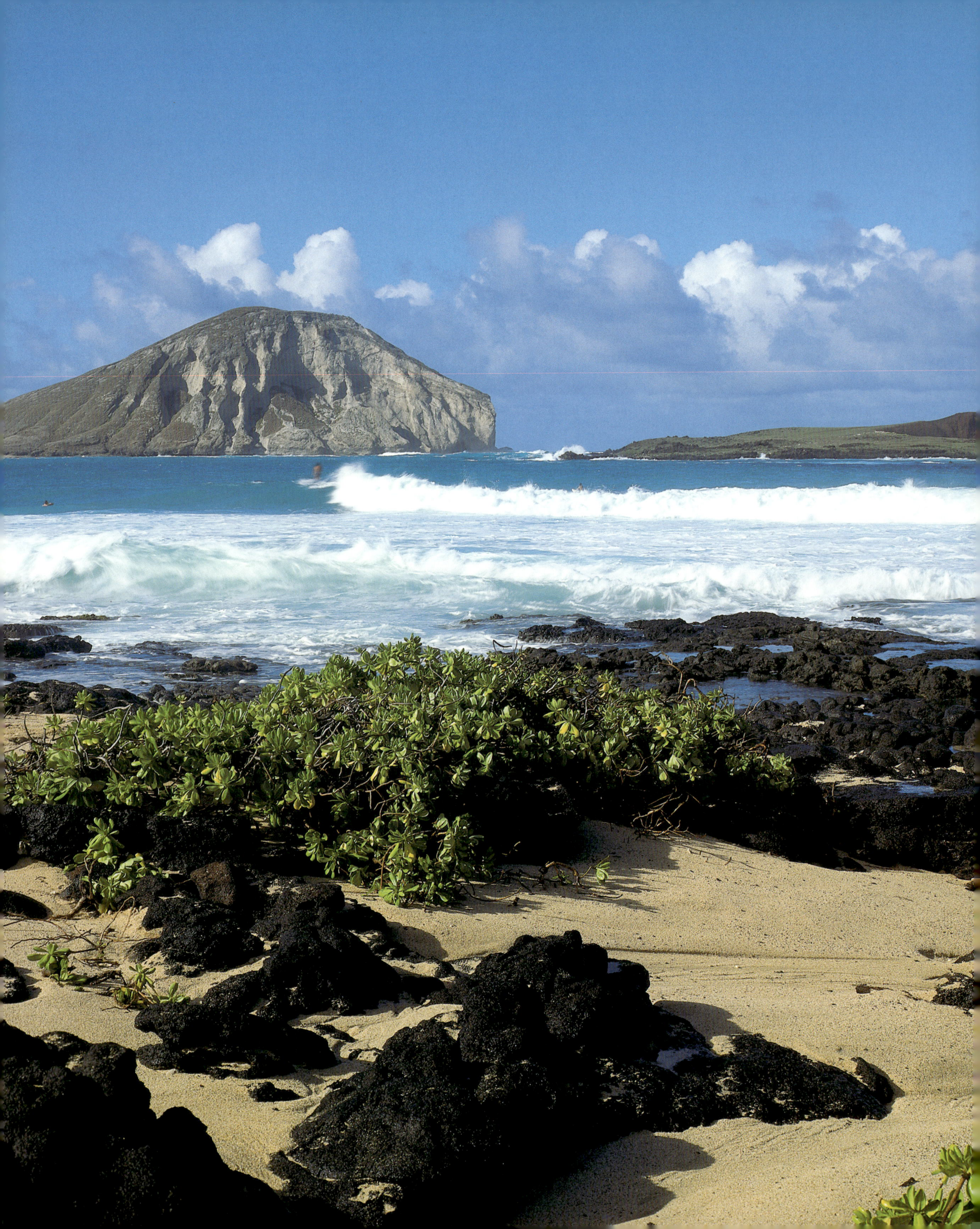

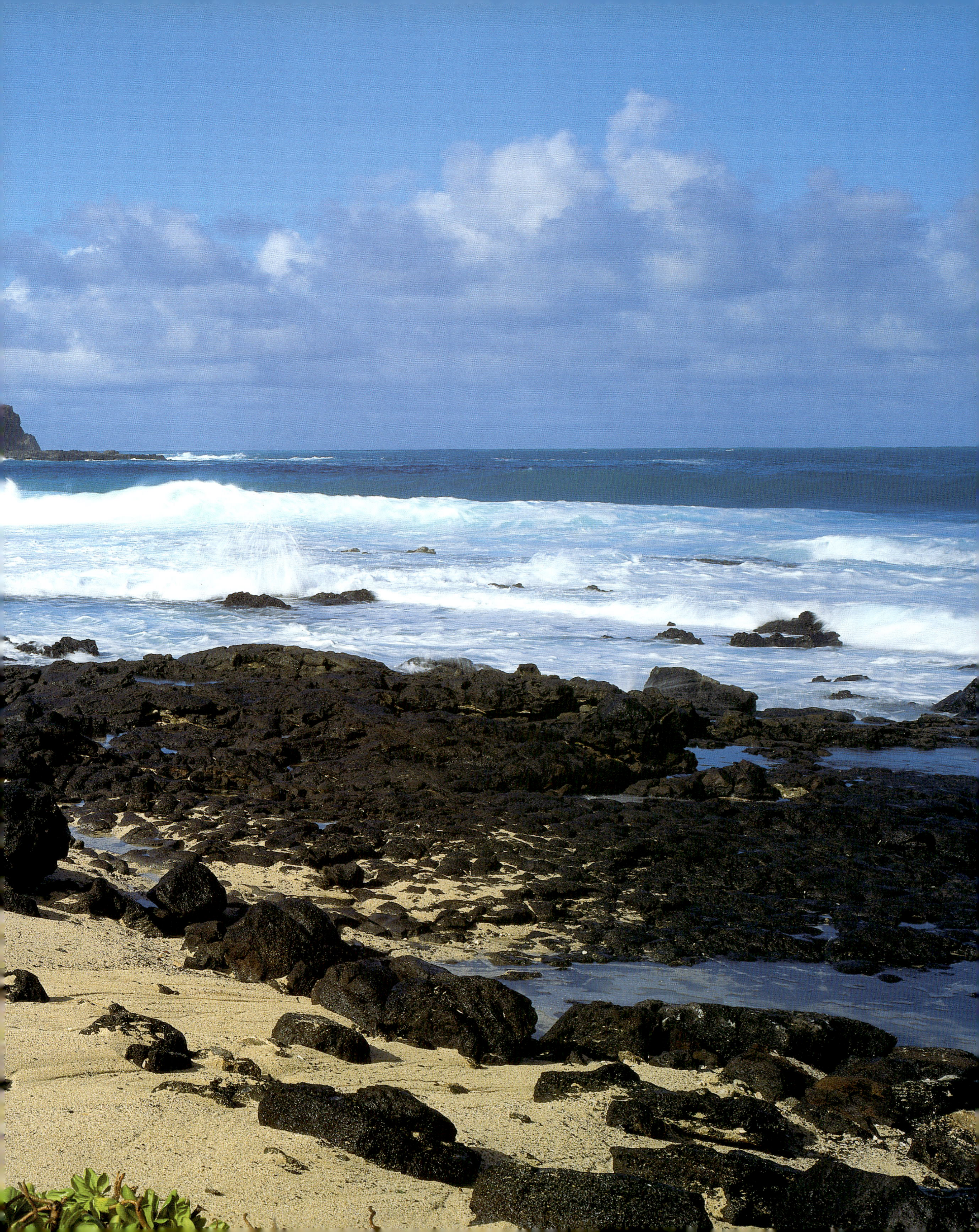

Der amerikanische Traum: Rückkehr zum Feudalismus

Ob Weltkriege oder Wirtschaftskrisen: Er überstand alle Widrigkeiten der amerikanischen Geschichte. Magisch und mythisch zog und zieht er Massen von Einwanderern an, als heller Hoffnungsschimmer leuchtete er selbst in dunkelsten Krisentagen. Der amerikanische Alltag mochte hart, die Sorgenlast erdrückend sein, der *American dream* aber lebte fort. Er richtete auf, versprach er doch ein besseres Leben, irgendwann und irgendwie. Wie ein Geschenk des Himmels wohnte er in amerikanischen Köpfen, ein Ausdruck amerikanischer Sehnsüchte und zugleich ein optimistisches Ahnen, dass die Dinge, wie immer sie lagen, morgen besser sein würden.

Periodisch erklärte man ihn für gefährdet und bangte um ein traumloses Amerika. Und in diesem, dem letzten Jahrzehnt des amerikanischen Jahrhunderts, schien der amerikanische Traum sogar ausgeträumt. Wie anders liesse sich die Flut sorgenvoller Lamentos deuten, die anfangs der Neunzigerjahre über Amerika hereinbrach? Die einzig verbliebene Supermacht nach dem Ende des Kalten Krieges, eine kraftstrotzende Nation, die Saddam Hussein gerade in die Knie gezwungen hatte, drohte an ihren Zweifeln zu ersticken. Malaise, wie schon bei Jimmy Carter, lag in der Luft. Der *American dream*, so warnten amerikanische Politiker, rücke in immer weitere Ferne, zusehends unerreichbar für jene, die ihm nachhingen. Bill Clinton, gerade ins Amt gewählt, gelobte, den amerikanischen Traum «wiederherzustellen», der unabhängige Präsidentschaftskandidat Ross Perot hatte während des Wahlkampfes 1992 gar versprochen, den Washingtoner Saustall auszumisten, damit der «amerikanische Traum an die nächste Generation weitergereicht werden kann».

Hinter solcher Besorgnis steckte keineswegs die Befürchtung, Amerikas Bürgerschaft liefe Gefahr, individuelle Freiheiten zu verlieren oder sonstige Garantien, welche die Verfassung für sie seit über zwei Jahrhunderten bereithält. Nein, das allseits beklagte Sterben des amerikanischen Traums zielte auf jenen empfindlichen Kern, auf den dieser Traum reduziert worden ist: Geld. Denn die Chance, aus einfachsten Verhältnissen zu einem famosen Lifestyle aufzusteigen, grosszügig ausgestattet mit allen Annehmlichkeiten des Lebens, definiert den amerikanischen Traum so präzis wie prägnant. Er ist Heilsbringer in einer unheilvollen Welt und längst zum Altar geworden, vor dem das Land der Gottesfürchtigen den schnöden Mammon anbetet und so hingebungsvoll wie beharrlich den persönlichen Erfolg zelebriert.

So viel man in den amerikanischen Traum auch hineininterpretieren mag: er ist zuallererst ein käuflicher Traum, zu dessen Verwirklichung Geld vonnöten ist. Thomas Jeffersons Postulat, Leben, Freiheit und die Verfolgung des Glücks seien amerikanische Grundrechte, klang durchaus schön, doch Leben und Freiheit hatte man, der Reichtum hingegen musste erst ergattert werden. Was immer Jefferson mit der luftigen Formulierung tatsächlich gemeint hat, seine Interpreten verstanden die Verfolgung des eigenen Glücks jedenfalls als Aufforderung, materielle Reichtümer anzuhäufen. «Eigentum ist mit Sicherheit genau wie Freiheit ein Recht der Menschheit», hatte Gründervater John Adams als Devise ausgegeben. Also wurde nicht lange gefackelt: Man belegte einen ganzen Kontinent mit Beschlag und häufte an, bis die Portemonnaies zu platzen drohten.

Als Jean de Crevecoeur in seinen «Briefen eines amerikanischen Farmers» 1782 begeistert feststellte, die Amerikaner hätten «keine Herren, für die wir schuften, verhungern und verbluten»,

New York by night: Wenn die Dunkelheit über die Millionenstadt hereinbricht, gehen Milliarden von Lichtern an. Wo am Tag in mondänen Bürotürmen grosse bis gigantische Geschäfte abgewickelt werden, suchen in der Nacht Hunderttausende von Menschen in den tiefer gelegenen Strassenschluchten Vergnügen und Zerstreuung.

unterstrich er lediglich, dass hier endlich eine Gesellschaft am Werden war, in der, anders als im halbfeudalen Europa mit seinen Abgaben und Steuern, jeder in die eigene Tasche wirtschaften konnte. Dem Staat so wenig wie möglich zu überlassen, reich zu werden oder zumindest ein sorgenfreies Leben zu führen, in einem eigenen Haus, mit Auto und Fernseher sowie genügend Geld, um die Kinder ans College zu schicken: So sah der modernisierte amerikanische Traum seit dem Ende des Zweiten Weltkrieges aus. In Suburbia unter seinesgleichen auf einem Hektar Land in einem mit flauschigen Teppichböden ausgelegten Haus von zweihundert und mehr Quadratmeter Wohnfläche zu leben und vom Garten aus das Feuerwerk zum 4. Juli zu beobachten, derweil in der Garage zwei schicke Autos standen und auf dem Grill saftige Steaks brutzelten, war nichts, dessen man sich zu schämen brauchte. Im Gegenteil: Man hatte ja nur das Glück zielstrebig verfolgt und durfte sich nun an den Früchten des Erfolgs laben. Und keineswegs war es damit getan. Gleich einer bunten Wundertüte schüttete der amerikanische Traum über die Gewinner noch hübschere Dinge aus. Wer ihn konsequent zu Ende träumte, sah sich mit fünfundvierzig mit einem dicken finanziellen Polster in den Ruhestand gehen, um das Leben fortan auf den präzisionsgemähten Rasenflächen amerikanischer Golfplätze zu geniessen.

Ausgerechnet Benjamin Franklin, von Max Weber zum Prototypen der protestantischen Ethik gestylt, hatte schliesslich vorgeführt, wie der amerikanische Traum zu leben sei. Fälschlich hatte ihn Weber als einen Puritaner und ewigen Hamsterer beschrieben, der Geld und Güter nur mit dem Ziel angehäuft habe, seinem Gott zu gefallen. Der wahre Franklin aber schrieb seiner Mutter im besten Alter von vierundvierzig Jahren, er verbringe seinen Tag «angenehm genug». «Ich lese ein gut Teil, reite ein wenig, gehe noch ein wenig meinen Geschäften oder anderer Leute Geschäfte nach, ziehe mich zurück, soweit ich kann, gehe in Gesellschaft, wenn ich Lust habe.» Derlei Musse setzt gehörigen Zaster sowie einen abgeklärten Umgang damit voraus. Im amerikanischen Schlaraffenland ist Geld nichts, was man seinen Erben hinterlassen möchte – man gibt es aus und gönnt sich etwas.

Wenn Löhne und Gehälter jedoch stagnieren oder gar sinken, wird diese Verheissung brüchig. Nach zwanzig Jahren wirtschaftlicher Stagnation für breite Schichten der amerikanischen Bevölkerung setzten während des Wahlkampfes 1992 deshalb die Kassandrarufe ein. In der neuen globalen Ökonomie war der amerikanische Traum zu einem kaum noch greifbaren Luftschloss mutiert, beschädigt durch *downsizing* und Produktionsauslagerungen, wachsende soziale Ungleichheit und verminderte soziale Mobilität. Die neue Ökonomie mit ihren explodierenden Einkommen für die Gewinner und den Bescheidungen, die sie den Verlierern abverlangt, ist kein günstiges Umfeld für Träume. Explodierende Studiengebühren für Colleges und Universitäten werfen geradeso dunkle Schatten auf die Realisierung des amerikanischen Traums wie die wachsende Unsicherheit in der Arbeitswelt. Man mag ansehnlich verdienen, ist unter Umständen aber gezwungen, wie ein Wanderarbeiter von Job zu Job und von einer Suburbia zur anderen zu ziehen. Geborgenheit und Gemeinschaft bleiben dabei zwangsläufig auf der Strecke.

So sehr schien der amerikanische Traum gefährdet, dass die republikanische Kongressfraktion nach dem Gewinn der Mehrheit im Parlament 1994 ein «Gesetz zur Wiederherstellung des amerikanischen Traums» mit entsprechenden Steuersenkungen verabschiedete – als ob sich der *American dream* für viele Amerikaner nur deshalb verflüchtigt hätte, weil die Steuerbelastungen zu hoch waren. Was Newt Gingrichs «revolutionäre» Republikaner *qua legislativem fiat* herbeizwingen wollten, hat natürlich für Abermillionen von Amerikanern und Amerikanerinnen niemals existiert. Denn von rasantem sozialem Aufstieg mitsamt den schönen Accessoires zu träumen war stets dem weissen Amerika vorbehalten. Martin Luther Kings amerikanischer Traum, so eindringlich entworfen in seiner grossen Rede 1963 in Washington, lief auf die legale Gleichstellung der Rassen und ihre Versöhnung hinaus. Erst gegen Ende seines Lebens, nachdem

Die amerikanische Gesellschaft ist multi-ethnisch:

Bild oben links:
Navajo-Indianer in Window Rock (Arizona).

Bild unten links:
Mädchen auf Oahu (Hawaii).

Bild unten Mitte:
Afro-Amerikanerin in Harlem, New York (New York).

Bild unten rechts:
Strassenszene in China Town, New York (New York).

die Bürgerrechtsgesetzgebung unterzeichnet und die legale Diskriminierung von Afroamerikanern aufgehoben worden war, schwante King, dass das schwarze Amerika nun zwar die Freiheit, nicht jedoch das nötige Geld habe, in einem Holiday Inn zu nächtigen.

In die weisse Gesellschaft integriert ist Schwarzamerika noch immer nicht, obschon die Diskriminierungen subtiler geworden sind. Vor allem erfolgreiche Afroamerikaner, deren Einkommen als Ärzte, Rechtsanwälte oder Professoren ihnen einen Platz in der oberen Mittelschicht sichert, erfahren tagtäglich, dass ihren teuren Statussymbolen zum Trotz der amerikanische Traum dort endet, wo er auch gesellschaftliche Akzeptanz beinhaltet. Man lebt den amerikanischen Traum schliesslich nicht nur für sich; gesellschaftliche Anerkennung für das Erreichte gehört ebenfalls dazu. So träumt besonders das erfolgreiche schwarze Amerika in seinen Enklaven einen modifizierten, spezifisch schwarzamerikanischen Traum: sich auf den Flügeln des Erfolgs soweit absondern zu können, dass der Kontakt zur weissen Mehrheit auf den Arbeitsplatz beschränkt, am Wohnsitz, in der Freizeit und im Familienleben die weisse Welt aber möglichst gemieden wird.

Zu verdenken ist es arrivierten Afroamerikanern nicht. Was nützt ein Mercedes, wenn der Fahrer, weil Schwarz, von Polizisten dauernd verdächtigt wird, den Wagen entweder gestohlen oder mit Einkünften aus dem Drogenhandel finanziert zu haben? Und wie für die schwarze Unter- und Mittelschicht gilt auch für afroamerikanische Aufsteiger, dass Institutionen, die den amerikanischen Traum erst Wirklichkeit werden lassen, sie weiterhin diskriminieren. Nichts ist wichtiger für die Einlösung amerikanischer Träume als *easy money*, der leicht erhältliche Kredit zum Kauf eines Hauses oder Autos; schwarze Hautfarbe aber kommt in den Augen der Banken automatisch einem Kreditrisiko gleich.

Solche Probleme sind der weissen amerikanischen Oberschicht natürlich fremd. Sie verkörpert den amerikanischen Traum und entwickelt dabei einen Hedonismus, der zumindest in der westlichen Welt seinesgleichen sucht. Ob in den bewachten Villen von Beverley Hills oder auf den Hunderttausend-Hektar-Ranches der Superreichen im Weststaat Wyoming: Die amerikanische Freizeitklasse bewohnt ein opulentes Märchenland, in dem alle Träume wahr werden. Schönheitschirurgie möbelt sie auf, der Golfplatz hält sie fit, das üppige Angebot amerikanischer Dienstleistungen verwöhnt sie. Besonders verehrt, ja mit einem nahezu mythischen Status als lebendes Beispiel des amerikanischen Traums belohnt wird, wer tatsächlich den sprichwörtlichen Aufstieg vom Tellerwäscher zum Millionär geschafft hat.

Entrepreneure wie der Medien-Zar Ted Turner oder Intel-Boss Andy Grove – ein Einwanderer, dessen High-Tech-Unternehmen zu einem Juwel der amerikanischen Wirtschaft geworden ist – sind klassische amerikanische Erfolgsstorys und geniessen die Verehrung der Nation. Sie dienen als Lehrstücke, ihr Leben, weil unwiderlegbarer Nach-

Posing with a star, Broadway, Los Angeles (California). Etwas fürs Fotoalbum: Wer einmal mit einer berühmten Person abgelichtet werden möchte, hat hier beste Gelegenheit dazu. Die Auswahl an Stars und Starlets ist unübertroffen.

Bild auf der nachfolgenden Panoramaseite:

Blick vom Tower des Stratosphere Casino auf Las Vegas (Nevada). Nachts beeindruckt die Stadt mit den Millionen von Neonlichtern ganz besonders. Die Spielmetropole hat sich in den Neunzigerjahren rasant vergrössert, der Besucherstrom nimmt gigantische Ausmasse an – eine Wende ist nicht abzusehen.

weis der Gültigkeit des amerikanischen Traums, wird zur Moritat aufbereitet: Seht her – und macht es nach. Zugleich wird damit an die Adresse der Verlierer der Vorwurf gerichtet, an ihrem Schicksal selbst schuld zu sein. Ungeachtet seiner Herkunft kann schliesslich jeder zum Star im Film des Lebens werden, weshalb es vollkommen gleichgültig ist, ob er in einem Wohnwagenpark in schlimmster Armut oder als verwöhntes Kind von Millionärseltern aufwuchs.

Der Glaube an die Chancengleichheit, unablässig propagiert und nach Kräften gefördert, zerbricht indes an der rauhen Wirklichkeit. Der Bodensatz der amerikanischen Gesellschaft, sei es in den schwarzen Gettos der Innenstädte, in den hispanischen Barrios, in Indianerreservaten oder in den weissen Armenflecken der Appalachen, findet den Bezug zum amerikanischen Traum nicht mehr im eigenen Leben, sondern in den medial vermittelten Lifestyles der Reichen und Berühmten. In der durchgeknallten Personality-Gesellschaft, wo Stars und Mogule, Wirtschaftskapitäne und Spitzensportler im Dauertheater der Eitelkeiten per Fernsehen durch die amerikanischen Wohnzimmer flimmern, wird der amerikanische Traum auf ein buntes Bilderbuch reduziert, in dem den staunenden *losers* (Verlierern) die glitzernde Welt der Gewinner gezeigt wird. Träumen dürfen sie, bis ihnen die Köpfe rauchen, doch beschränkt sich ihr amerikanischer Traum auf Zusehen und den wehmütigen Gedanken, wie anders das Leben doch sein könnte.

Für die schrumpfende Mittelklasse bleibt der amerikanische Traum zwar Lebenssinn und zugleich Massstab, die Erfüllung seiner Vorgaben aber nötigen ihr ein hartes Leben ab. Man arbeitet lange in den Abend oder hat zwei Jobs und ist dennoch oftmals nur ein oder zwei Monatsgehälter vom Abgrund entfernt. Geht etwas schief, verschwindet ein Job oder wird man krank, zerplatzt der Traum. Hält der gegenwärtige Trend zu immer gravierenderer Ungleichheit an, wird der amerikanische Traum für viele ein Wunschtraum bleiben, während die fabelhaft mit Einkommen und Vermögen ausgestattete Oberschicht ihn auf eine derart penetrante Art leben wird, dass ihre Exzesse sogar die legendären Räuberbarone des «Gilded Age» mit Staunen erfüllen würden. Zeugnis dafür legt das neue Eigenheim von Software-König Bill Gates nahe Seattle ab: Gebaut für zweiundfünfzig Millionen Dollar, gleicht es einem High-Tech-Schlösschen von feudalem Zuschnitt. Das alte Europa, jenes, das Jean de Crevecoeur verlassen hatte, scheint Amerika eingeholt zu haben. Im Doppelsinn feudal geht das Land ins dritte Jahrtausend.

Martin Kilian

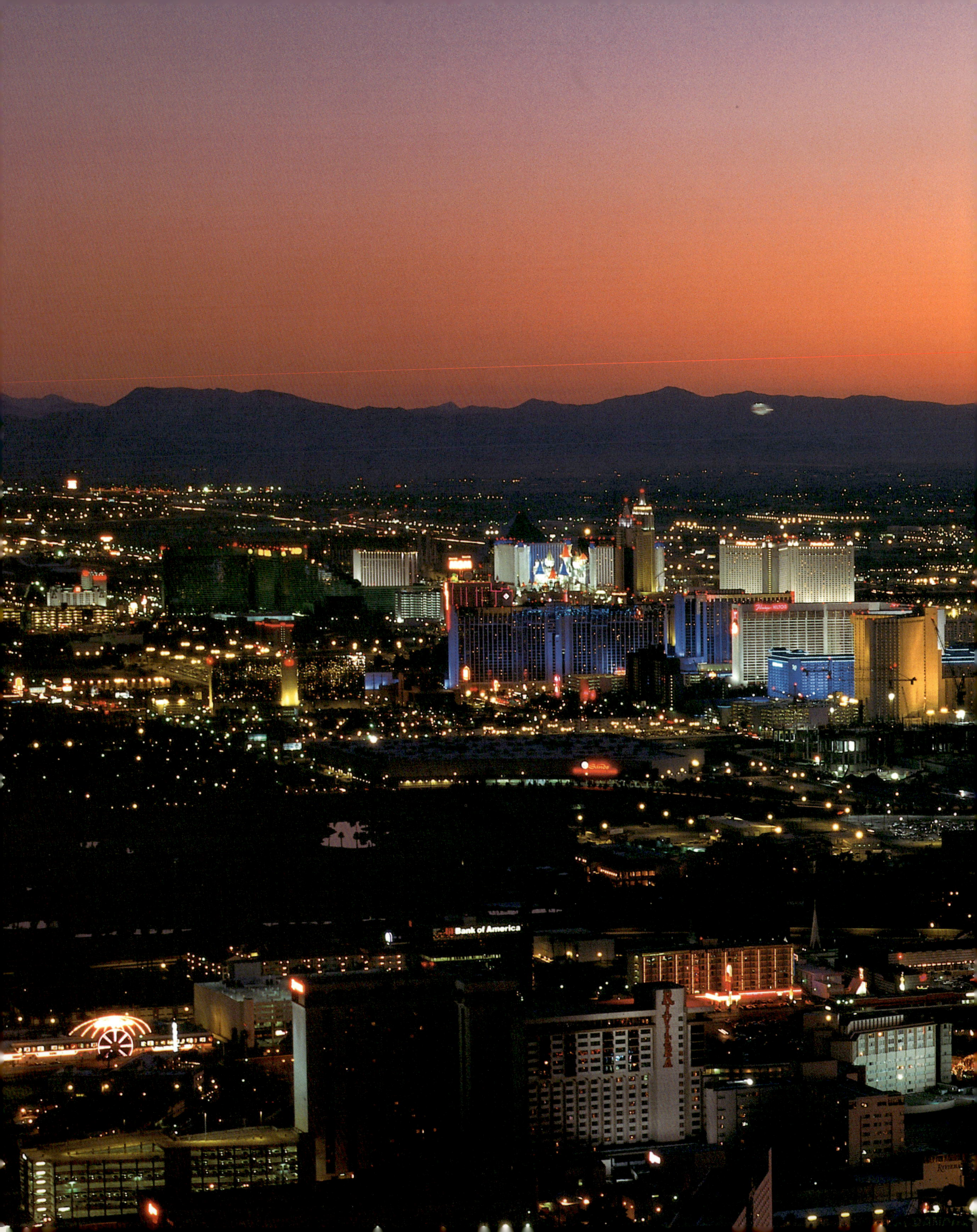
Bank of America

NEVADA NICKELS
IS WILD!
1 COIN
2 COIN
3 COIN
PROGRESSIVE
10,000
7000
PLAY 3 LINES
INSERT COIN
NEVADA NICKELS

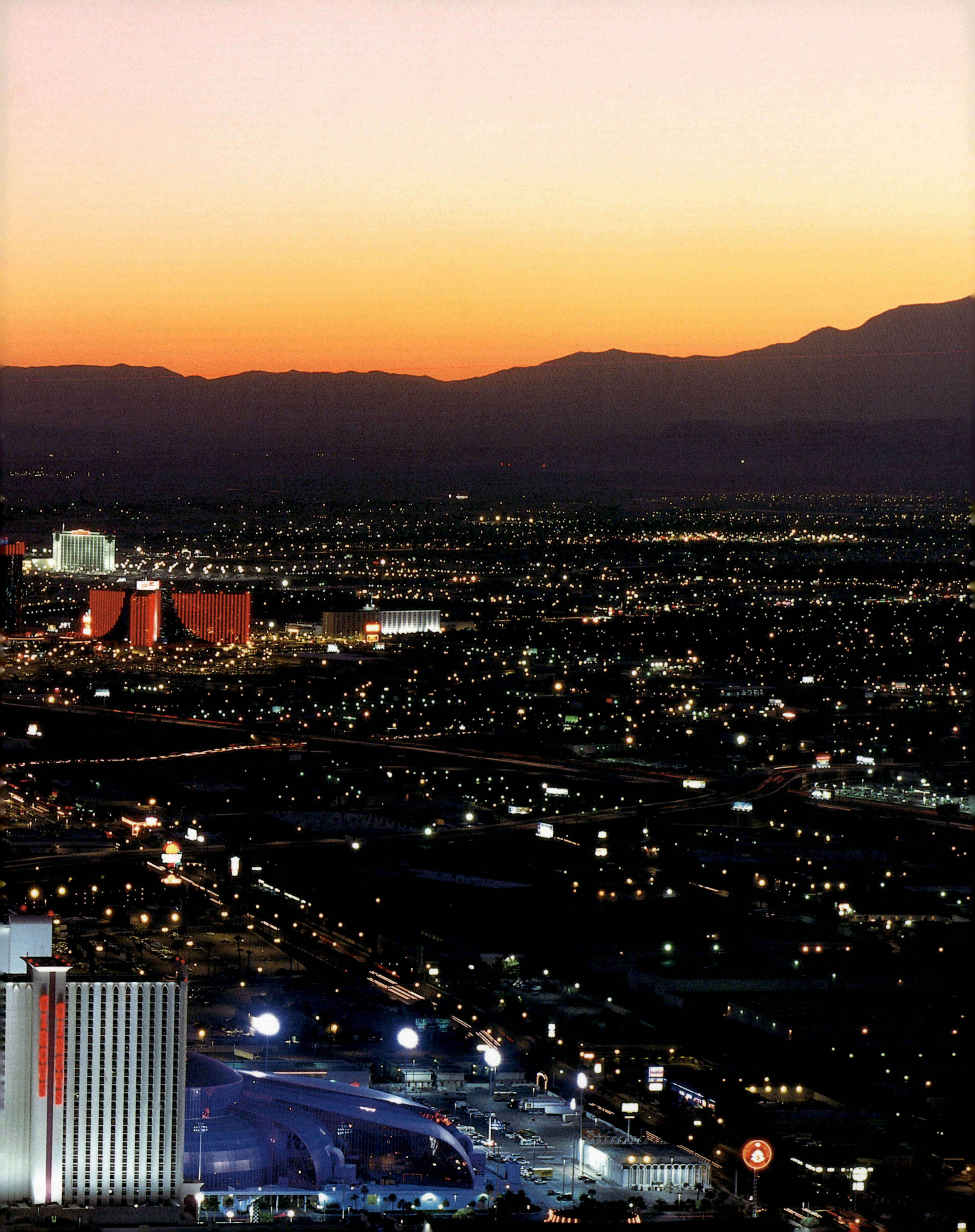

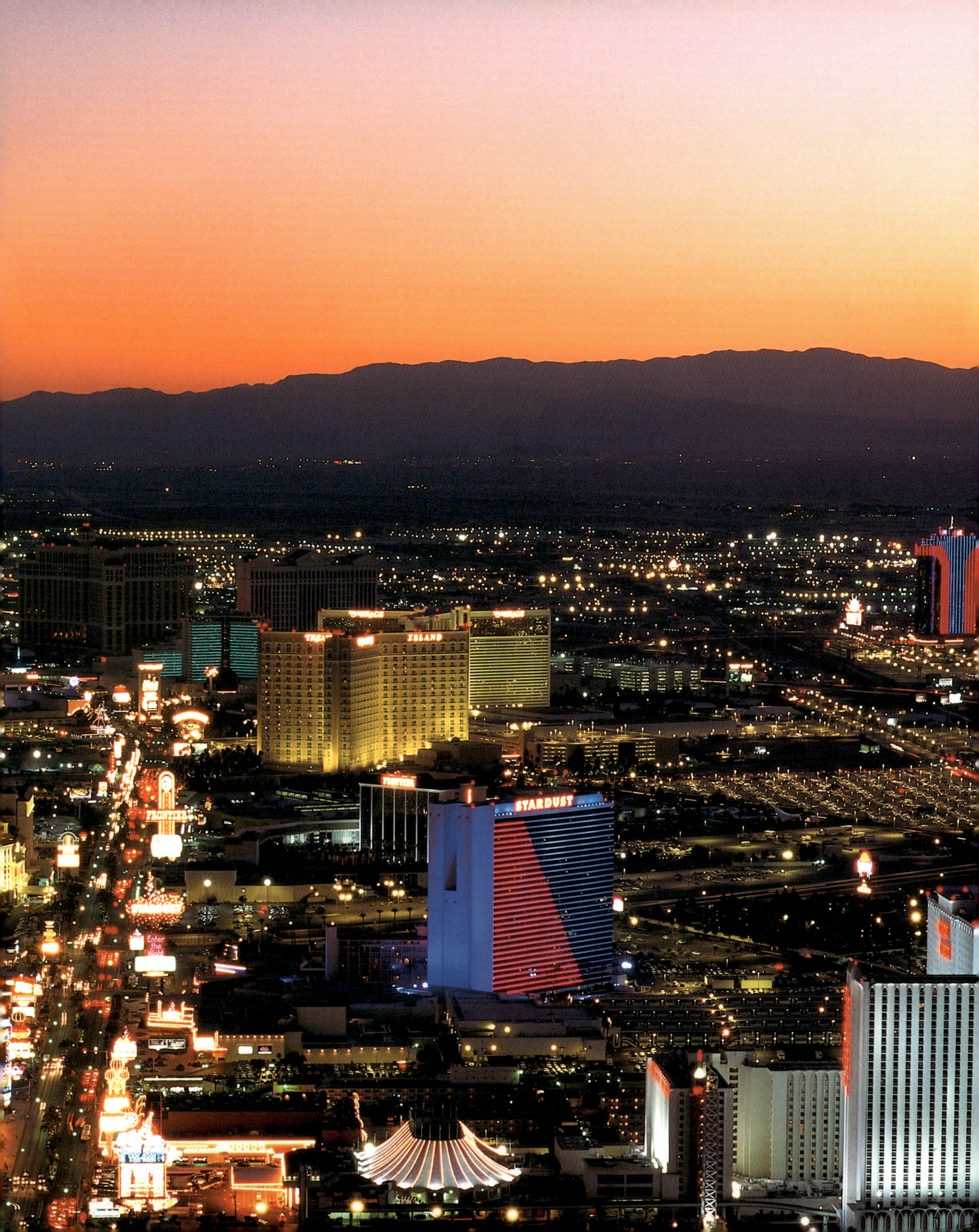
STARDUST
ISLAND

NEVADA NICKELS
Four
NEVADA NICKELS
NEVADA NICKELS
IS WILD!
1 COIN
2 COIN
PROGRESSIVE
PAYLINE
NEVADA NICKELS
IS WILD!
PROGRESSIVE
NEVADA NICKELS

Bild links:
Zwiegespräch mit einer der Tausenden von «Slot machines» in der «Spielhölle» Las Vegas. Die Geräte, die sich ausschliesslich von Münzen ernähren, sind zwar schwer zu überlisten, aber nur wer ein paar Dollars riskiert, kann eventuell Tausende gewinnen.

Bild rechts oben:
Amerika ist ein junges Land. Es hat sich mit Las Vegas (Nevada) eine Art Spielzimmer für jene eingerichtet, denen Monopoli keinen Nervenkitzel mehr bereitet.

Bild rechts unten:
Obwohl die meisten in Las Vegas wohl eher einen Schatz vergraben als ihn heben, vermittelt die Stadt den Besuchern die Illusion, auf dem Weg zum grossen Glück zu sein. Den Traum von einem Luxusauto, einer grossen Villa, einer Yacht darf jeder ruhig träumen.

Bilder auf den nachfolgenden Panoramaseiten:

Nirgendwo auf der Welt leuchten gleichzeitig so viele Neonlichter wie am «Strip», dem legendären «Las Vegas Boulevard», Las Vegas (Nevada). Prunk, Verheissung, Vergnügen, Verlockungen soweit das Auge reicht.

Gateway Arch in St. Louis (Missouri) gilt als Symbol für die Hoffnung und den Glauben all jener, die von hier aus in den Westen aufbrachen, auf der Suche nach einem besseren Leben.

Mississippi River Bridge in New Orleans (Louisiana). In den Sümpfen des Südostens führen Dutzende solcher Brücken über Flüsse, Mündungen, «Swamps» und Seen.

Nordküste Oahu (Hawaii). Ende des 19. Jahrhunderts ging auch Amerika den Weg des Imperialismus und annektierte am 7.7.1898 Hawaii. Bis 1893 war Hawaii ein Königreich. Amerikanische Kolonisten setzten danach die Königin Liliukalani ab und errichteten eine Republik.

Honolulu, Oahu (Hawaii), ist die Hauptstadt des 50. Bundesstaates der USA. Mit wachsendem Tourismus ist Honolulu zu einem «Little New York» hochgeschossen. Im Hintergrund weist der Krater Diamond Head auf den vulkanischen Ursprung der Insel hin.

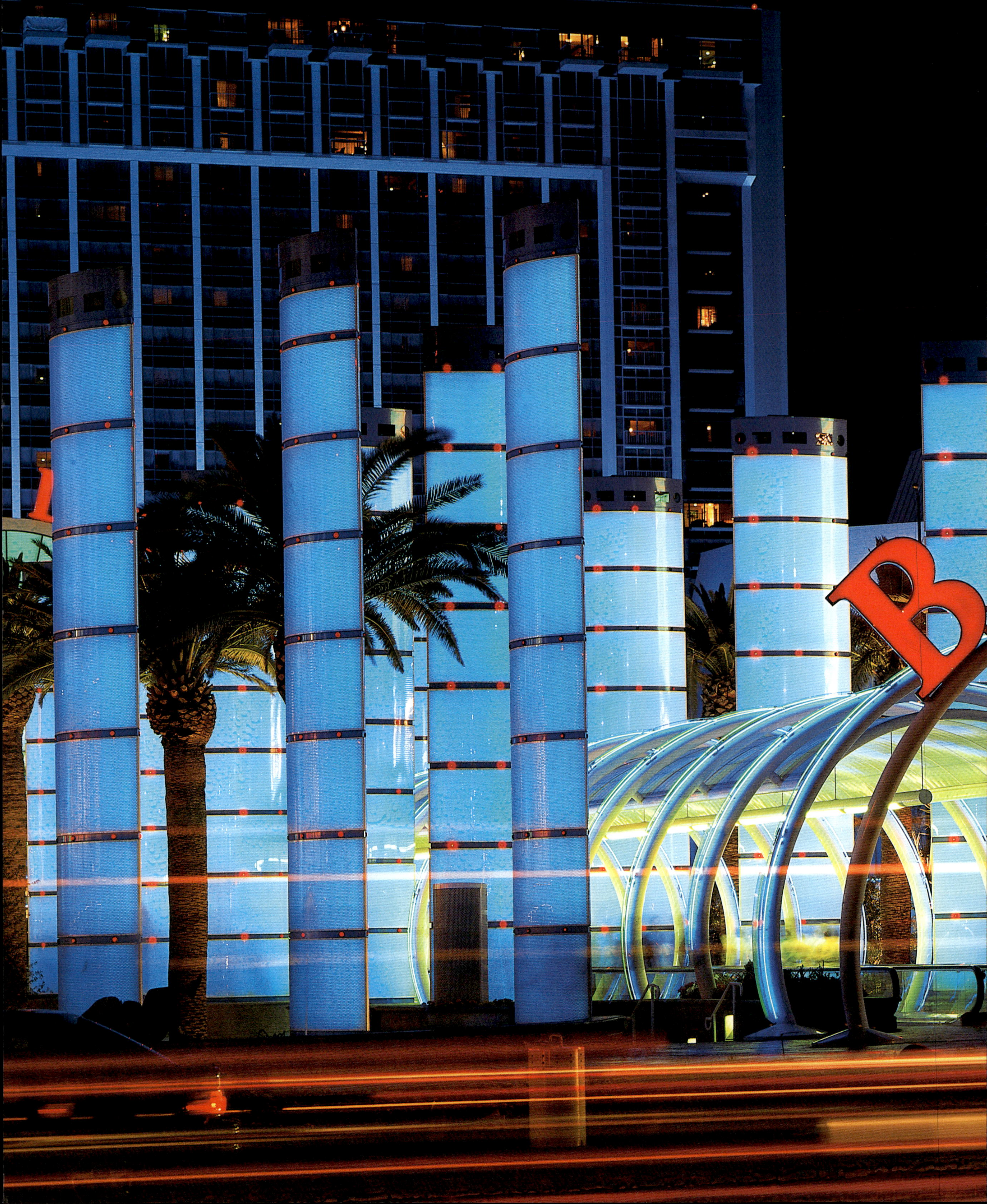
B

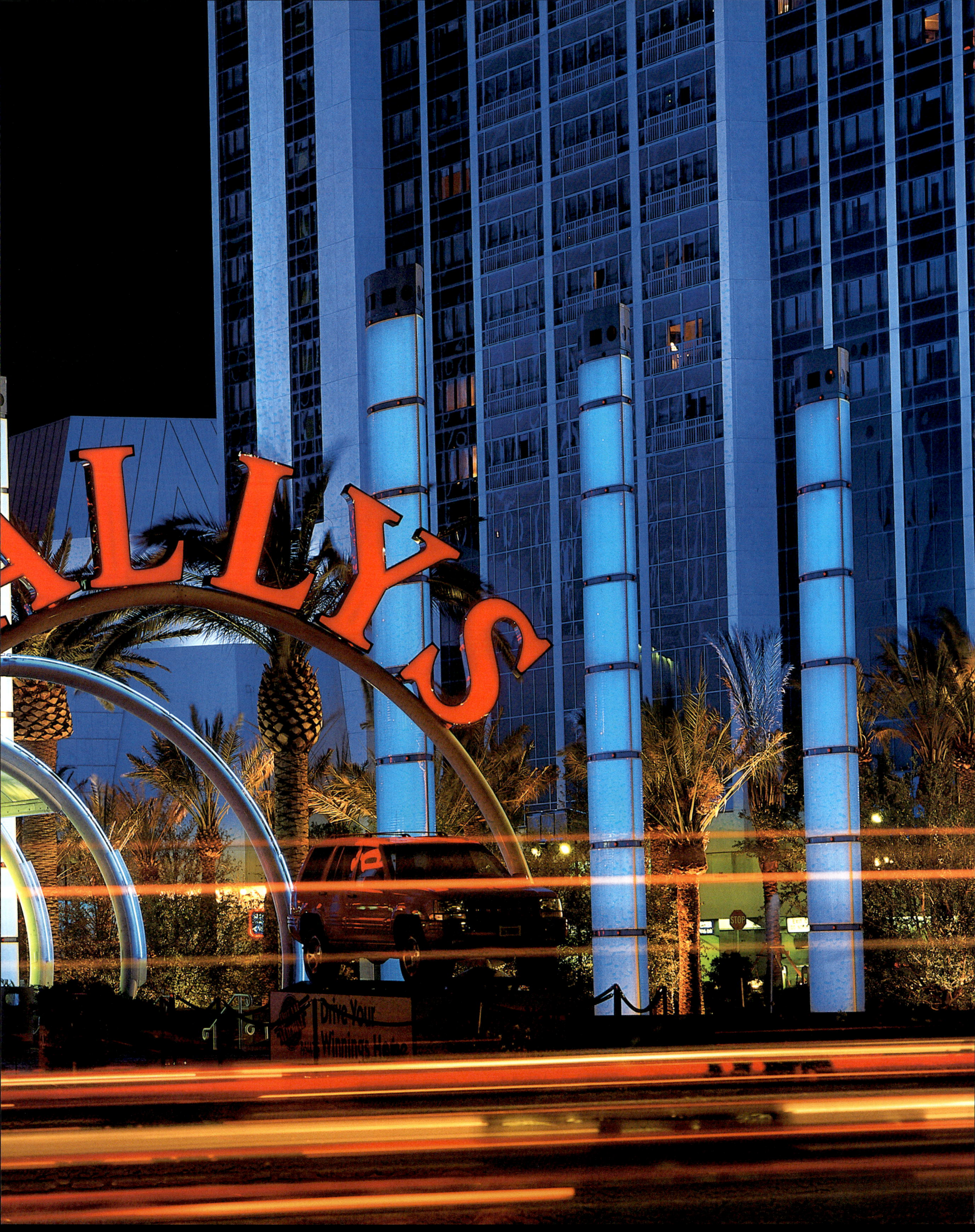
Drive Your
Winnings Home

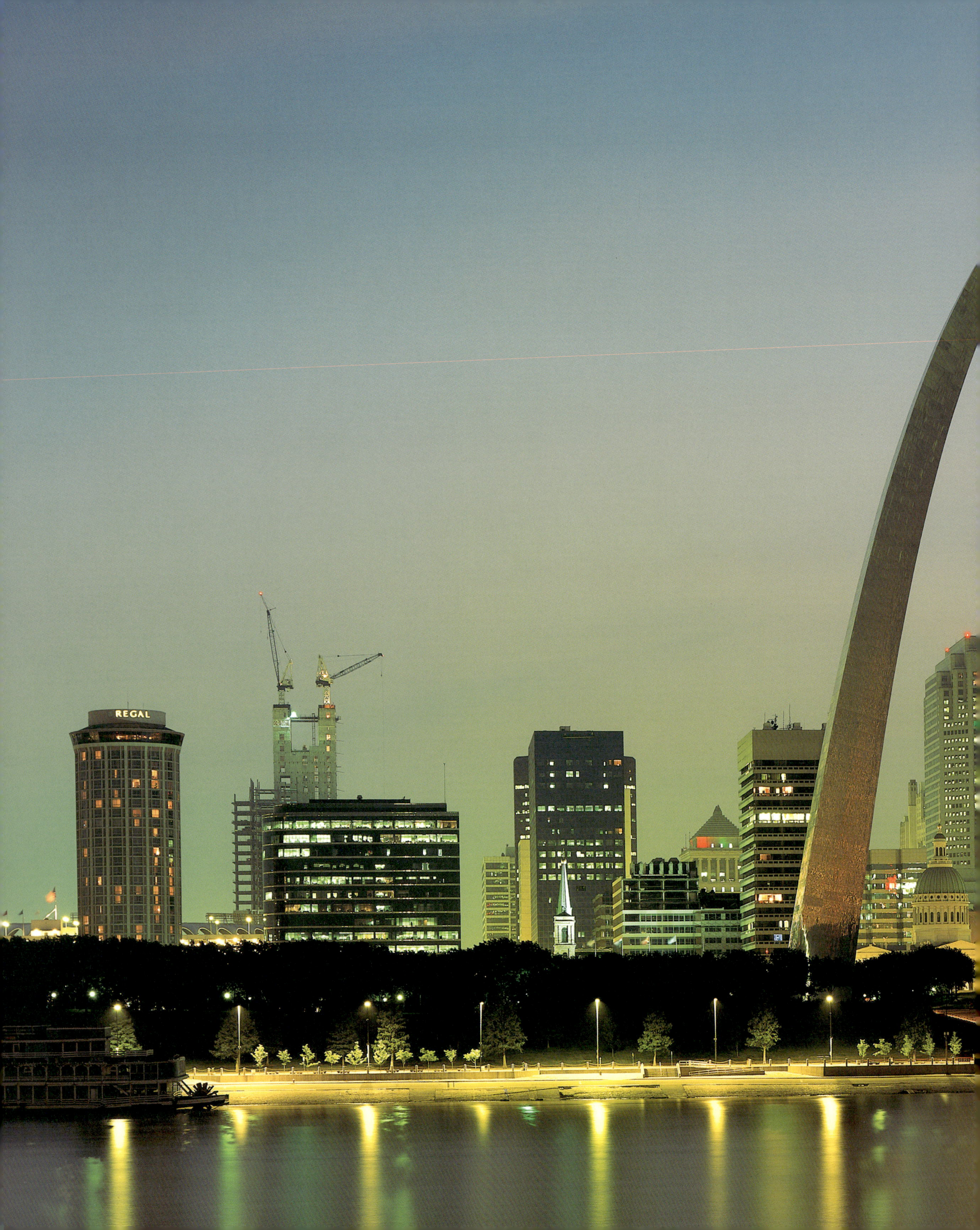
REGAL

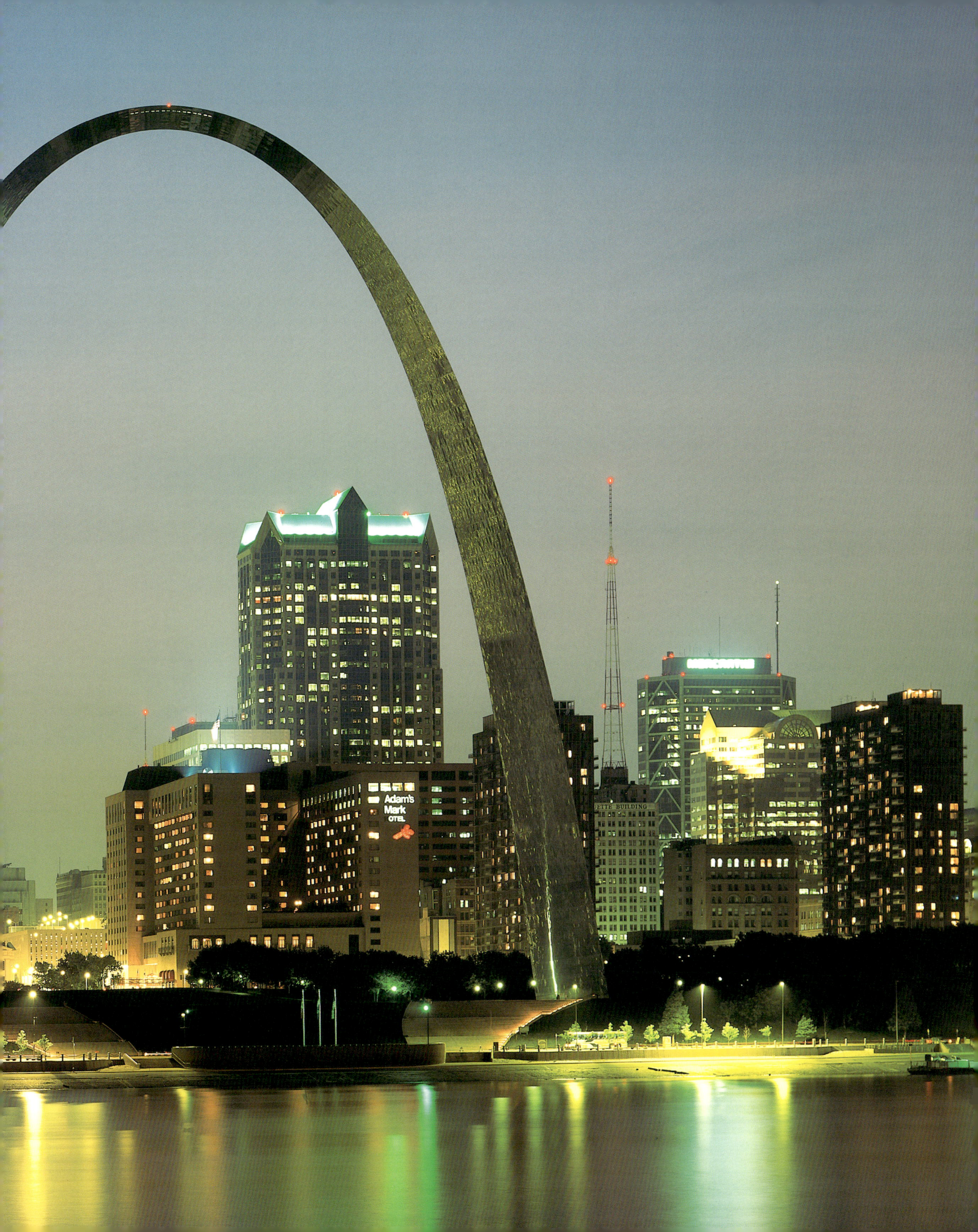
Adam's
Mark

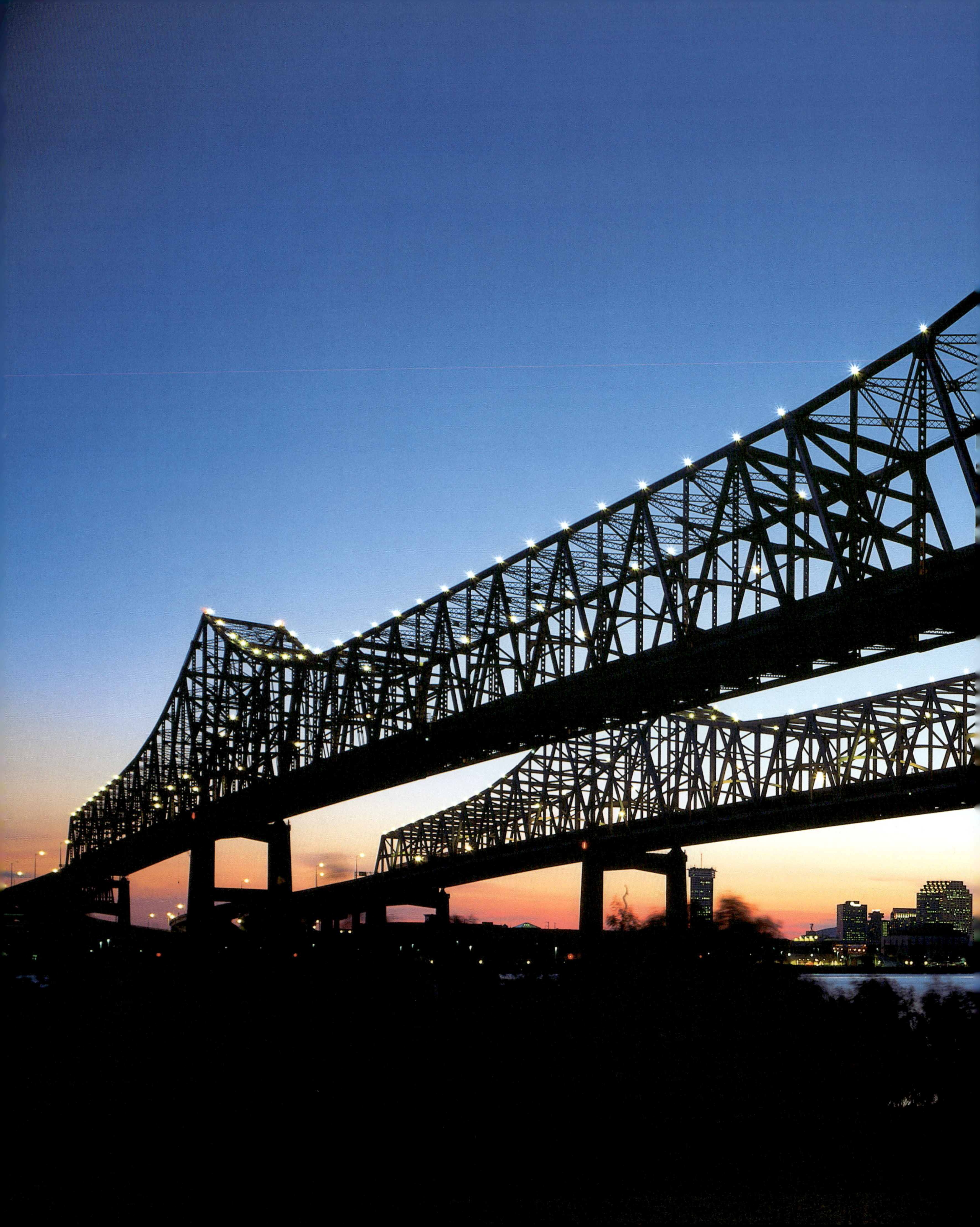

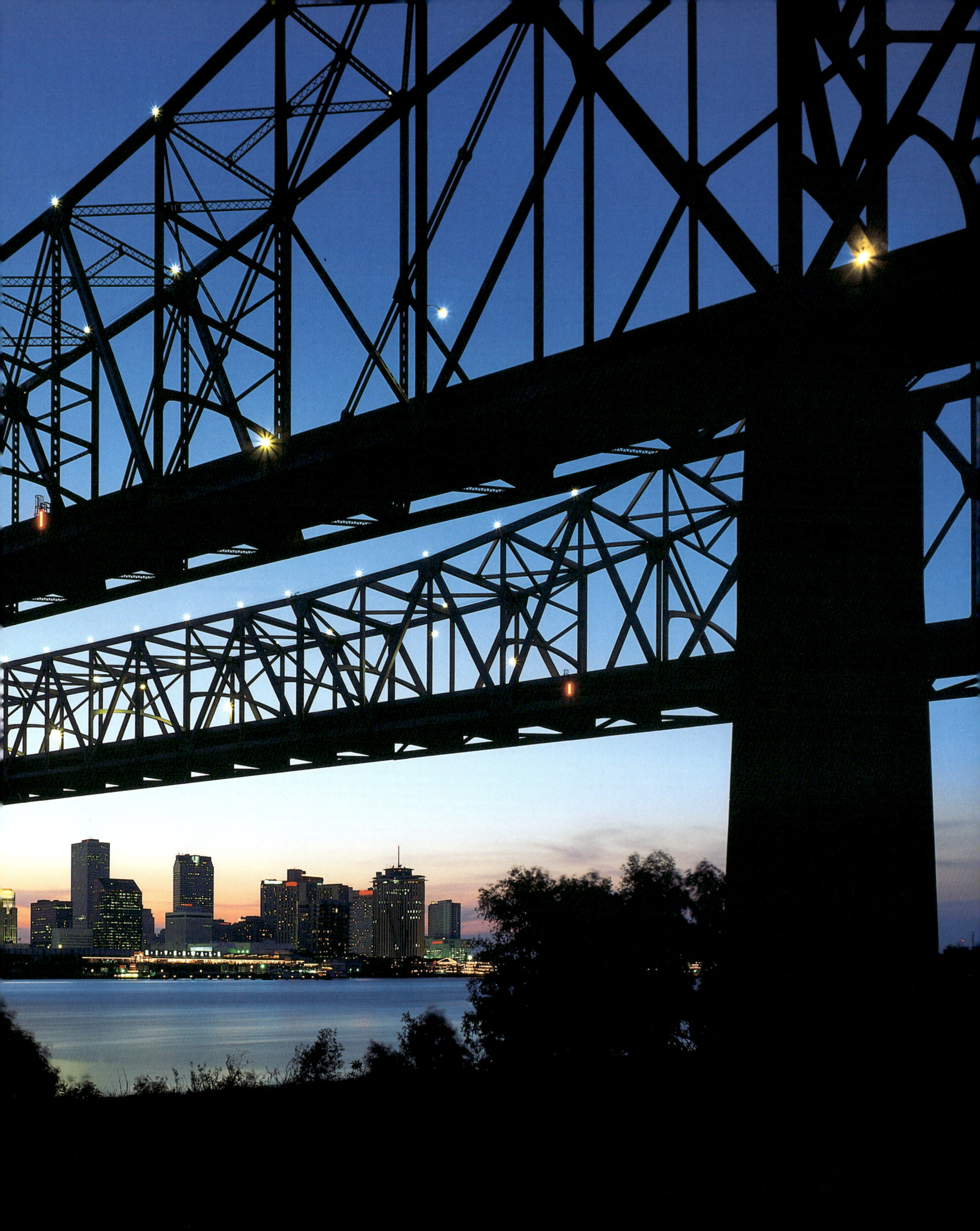

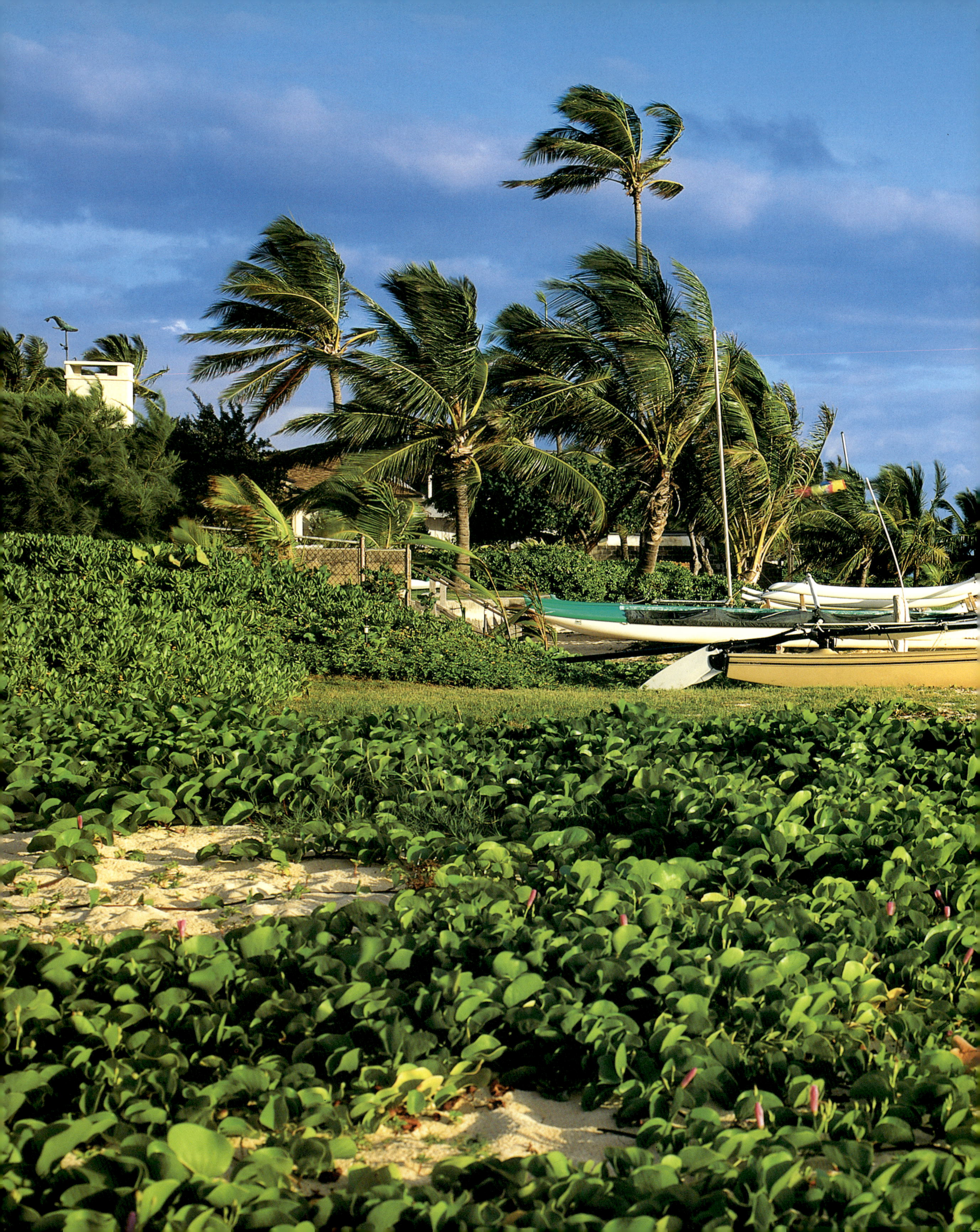

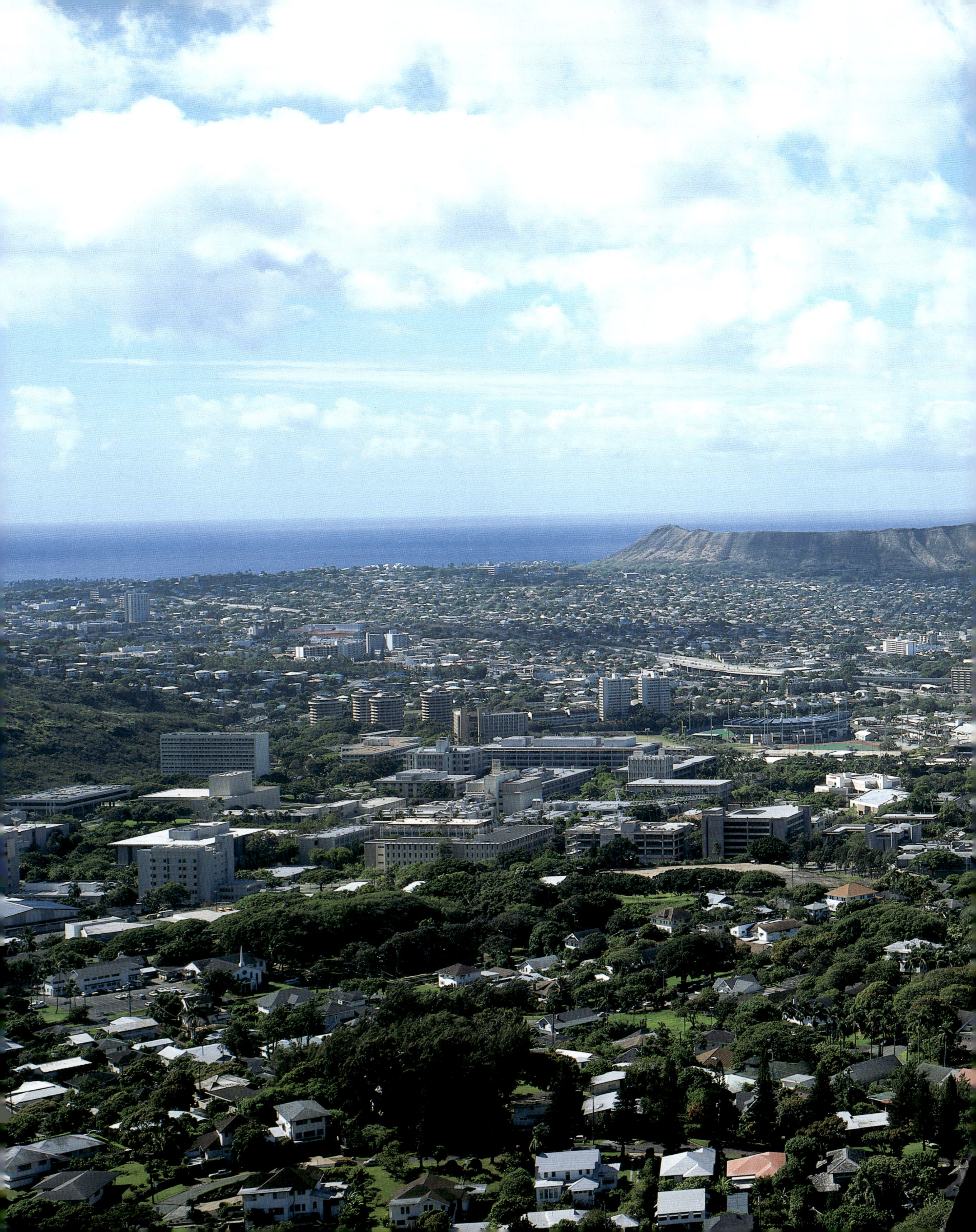

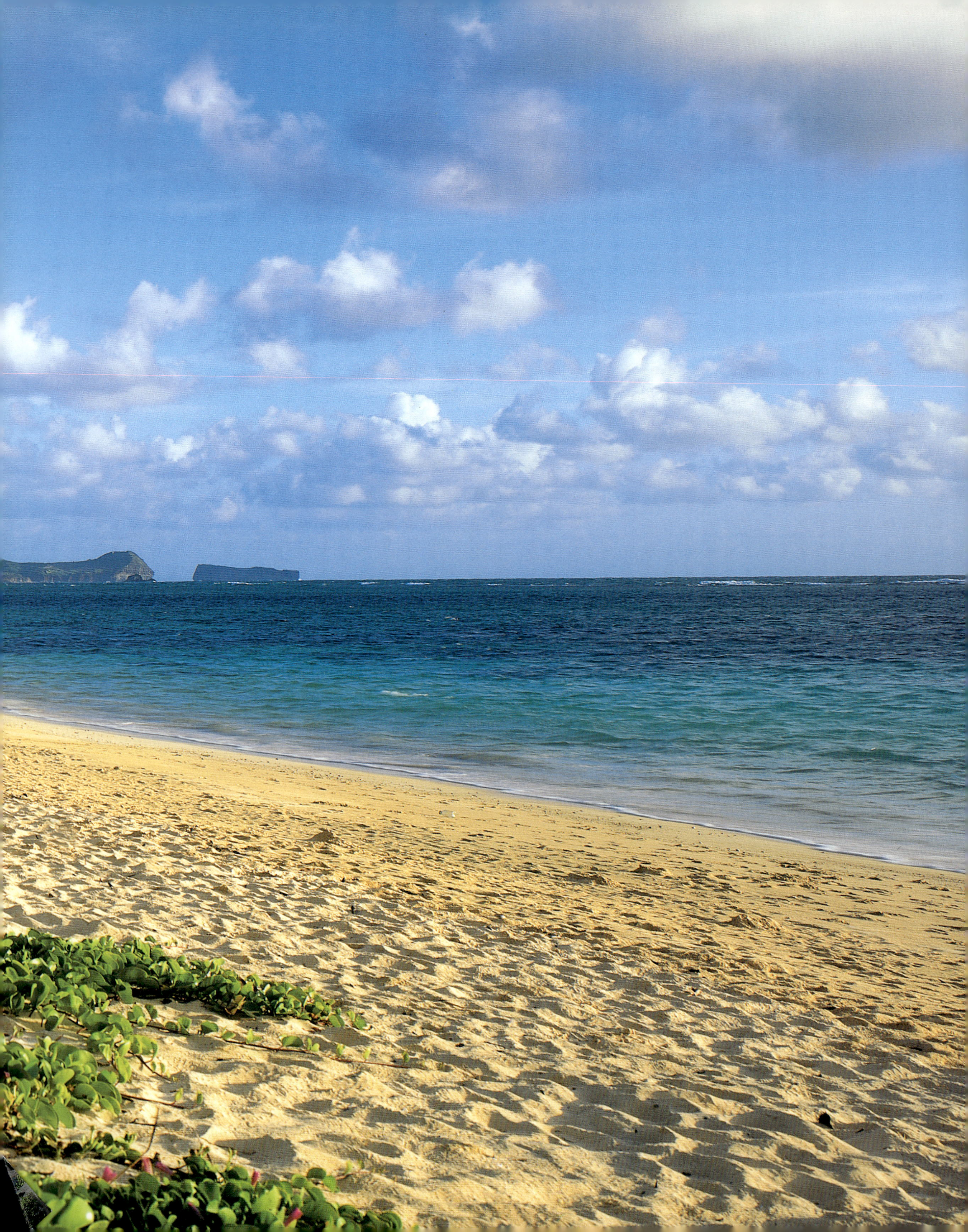

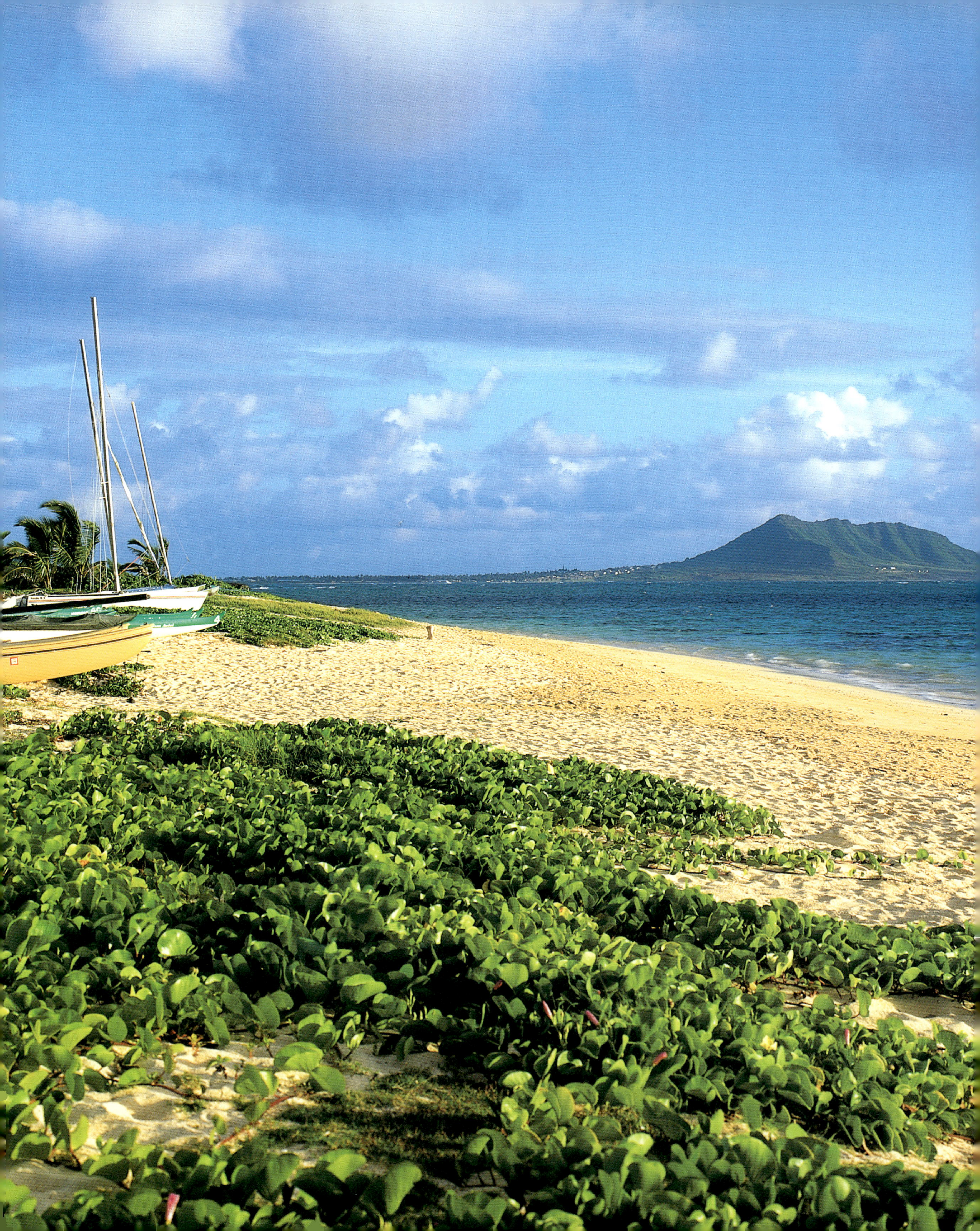

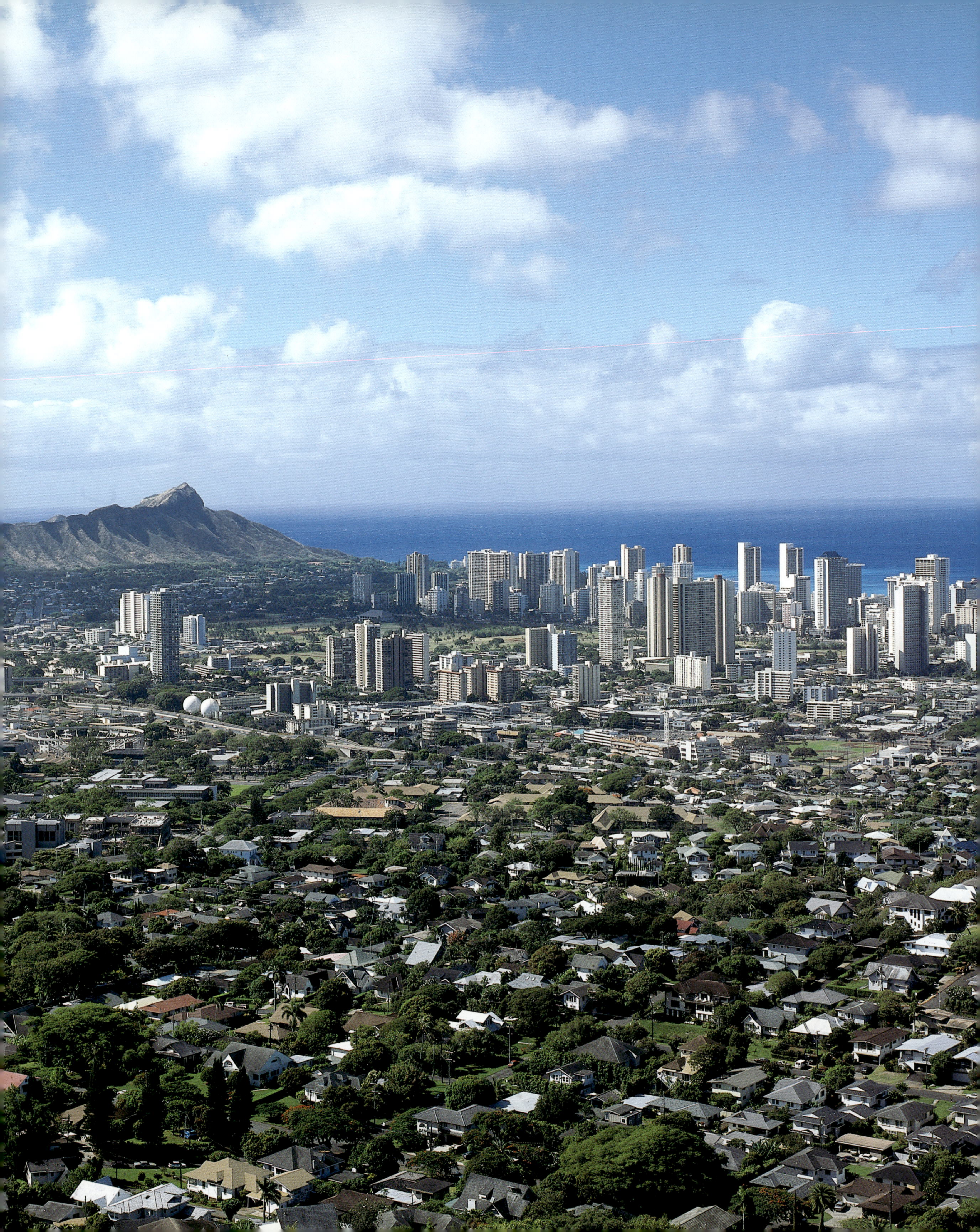

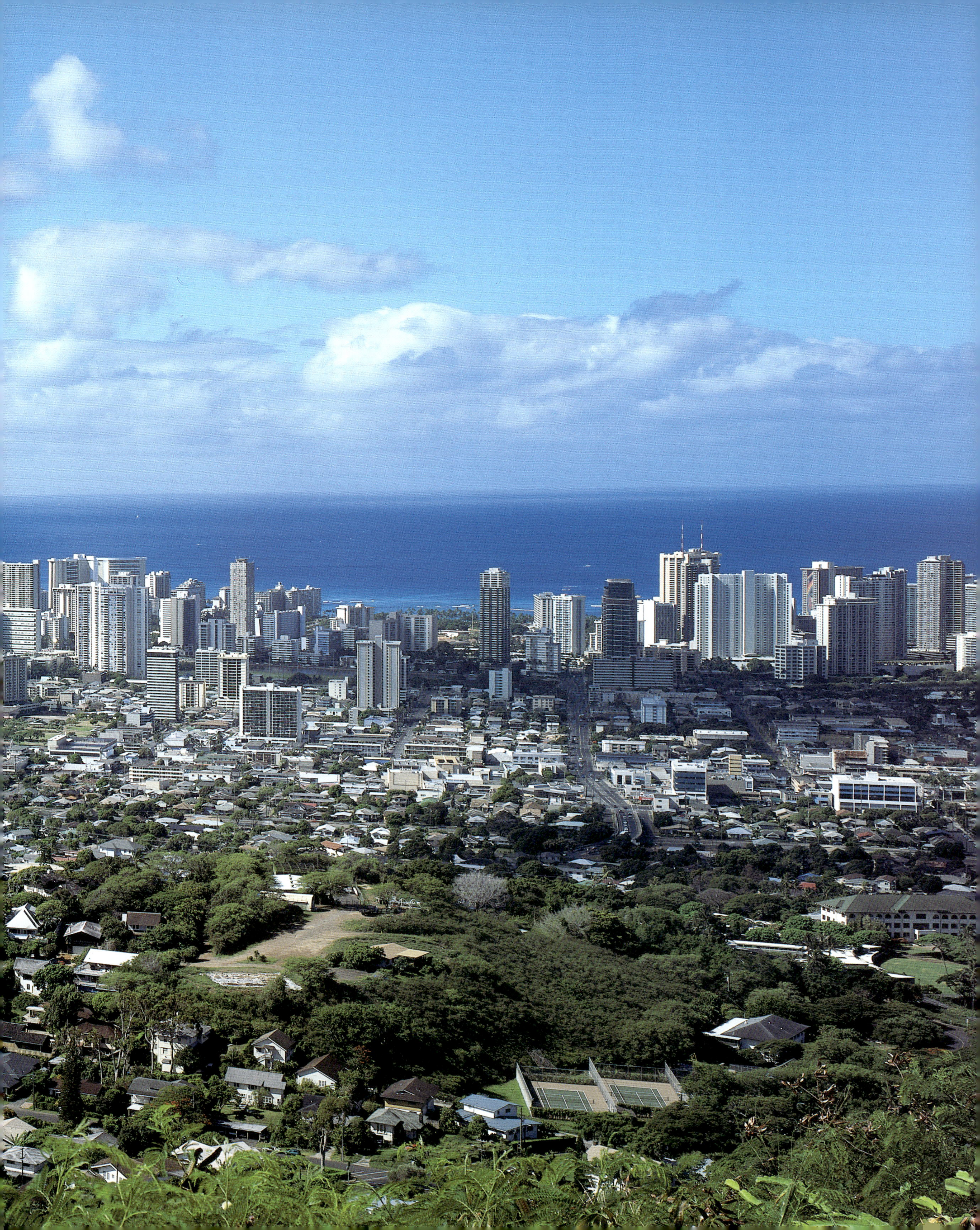

Vulkanismus und Erosion: Landschaftsfabrik Erde

«Don't smoke in this area» – mehrere amerikanische Vulkane halten sich nicht an das in den USA weit verbreitete Rauchverbot. Das ist gut so. Als Teil der Gebirgsbildung ersetzt Vulkanismus nämlich Material, das von erodierenden Kräften abgetragen wurde. Erdwissenschafter stellen die Erde oft als riesige Landschaftsfabrik dar. Nordamerika hat mehr oder weniger explosive «Giessereien» im Westen und im Pazifik. Abgeschliffen, ausgeblasen und weggespült wird auf dem ganzen amerikanischen Kontinent. Ohne schützendes Pflanzenkleid ist der Boden der Hitze, dem Frost, den Winden und – von Zeit zu Zeit – heftigen Regengüssen direkt ausgesetzt. So entstehen vor allem in Trockengebieten faszinierende Landschaften wie der Grand Canyon oder die schroffen Inselberge des Monument Valley bekannt von der Werbung für amerikanische Zigaretten.

Beim Anblick des feuerspeienden Kilauea-Vulkans auf Hawaii schrieb der Schriftsteller und Abenteurer Mark Twain 1866: «Da und dort sah man glühende Löcher mit sechs Metern Durchmesser, die aus der dunklen Kruste herausgeborsten waren, darin die brodelnde Lava, die einen mit ihrem weisslichgelben Schein blendete. Von diesen Löchern aus verteilten sich unzählige helle Lavaströme fächerartig nach allen Seiten. Zuerst flossen sie geradeaus, um dann entweder wie ein Regenbogen langsam seitwärts zu fliessen oder sich wie kleine Würmer weiterzuschlängeln – man hatte den Eindruck, als sehe man sich jagende Blitze am Himmel.»

Mark Twain beobachtete den Austritt der dünnflüssigen Pahoehoe-Lava, die nach der Erstarrung glatte oder «gestrickte» Strukturen aufweist. In der nächtlichen Dunkelheit sah er nicht alles: An den Rändern des leuchtenden Lavaflusses kriecht ein Strom bereits erstarrter Lavabrocken, die Aa-Lava, hangabwärts. Selbst bei Tageslicht unsichtbar sind Lavaströme unter der oberflächlich erstarrten Kruste. Ein Teil des flüssigen Erdinneren erreicht nach zwölf Kilometern die Küste, wo es sich im Meer zischend und dampfend abkühlt und zu Lavakissen oder zu schwarzem Sand zerfällt.

Auf Hawaii hinterlässt jeder Vulkanausbruch eine Trümmerlandschaft aus dunkeln Brocken erstarrter Lava und verkohlten Baumleichen. Doch nicht für lange. Die Natur fasst in den kleinsten Ritzen und Nischen wieder Fuss. Schon bald wachsen an den Flanken aktiver Vulkane wieder Flechten, Moose und Farne. Später folgen Gräser, Kräuter und Bäume. Aus Asche oder Lavadecken entstehen fruchtbare vulkanische Böden. Die Voraussetzungen für die Landwirtschaft sind ideal. Davon zeugen auf Hawaii Zuckerrohrfelder, Mangoplantagen und Gemüsegärten. Doch auf den attraktiven Pazifikinseln hat der Tourismus dem Anbau von Nahrungsmitteln den Rang abgelaufen.

Jedes Jahr besuchen Tausende von Touristen Big Island, im Osten der Inselgruppe Hawaii, um einen Blick in die feuerspeienden Kochtöpfe der Feurgöttin Pele zu werfen. Vor drei Millionen Jahren hätten sie die glühenden Lavaflüsse dreihundertfünfzig Kilometer weiter westlich auf der Honolulu-Insel Oahu beobachten können. Die Inselkette von Hawaii zeigt die Richtung an, in der die pazifische Erdkruste über einen *hot spot* im tiefer gelegenen Erdmantel hinweggleitet. An dieser Stelle entsteht ein Vulkan nach dem anderen und geht sogleich auf die langsame Reise Richtung Asien. Der Vulkan Mauna Loa auf der jüngsten Insel Hawaii erreichte den Meeresspiegel vor rund zweihundertfünfzigtausend Jahren. Dreissig Kilometer vor der Südostküste der Insel entsteht heute ein neuer Vulkan: Lo'ihi – der Ungeborene.

Ein einzigartiges, atemberaubendes Naturschauspiel: Lava fliesst auf Big Island (Hawaii) ins Meer.

Sein Gipfel liegt noch tausend Meter unter dem Meeresspiegel, doch bereits viertausend Meter über dem Ozeanboden. Bei einem Ausbruch im Juli 1996 brachte Lo'ihi das über ihm liegende Meerwasser zum Kochen.

Die Urbevölkerung Hawaiis hat eine Entstehungsgeschichte des Inselbogens überliefert, die erstaunliche Parallelen zur geologischen Theorie aufweist. Feuergöttin Pele wird von ihrer eifersüchtigen Schwester, der Meeresgöttin, aus Polynesien vertrieben. Auf der Suche nach einer neuen Bleibe stochert sie mit einem Stab im Pazifik – Hawaii entsteht. Pele beginnt ihre Suche im Westen, und erst ganz im Osten, auf dem heute noch aktiven Kilauea-Vulkan, findet sie Schutz vor den Attacken ihrer Schwester. Aus Peles stecken gebliebenem Holzstock entwickeln sich die Wälder an den Vulkanflanken.

Im November 1880 floss ein Lavastrom vom Mauna Loa-Vulkan unaufhaltsam in Richtung der Stadt Hilo. Ein Frachtschiff brachte im letzten Moment die alte Prinzessin Ruth aus Honolulu in die gefährdete Stadt. Ruth gehörte zu den letzten Nachfahren von König Kamehameha dem Ersten. Sie war eine der wenigen Inselbewohnerinnen, die sich sowohl dem Christentum als auch der englischen Sprache verweigerten. Wenige hundert Meter oberhalb Hilo legte sie rote Seidentaschentücher vor den glühenden Lavastrom und opferte Pele eine Flasche Brandy. Die seit elf Monaten andauernde Eruption endete am nächsten Tag – dank tagelangen Nonstop-Messen in allen Kirchen von Hilo, betonten die aufrechten Christen der Insel.

Anders löste der Vulkanologe Thomas August Jaggar 1935 das Problem. Wieder bewegten sich glühende Lavamassen auf die Stadt Hilo zu. Jaggar organisierte die US Air Force. Oberhalb der bedrohten Stadt warf sie zwanzig Bomben ab und zerstörte damit das System der Lavaröhren, der Lavaströme unter der oberflächlichen Kruste. Die Lava quoll an die Oberfläche, kühlte ab, floss langsamer und erstarrte schliesslich. Trotz dieser unfreundlichen Geste gegenüber Hawaiis Feuergöttin trug der fanatische Forscher mit seiner jahrzehntelangen Arbeit auf der Beobachtungsstation am Kraterrand des Kilauea viele neue Erkenntnisse für die Vulkanologie zusammen. Die einzige Möglichkeit einen Vulkan zu erforschen, sei mit ihm zu leben, hatte Jaggar schon anlässlich der Einweihung des Observatoriums im Jahre 1912 betont.

In Vulkanobservatorien werden alle Veränderungen auf der Erdoberfläche mit empfindlichen Geräten gemessen: Erdbebenhäufigkeit, Temperatur, Gasaustritte, Rauchentwicklung. Ein wichtiges Ziel solcher Forschung ist die Vorhersage von Vulkanausbrüchen. Am 18. Mai 1980 explodierte der Mount St. Helens im Bundesstaat Washington. Sechzig Menschen verloren dabei das Leben, aber die Zahl der Opfer wäre viel grösser gewesen, wäre der Vulkan nicht überwacht worden.

Der Vulkanismus in der kalifornischen Cascade Range mit dem Mount Rainer, Mount St. Helens und Lassen Peak ist mit dem Vulkanismus auf Hawaii nicht direkt vergleichbar. An der amerikanischen Nordwestküste prallen zwei Erdkrustenplatten aufeinander. Dabei wird die amerikanische Platte angehoben, zerbrochen und teilweise gefaltet. Junge Gebirge entstehen. Die pazifische Platte taucht tief in den Erdmantel ab. Unter Mitwirkung von Wasser entsteht dabei eine explosive Magma-Mischung. Deshalb sind die Vulkanausbrüche in den Cascades viel heftiger als über dem *hot spot* von Hawaii. Nach hundertdreiundzwanzig Jahren der Ruhe wurde am Mount St. Helens innerhalb von neun Stunden die Energie von siebenundzwanzigtausend Hiroshima-Atombomben freigesetzt.

Schon zwei Monate vor dem Ausbruch begannen sich die Vorzeichen zu häufen: Es kam immer wieder zu kleinen Erdbeben, die Flanken des Vulkankegels hatten sich aufgebläht. An einem sonnigen Sonntagmorgen führt ein weiteres Beben zu einem gigantischen Bergsturz. Dieser legt das unter Druck stehende Magma frei – es kommt zur Explosion und zur Eruption von pulverisierter Lava. Sechshundert Quadratkilometer Umland werden vollkommen verwüstet. Die Druckwelle knickt die Nadelbäume wie Zahnsto-

Big Island, Hawaii. Kaum ist die Lava erstarrt, breitet sich im fruchtbaren Gestein neues Leben aus.

cher. Nach dem Abziehen der pilzförmigen Aschewolke ist die eineinhalbfache Fläche der Schweiz mit Vulkanstaub bedeckt. Der ursprünglich fast dreitausend Meter hohe Vulkanberg hat vierhundert Meter Höhe verloren. Wenige Jahre danach beeindruckt das überall spriessende junge Grün: Die Vegetation nimmt ihren Platz Schritt für Schritt wieder ein. Doch die Spuren der Naturkatastrophe sind in der Landschaft noch deutlich sichtbar.

Vier Millionen Menschen stehen jedes Jahr vor dem Abgrund der grössten Schlucht der Welt, dem Grand Canyon in Arizona. Zwar tragen die Reisenden ihre Canyon-Bilder aus der Schulzeit, aus Büchern und Filmen bereits in ihren Köpfen – beim ersten Blick in die Tiefe stockt ihnen trotzdem der Atem. «Die Szenerie ist so unheimlich und einsam und in ihrer Neuartigkeit so unfassbar, dass man das Gefühl hat, niemand könne sie je zuvor erblickt haben», schrieb der Canyon-Forscher Frederick S. Dellenbaugh 1871 in sein Tagebuch.

Die Mehrzahl der Touristen geniesst die Aussicht vom Colorado-Plateau und reist bald weiter. Doch immer mehr Besucher wollen es genauer wissen und wagen den Abstieg durch zwei Milliarden Jahre Erdgeschichte. Der Spaziergang entpuppt sich als harter Konditionstest, vor allem für diejenigen, die Ab- und Aufstieg in einem Tag schaffen wollen. Im Sommer steigt die Temperatur auf dem Grund des Canyons bis auf fünfzig Grad Celsius. Deshalb empfiehlt es sich, trotz der kalten Nächte auf dem Plateau schon vor Sonnenaufgang aufzubrechen. Der Weg schlängelt sich zuerst steil durch die zweihundertfünfzig Millionen Jahre alten Schichten des Kaibab-Kalksteins und des Cococino-Sandsteins hinunter. Wenn die Sonne über dem Rand des Canyons aufgeht, leuchten die flach übereinander liegenden Gesteinsschichten Rot, Gelbbraun, Grün und bläulich auf. Die Farbtöne entstehen durch unterschiedliche Arten und unterschiedlichen Gehalt von Eisenoxid. Noch deutlicher lassen sich die einzelnen Gesteinspakete durch die Hangneigung auseinander halten: Harter Kalkstein bildet Steilhänge und Klippen, dazwischen liegen Schrägen und Simse aus weicheren, tonhaltigen Gesteinen. Beim Bau des beliebtesten Pfades, des Bright Angel Trails, wurde eine senkrechte Bruchlinie, die durch das ganze Plateau verläuft, raffiniert ausgenutzt: Immer wenn eine steile Kalksteinklippe ansteht, quert der Weg diesen Bruch.

In neunhundert Metern Tiefe durchqueren die Wanderer die markante Stufe des Redwall-Kalksteins und sind in der Erdgeschichte jetzt dreihundertdreissig Millionen Jahre abgestiegen. Die durchwanderten Gesteinsschichten sind in Meeren, Wüsten und Überflutungsgebieten von Flüssen abgelagert worden. Der Ursprungsort dieser Sedimente wiederum ist kaum noch zu rekonstruieren: Gebirge, die heute abgetragen sind, Vulkane. Tausendvierhundert Meter unterhalb des Ausgangspunkts der Wanderung sind die Gesteine plötzlich nicht mehr horizontal geschichtet. Mit den Graniten und Schiefern auf dem Grund des Canyons ist die Urzeit der Erde erreicht. Im Sommer sind die Wanderer froh, wenn sie sich nach dem langen Abstieg im kühlen Colorado River erfrischen können.

Wie kann sich ein Fluss überhaupt so tief in die Landschaft einfressen? Der Fluss war vor dem Berg da, lautet die Antwort. Erst in der erdgeschichtlichen Neuzeit, seit etwa zwölf Millionen Jahren, beginnen sich die viel früher abgelagerten Gesteinsschichten des Colorado-Plateaus anzuheben. Doch nie so schnell, dass sie den Lauf des Colorado River beeinflussen könnten. Wie eine Kreissäge räumt der Fluss alles Material weg, das sich ihm in den Weg stellt. Die wichtigste Kraft ist die des fliessenden Wassers. Es wirken mit: die Schwerkraft, der Wind, die Sprengkraft von Pflanzenwurzeln und die extremen Temperaturschwankungen. Wasser gefriert in kleinen Ritzen und Spalten, dehnt sich dabei aus, Steinchen splittern ab und fallen in die Tiefe. Die Erosionsfabrik arbeitet langsam und wenig spektakulär – kein Vergleich mit der dramatischen Bergproduktion auf Hawaii. Das Resultat ist trotzdem eindrücklich.

Wasser selbst ist nur Transportmittel, das mitgeführte Geröll wirkt im Untergrund als Fräse. Pro Tag transportiert der Colorado River achtzig-

Rauhe Schönheit: Eine zerklüftete Steilküste im Olympic National Park (Bundesstaat Washington), der neben vielen Sehenswürdigkeiten eine kaum fassbare Zahl an Mini-Inseln aufweist.

Bilder auf den nachfolgenden Panoramaseiten:

Im Canyonlands National Park (Utah) liegt die Plateau-Landschaft «Island in the Sky». Sie befindet sich zwischen dem Colorado und Green River. Der Blick von den Plateau-Rändern hinab in die tiefen Canyons bereitet manchem Besucher Herzklopfen.

Bryce Canyon National Park (Utah). Heisse Sommer und kalte Winter prägen hier das Klima. Der grösste Teil des jährlichen Niederschlags fällt als Schnee. An über zweihundert Tagen im Jahr sinkt die Temperatur nachts unter den Gefrierpunkt. Wasser dringt in den Kalkstein ein, gefriert und meisselt so ganze Galerien von Kalksteintürmen aus dem Gestein heraus.

In der Paria Wilderness (Arizona) haben Wasser und Wind fantastische Formen aus einem versteinerten Dünengebiet herausgeschliffen. Viele der Schluchten liegen so weit unten und sind so eng, dass kaum ein Sonnenstrahl sie je erreicht.

---

tausend Tonnen Material, das entspricht der Kapazität einer Transitroute mit täglich dreitausend Lastwagen zu vierzig Tonnen. Vor dem Bau des Glen Canyon-Staudammes führte der Fluss sechsmal mehr Geröll. Dafür transportiert der Colorado heute grössere Mengen an Schlauchbooten mit abenteuerlustigen Touristen.

Den Tücken der über hundert Stromschnellen des Colorado River stellte sich Major John Wesley Powell bereits im letzten Jahrhundert. Mit einfachen Booten gelang seinem wagemutigen Forscher- und Entdeckerteam die Fahrt durch den Grand Canyon. Am Abend des 14. Augustes 1869 notierte Powell: «Nachdem wir unser Boot leer geschöpft haben, geht es weiter. Die Wände sind jetzt fast zwei Kilometer hoch. Die Schlucht ist unten schwarz und eng, weiter oben schimmert sie Grau und Rot. In dieser grandiosen düsteren Tiefe gleiten wir dahin, stets lauschend, stets beobachtend, stets vorausblickend; denn der Fluss ist so von Felsen eingeschlossen, dass wir nur ein paar hundert Meter weit sehen können und nicht wissen, was hinter der nächsten Biegung auf uns wartet.»

Was geschieht mit einem Sandkorn, das vom Colorado River abtransportiert wird? Es könnte im Lake Mead-Stausee, im flachen Unterlauf des Flusses oder an der Küste des Golfes von Kalifornien liegen bleiben. Nach einigen Jahrmillionen ist es Bestandteil einer neuen Sandsteinschicht, die möglicherweise wieder angehoben und von kräftigen Flüssen durchfressen wird. Sollte das Sandkorn den Weg bis in den Pazifischen Ozean schaffen, legt es sich auf dem Meeresboden nur vorübergehend zur Ruhe. Als Bestandteil einer Erdkrustenplatte taucht es in ferner Zukunft ins Erdinnere ab, wird aufgeschmolzen und wandert weiter in den Magmaströmen des Erdmantels. Vielleicht erreicht das geschmolzene Sandkorn aus Arizona einen vulkanischen *hot spot* und trägt dort als Teil der Lavadecke zum Bau einer neuen Insel bei. In der Landschaftsfabrik Erde wird alles Material irgendwann und irgendwo wieder verwendet.

Harry Spiess

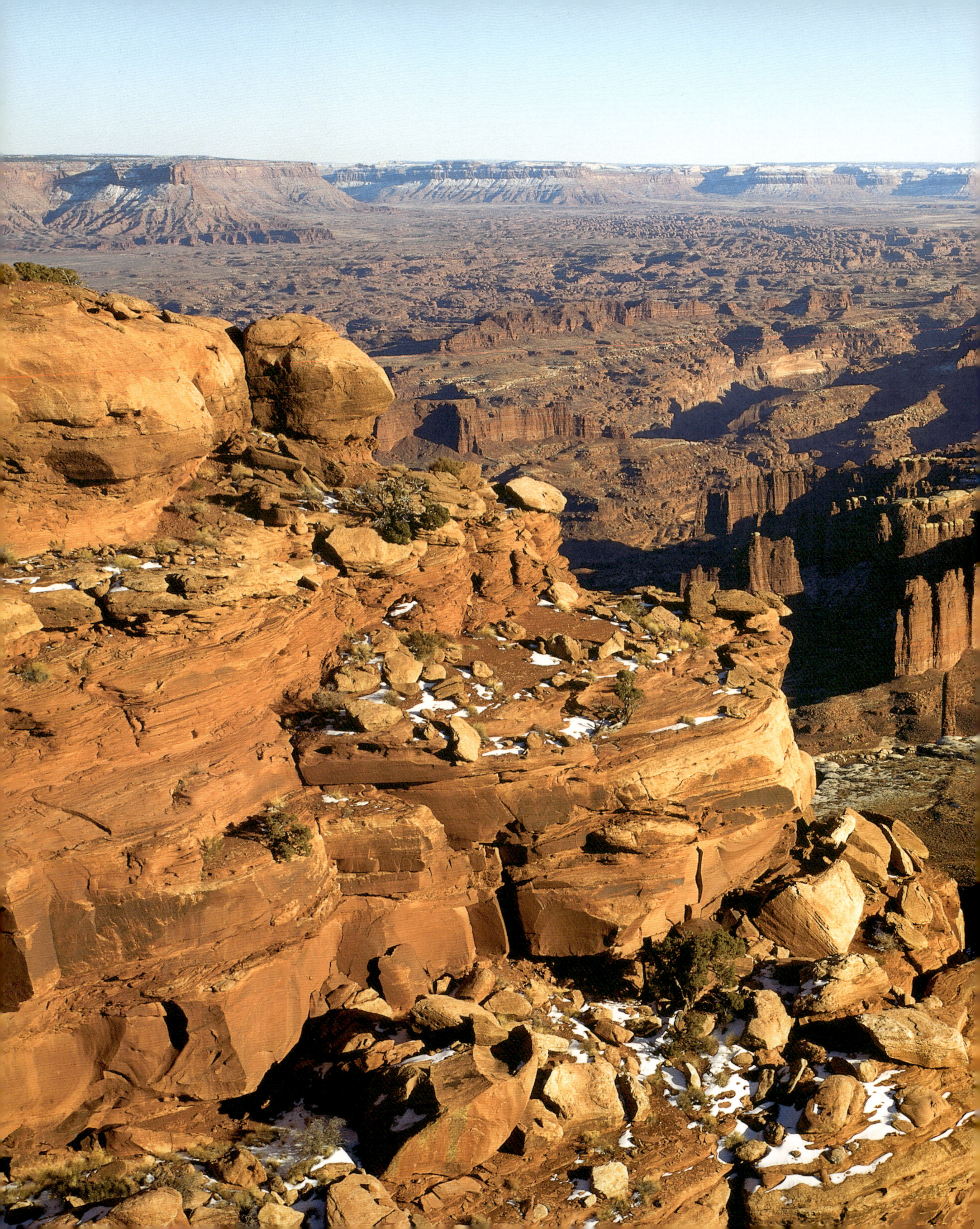

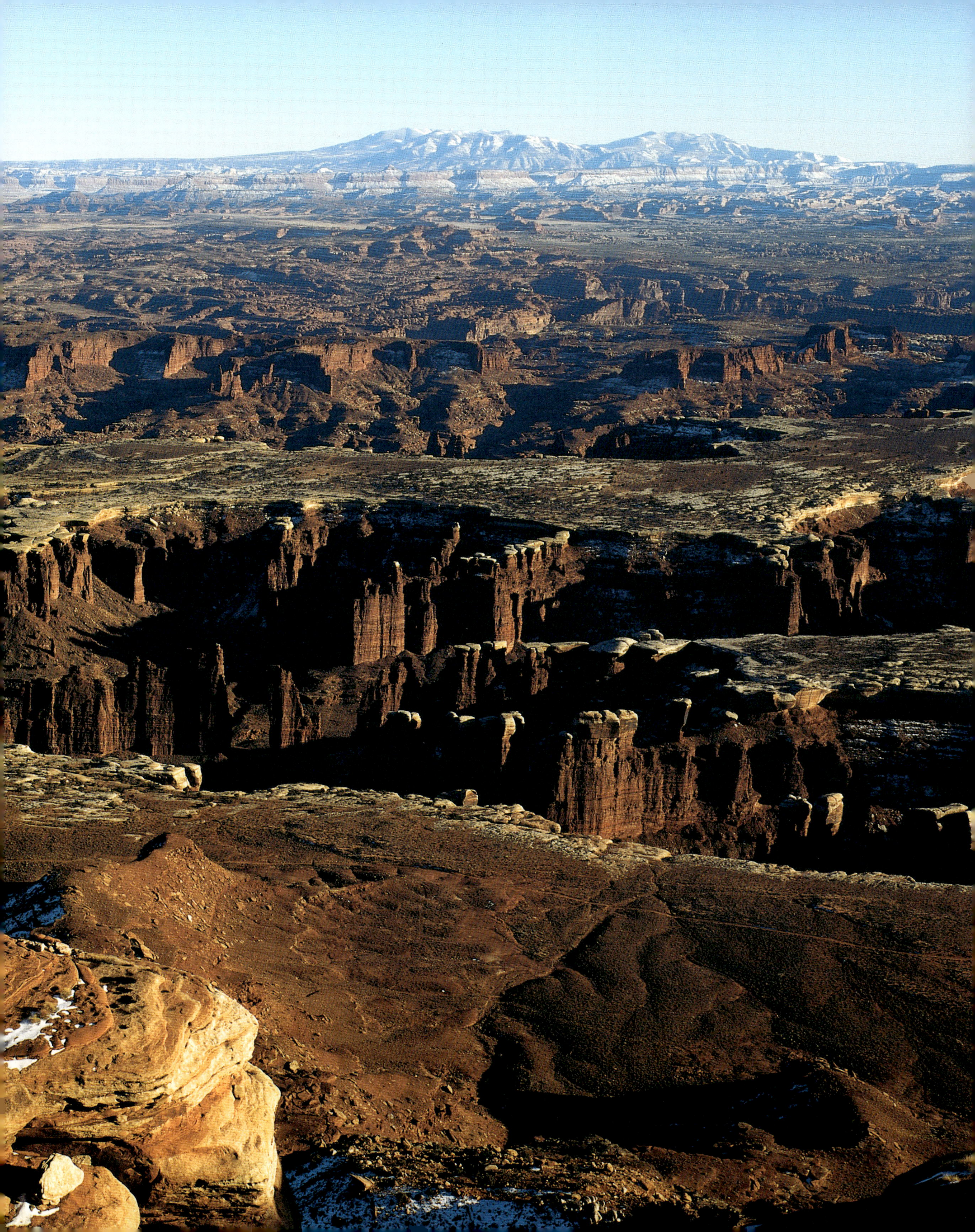

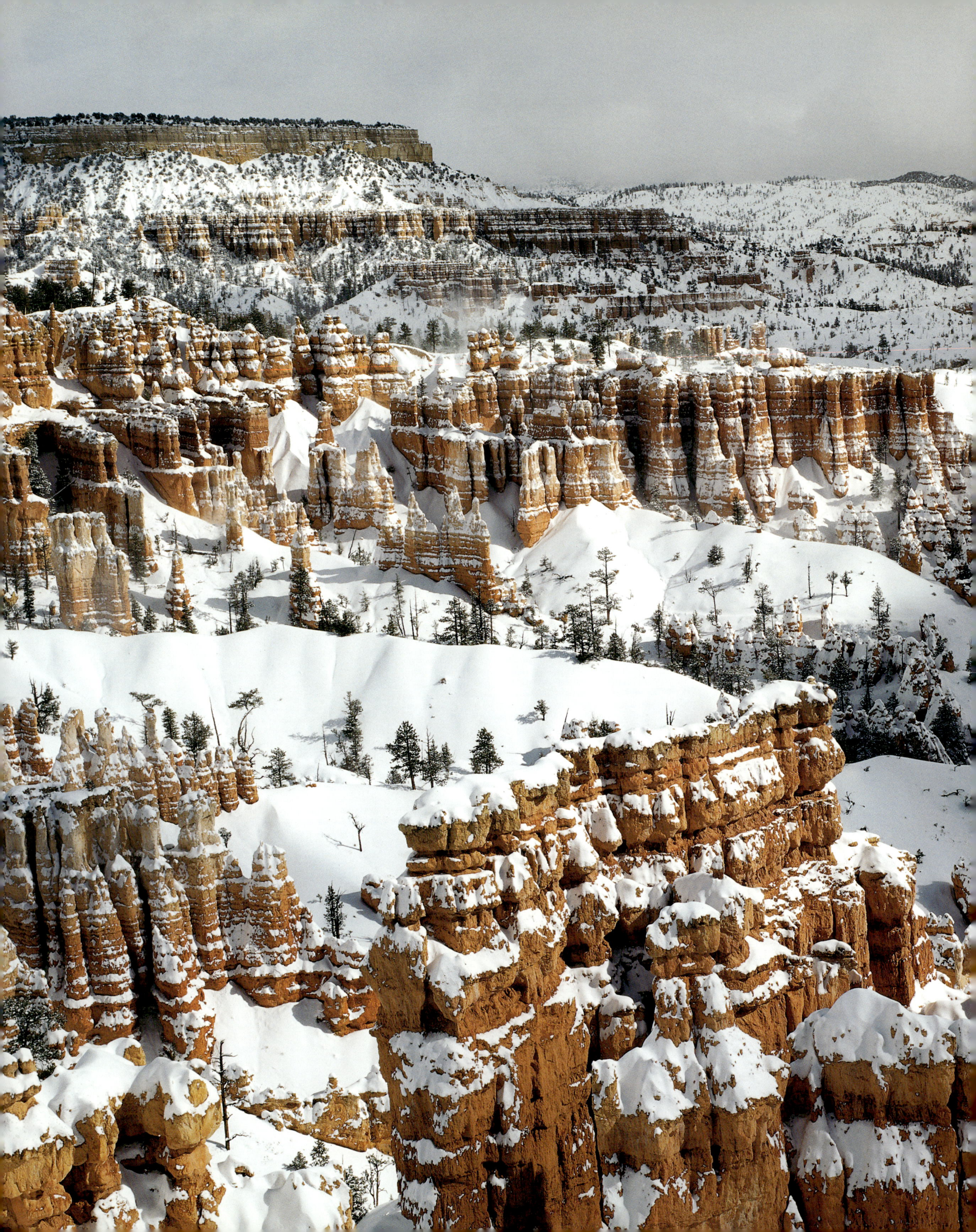

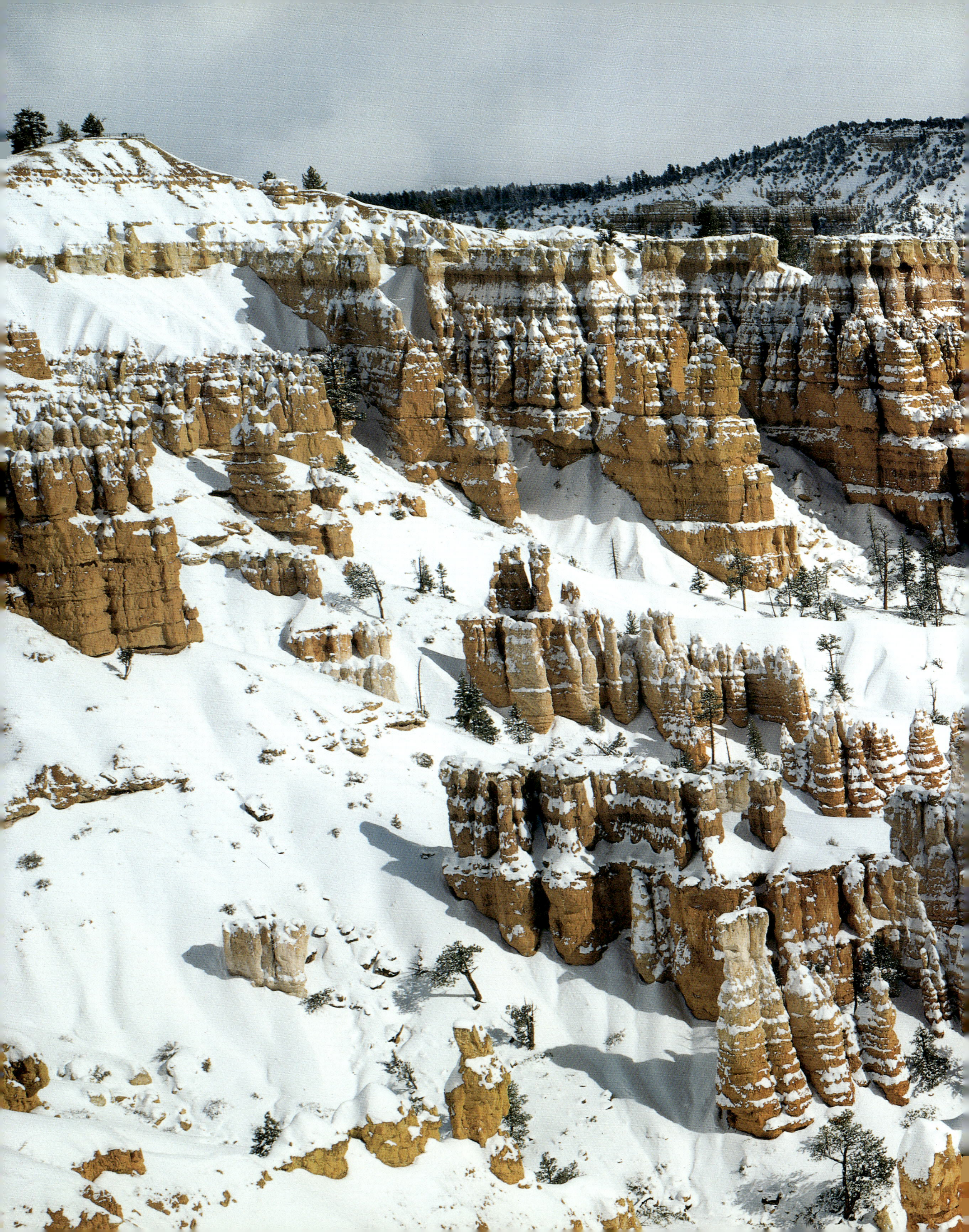

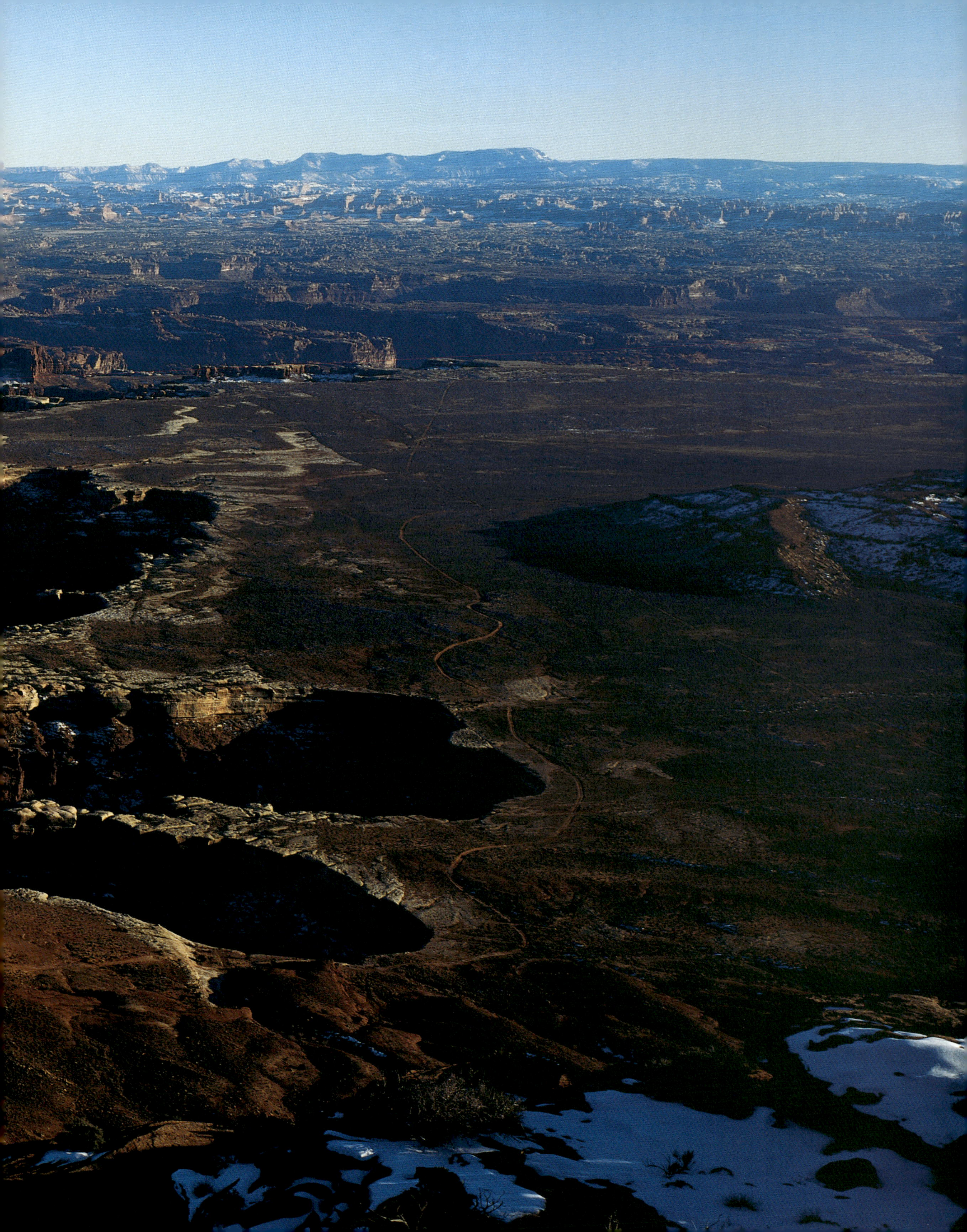

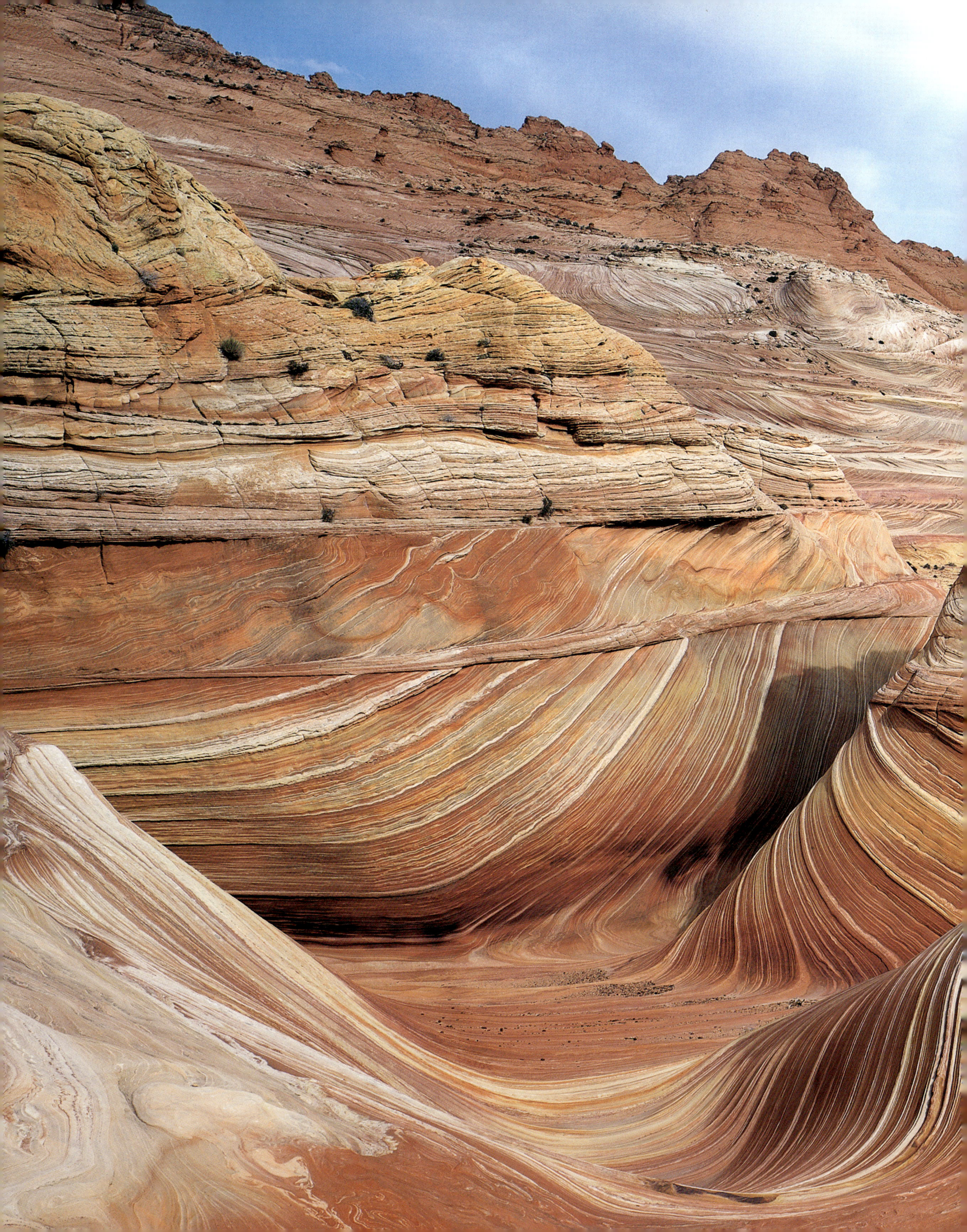

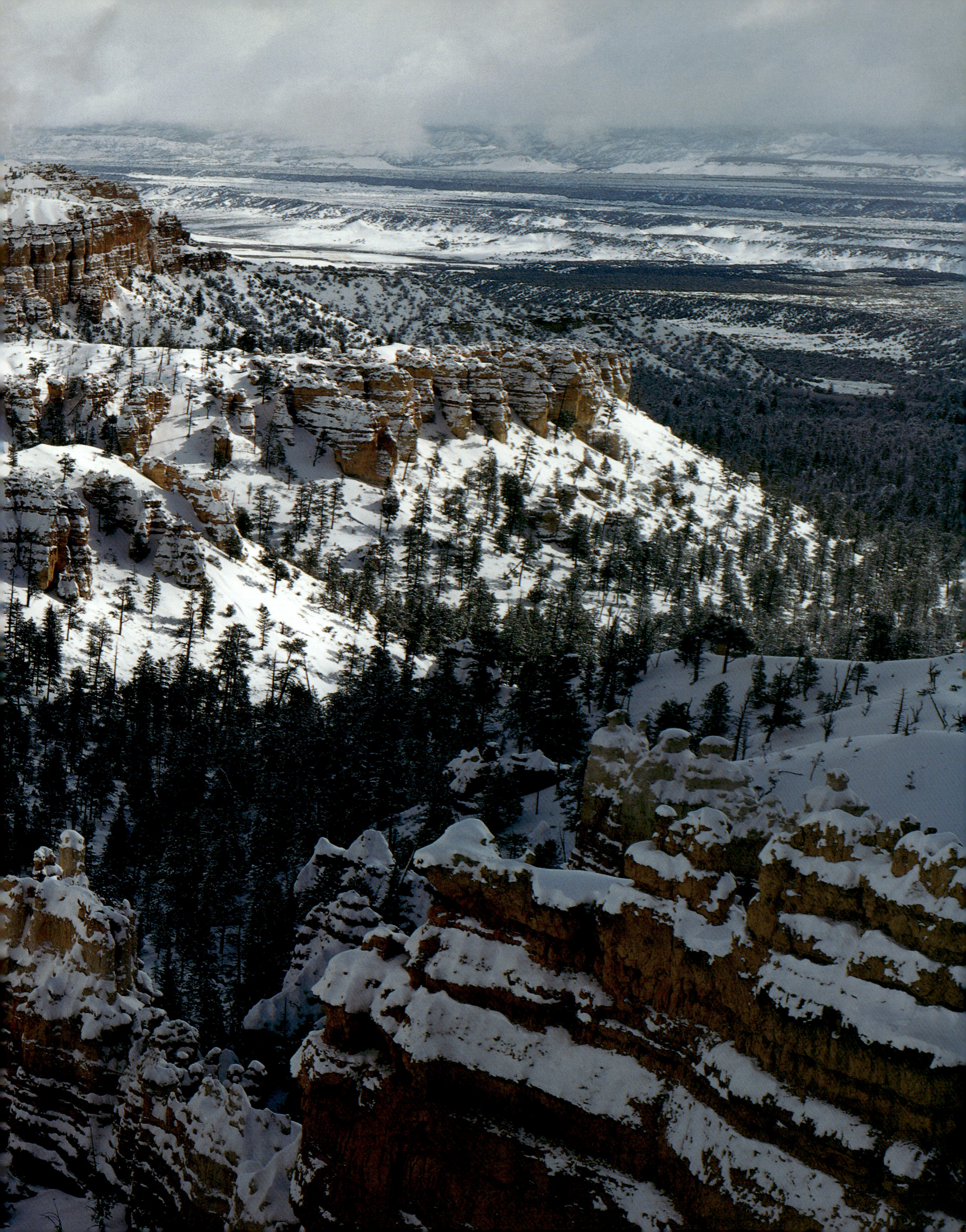

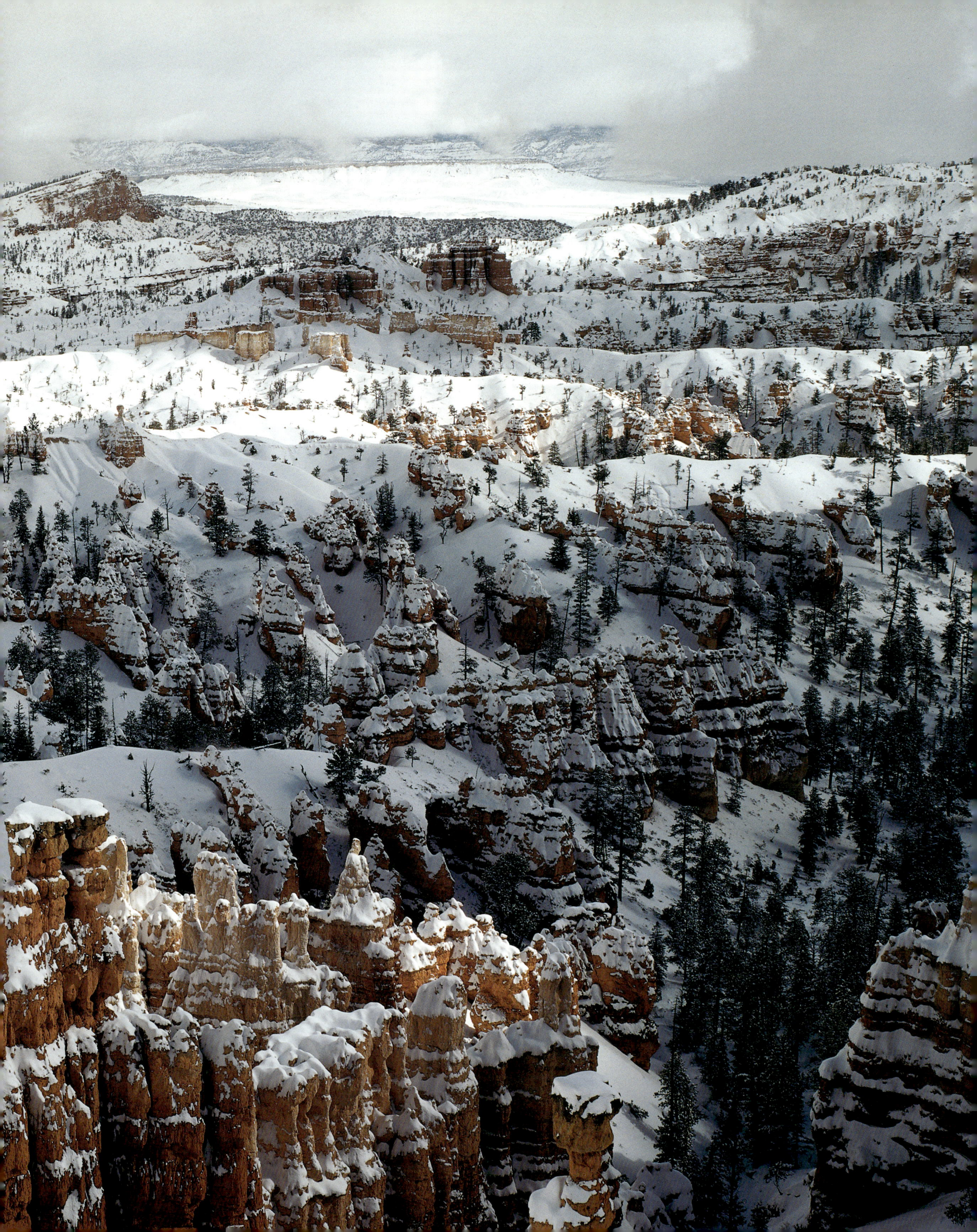

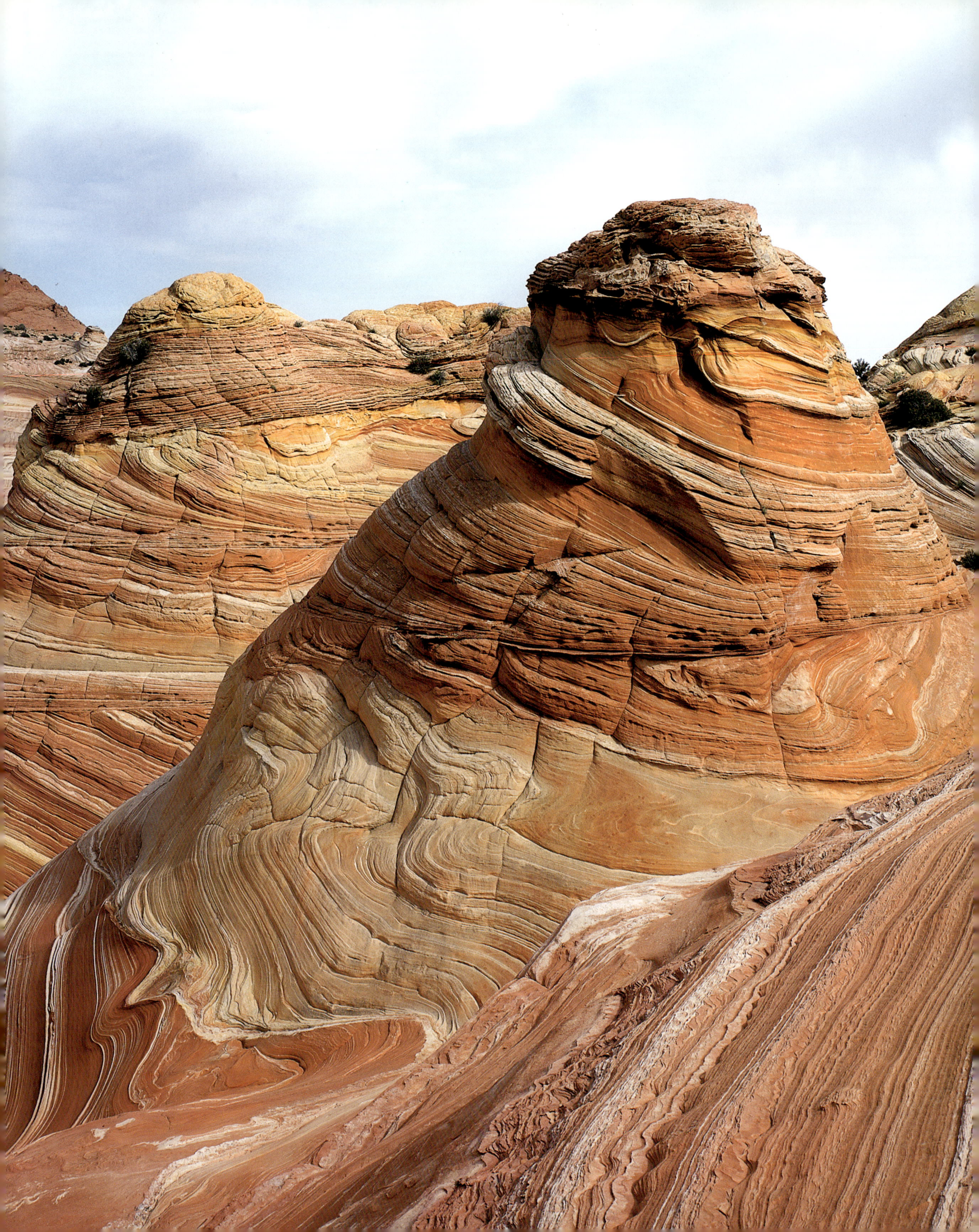

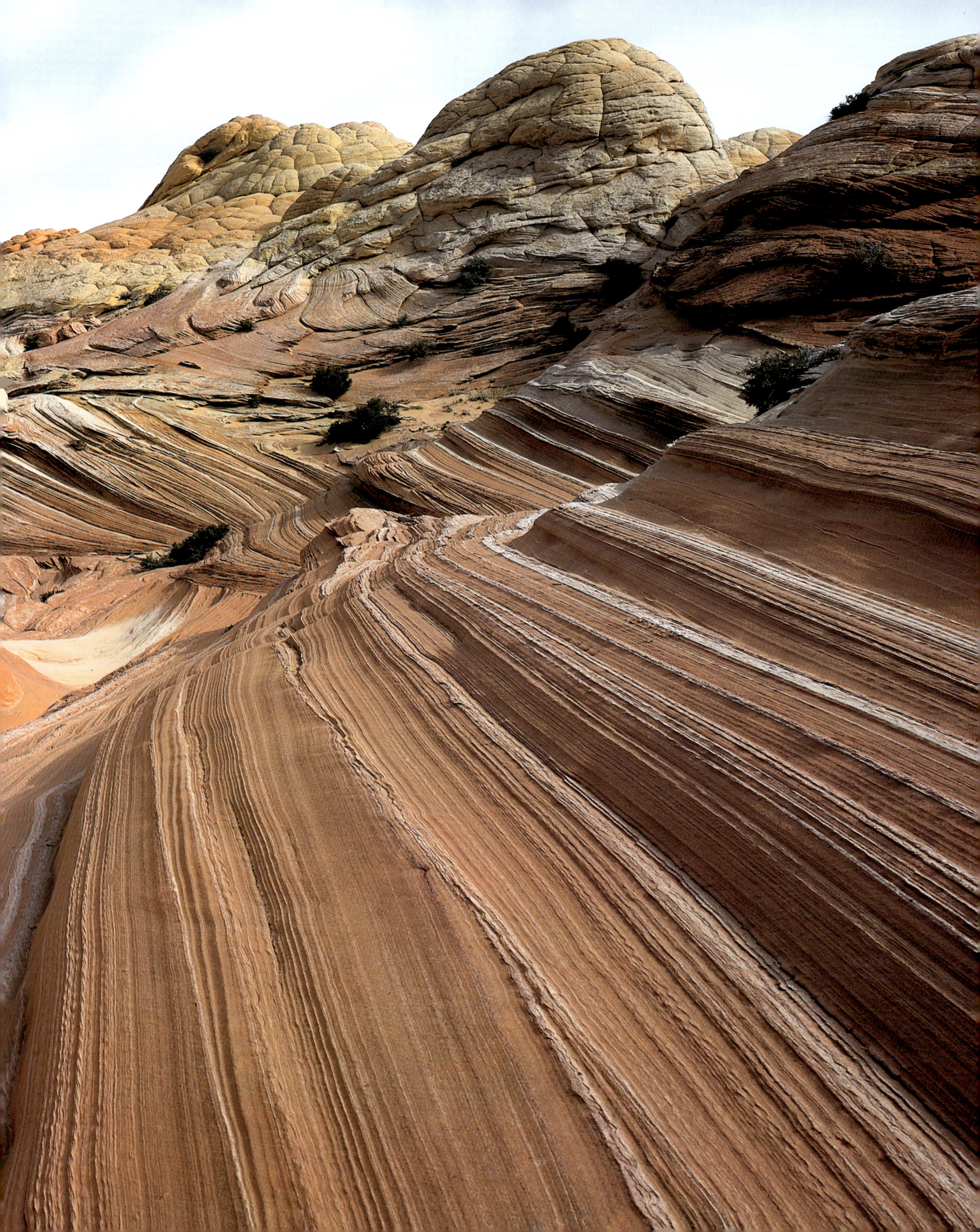

Bild oben:
Winterstürme können im Race Track Valley, zum Death Valley National Monument (California) gehörig, eine solche Heftigkeit entfalten, dass dabei Steine auf dem glitschigen Untergrund in Bewegung geraten. Die Steine, wie von Geisterhand gezogen, hinterlassen Spuren.

Bild Mitte:
Dünen bei Stove Pipe Wells im Death Valley National Monument (California). Der Gebirgszug im Hintergrund versinkt langsam im eigenen Schutt.

Bild unten:
Vom Flugsand zernagtes Gestein auf dem Paria Plateau (Arizona) kann bisweilen gespenstische Formen annehmen.

Bild rechts und folgende Doppelseite:

Wer ins Innere des Antelope Canyon (Navajo Indian Reservation, Arizona) tritt, taucht ein in eine stille, geheimnisvolle Welt. Zieht ein Sommergewitter auf, regnet es kurz, aber meist wolkenbruchartig. Da der humusarme Boden das Wasser nicht zu speichern vermag, verwandeln sich trockene Flussbette innert Minuten in reissende Fluten. Solche «flash-floods» führen Tonnen von Sand mit sich und formen im weichen Navajo-Sandstein enge und tiefe Schluchten, sogenannte «slot canyons» (Schlitz-Canyons).

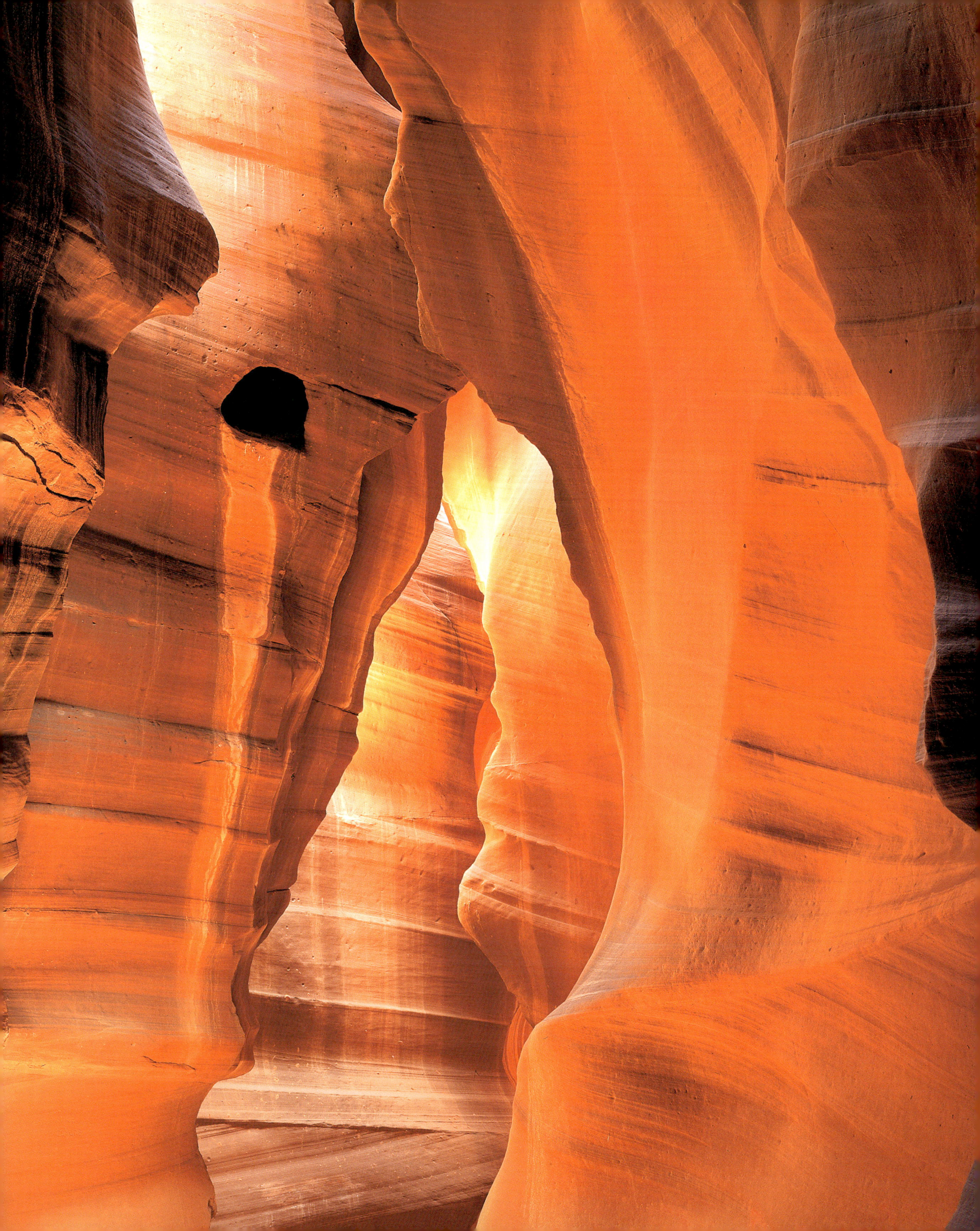

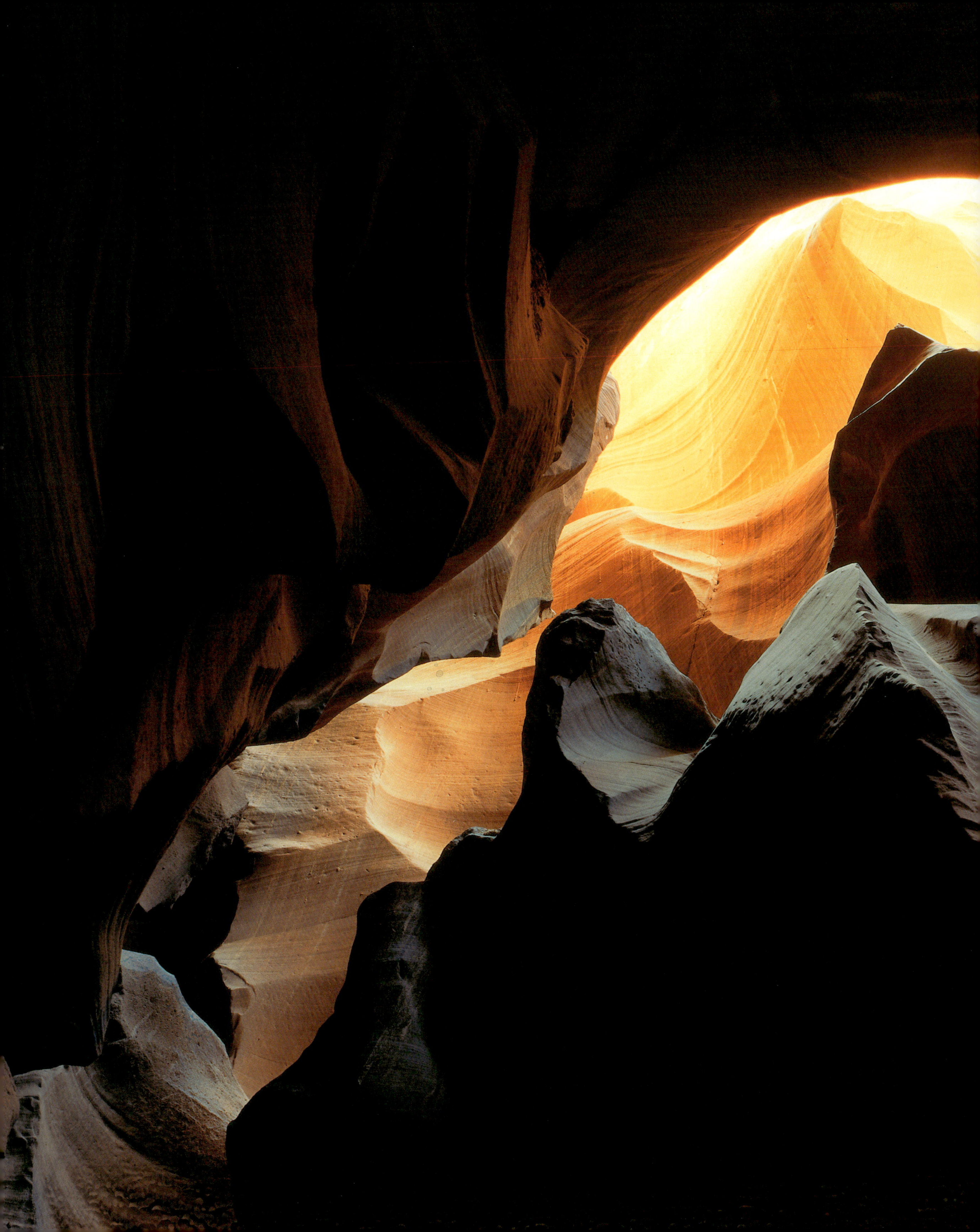

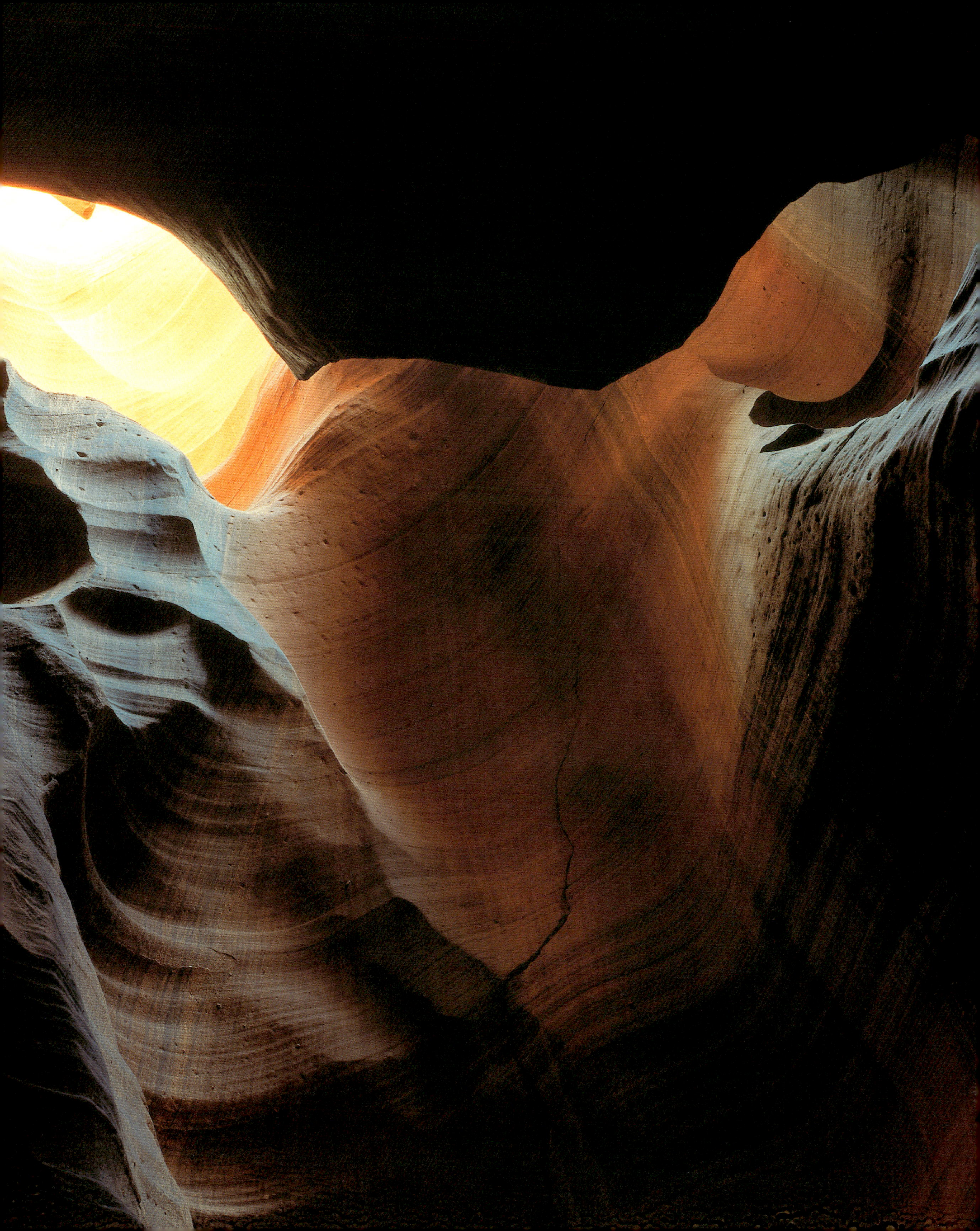

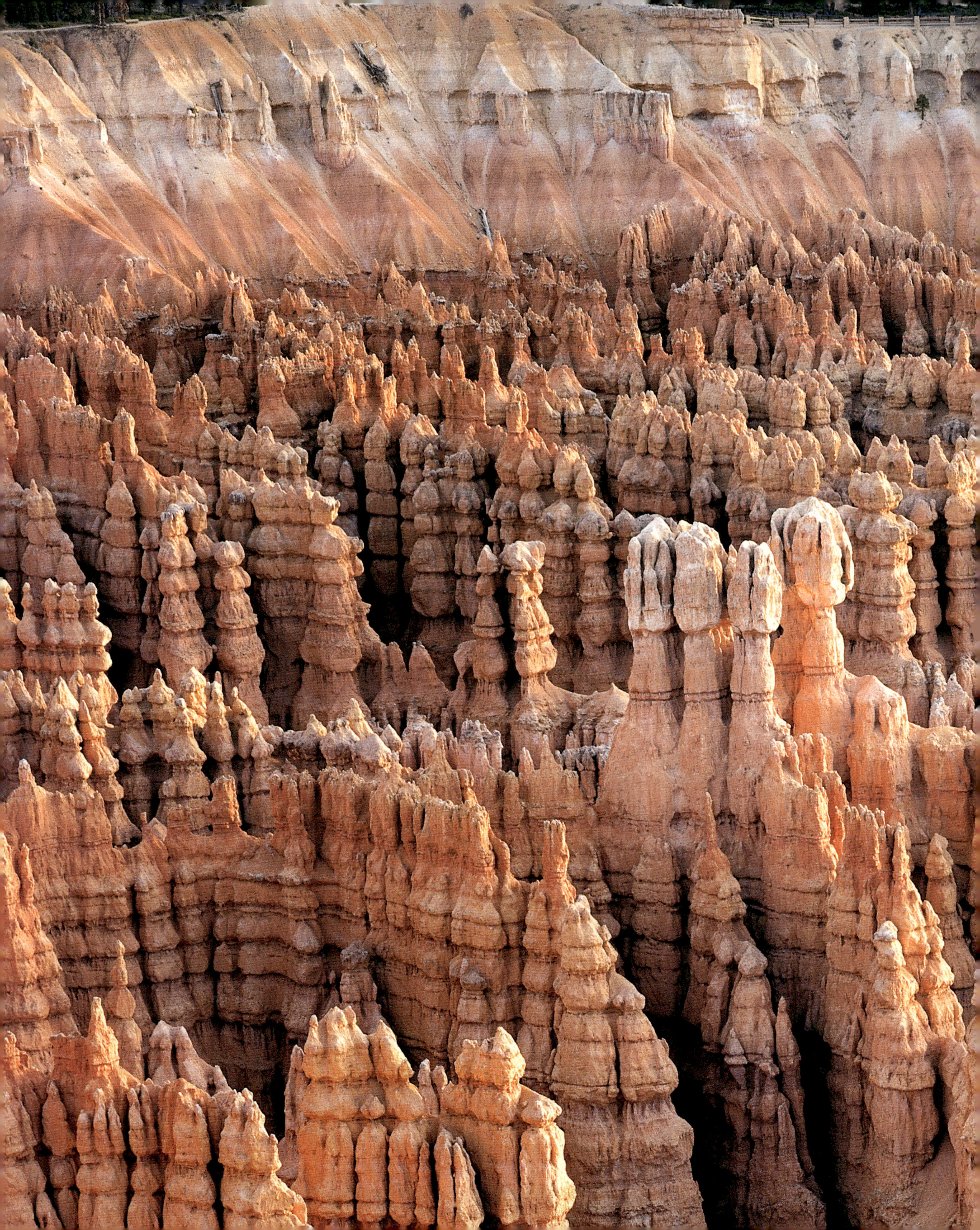

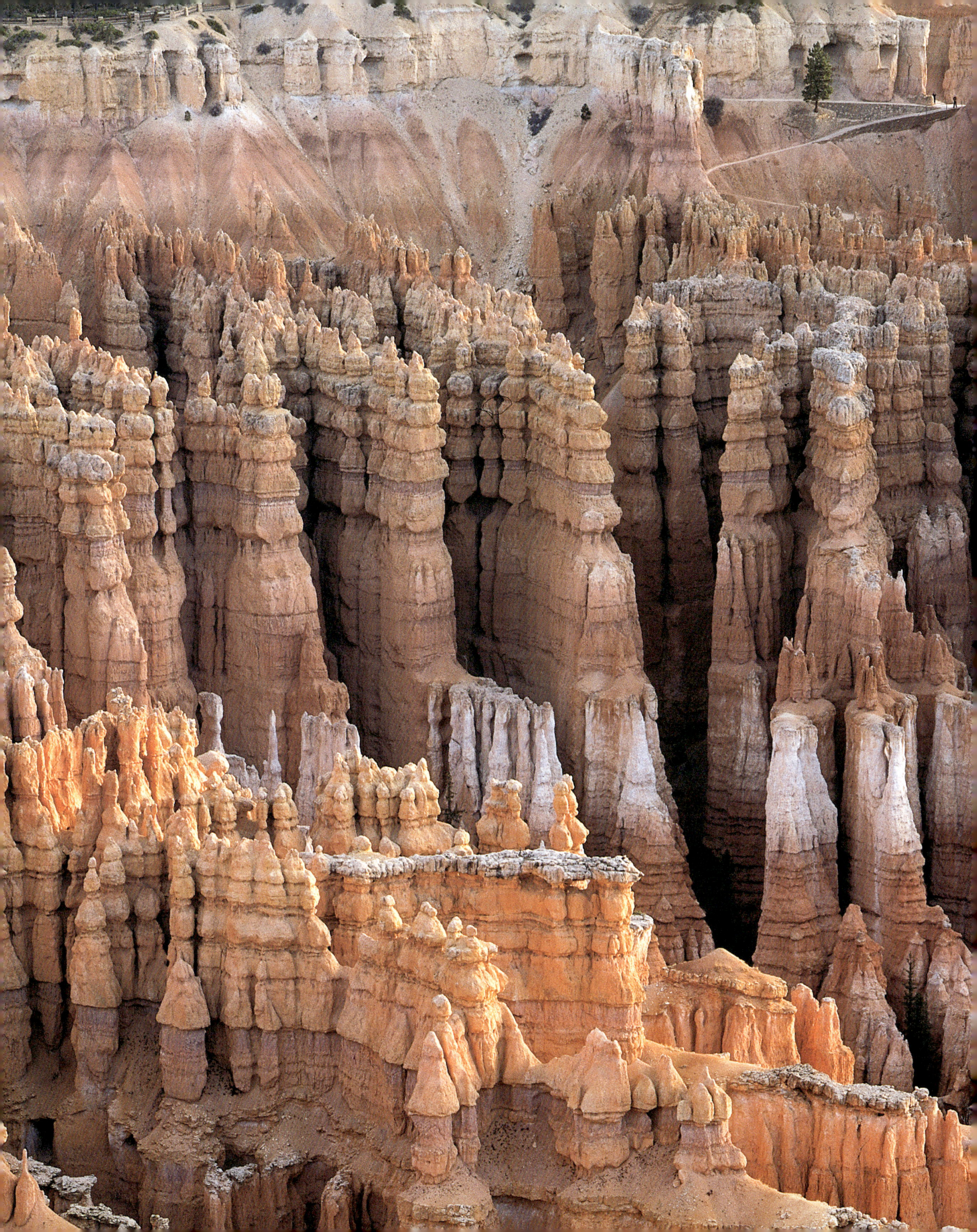

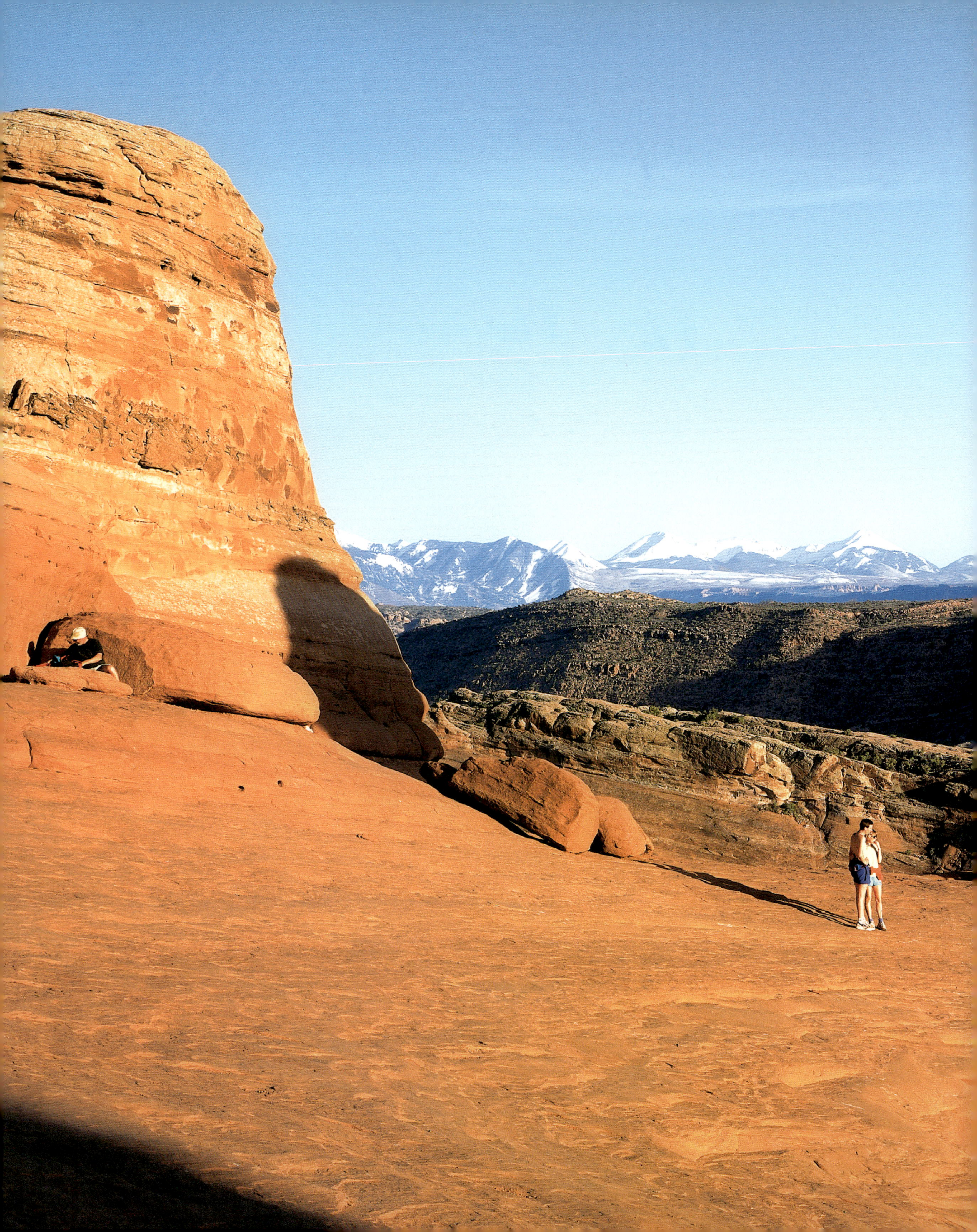

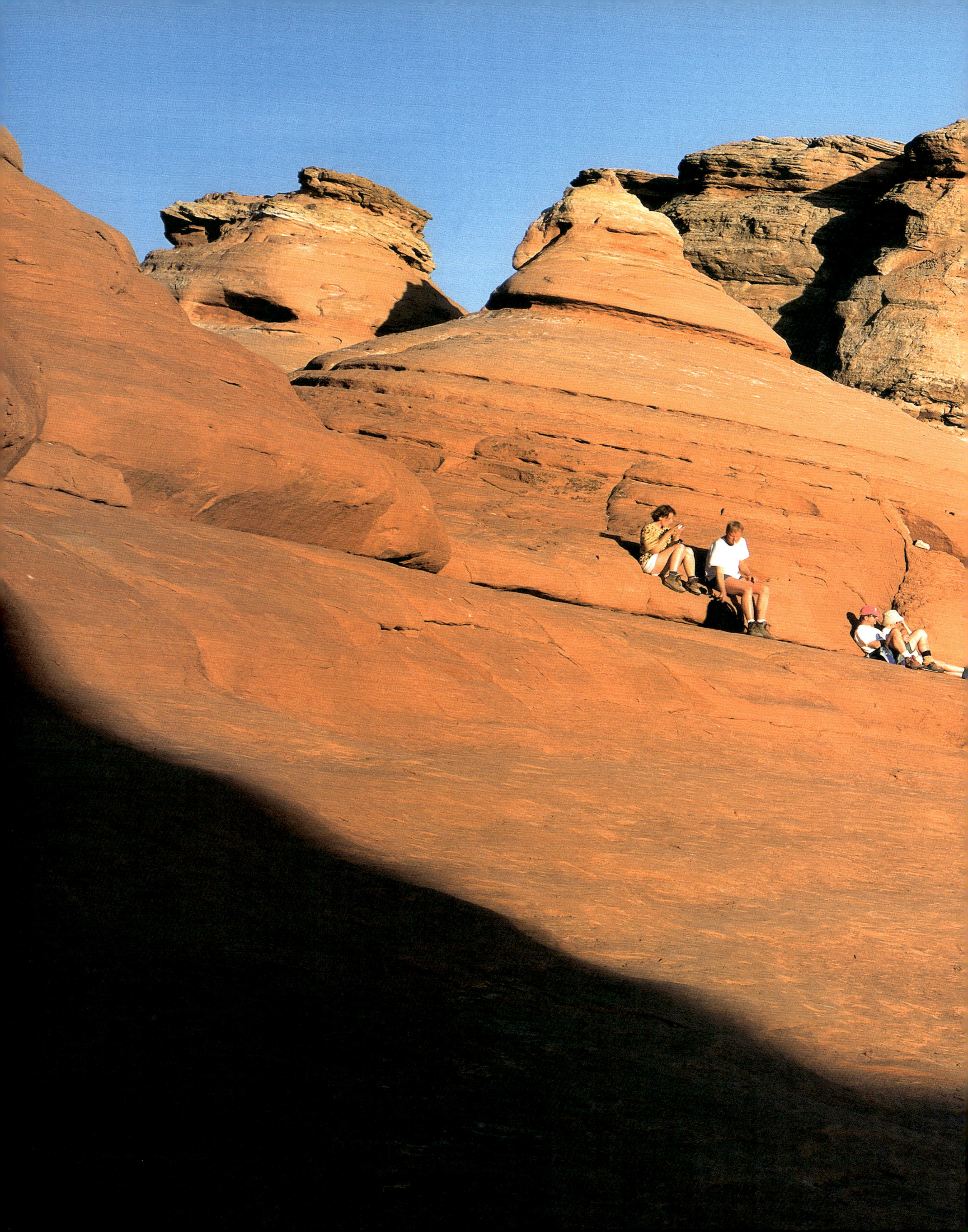

Bild ganz links:
Inspiration Point im Bryce Canyon National Park (Utah) im weichen Licht der aufgehenden Sonne. Der Bryce Canyon ist keine Schlucht, sondern der Abbruch eines Hochplateaus, an dem der Zahn der Zeit unerbittlich nagt.

Bild links:
Toroweap Point im Grand Canyon National Park, North Rim (Arizona), mit dem Colorado River. Bis zum Golf von Kalifornien hat der Fluss noch einige hundert Kilometer zurückzulegen, manchen Canyon zu durchfliessen.

Bilder auf den nachfolgenden Panoramaseiten:

Delicate Arch im Arches National Park (Utah). Dieser Nationalpark gehört zu den populärsten des Südwestens. Besonders beeindruckend sind die Gebilde mit Fenstern und Bögen, durch Regen und Frost aus dem Sandstein herausgewittert.

Je nach Standort bietet der von der Morgensonne beschienene Sandstein den Zuschauern im Arches National Park (Utah) ein wahres Spektakel.

Mammoth Hot Springs, Yellowstone National Park (Wyoming). Am Rande von Geysiren und heissen Quellen lagern sich Mineralien ab, die unter anderem zu Sinter-Terrassen auskristallisieren.

Hautnah am Vulkan: Blick unter die eingebrochene Decke eines noch aktiven Lavastroms des Mauna Kilauea (Hawaii), der sich unterirdisch seinen Weg bahnt.

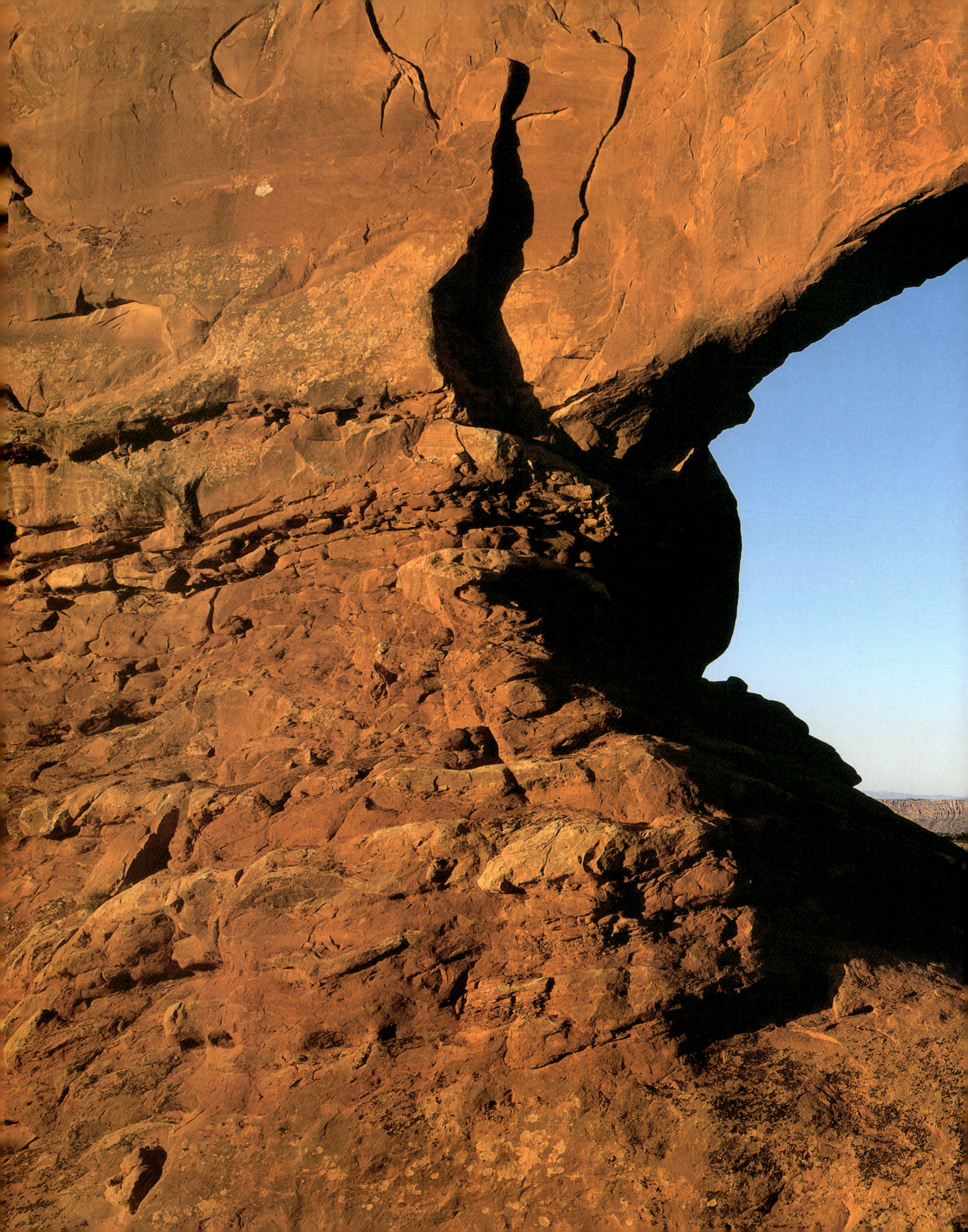

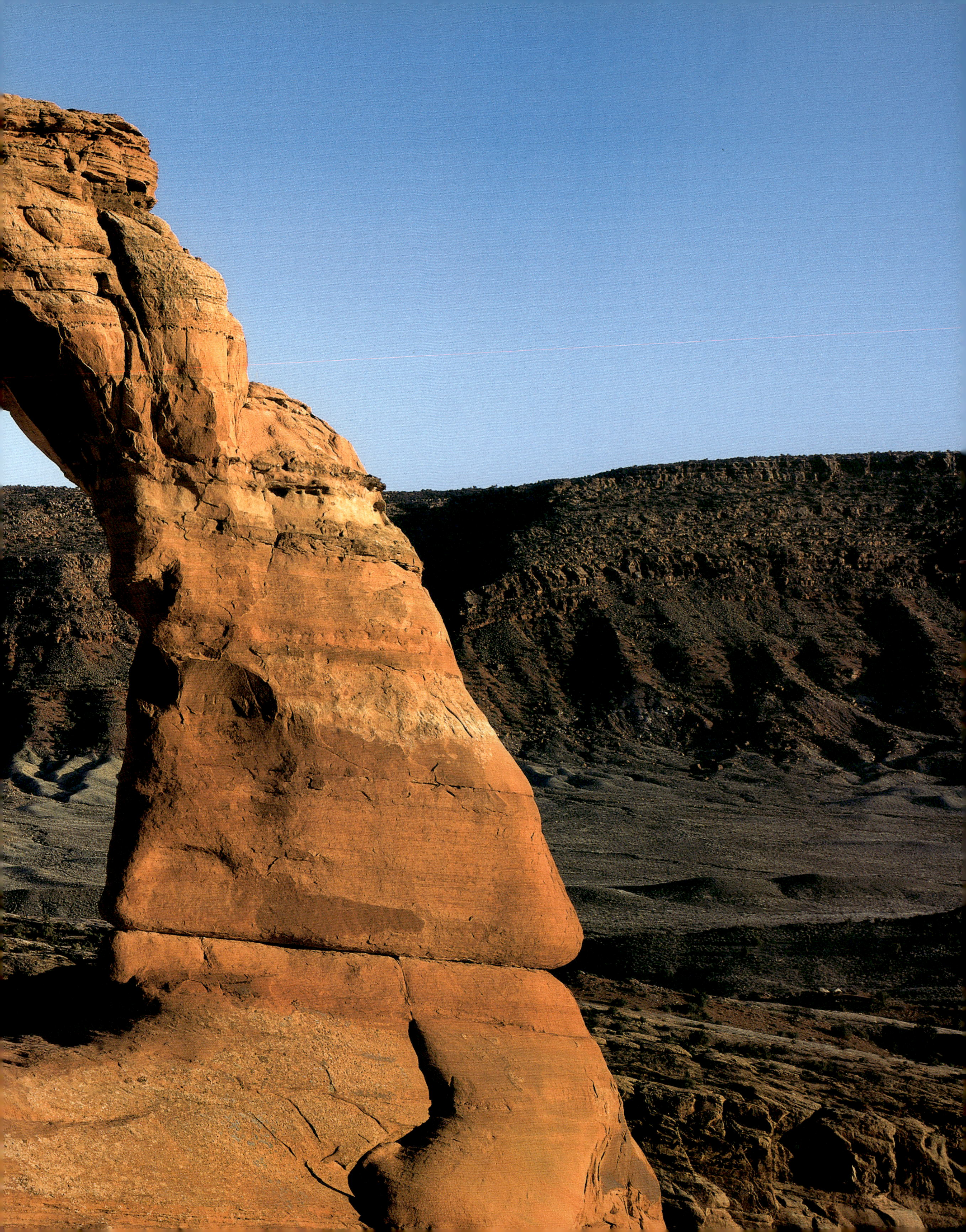

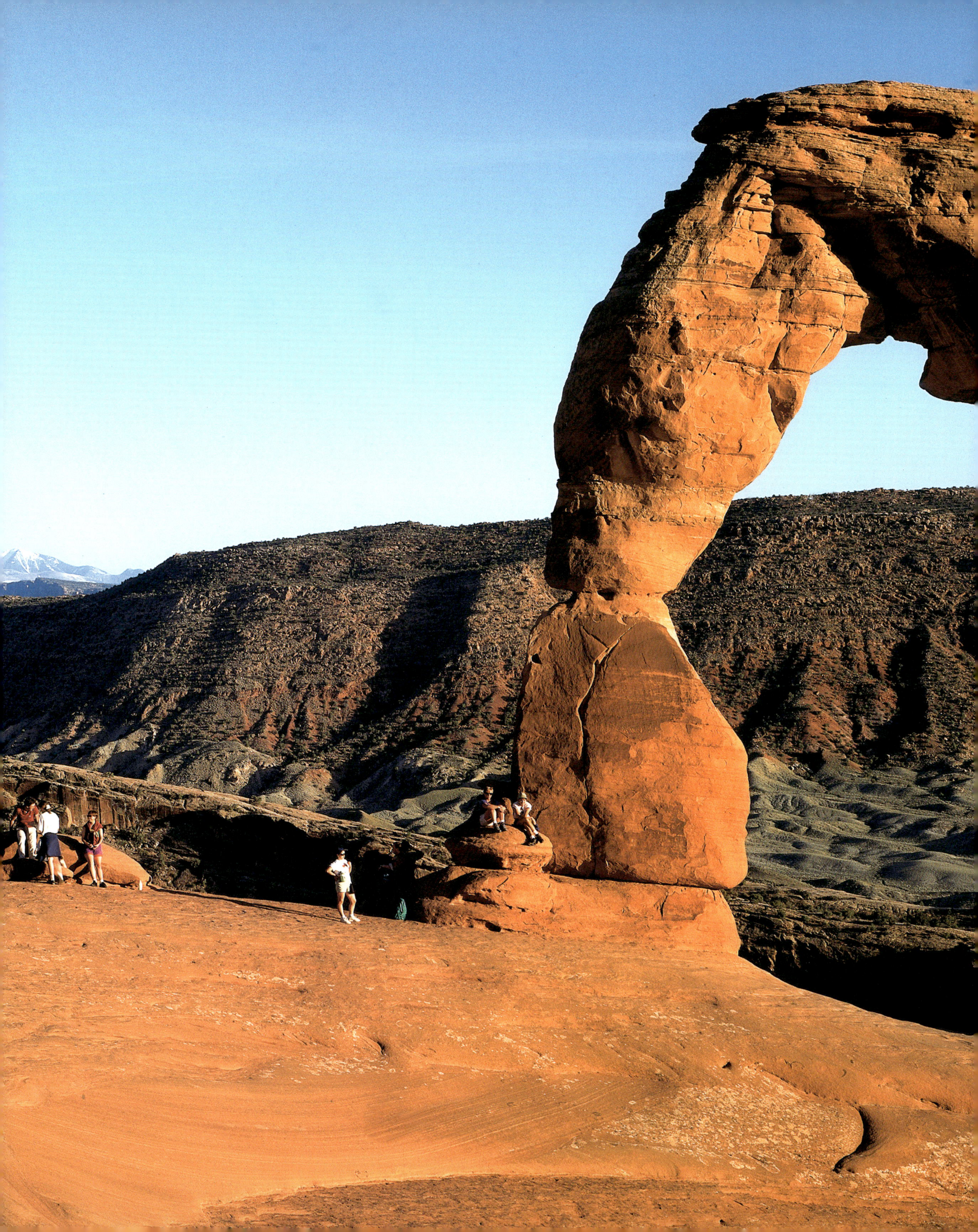

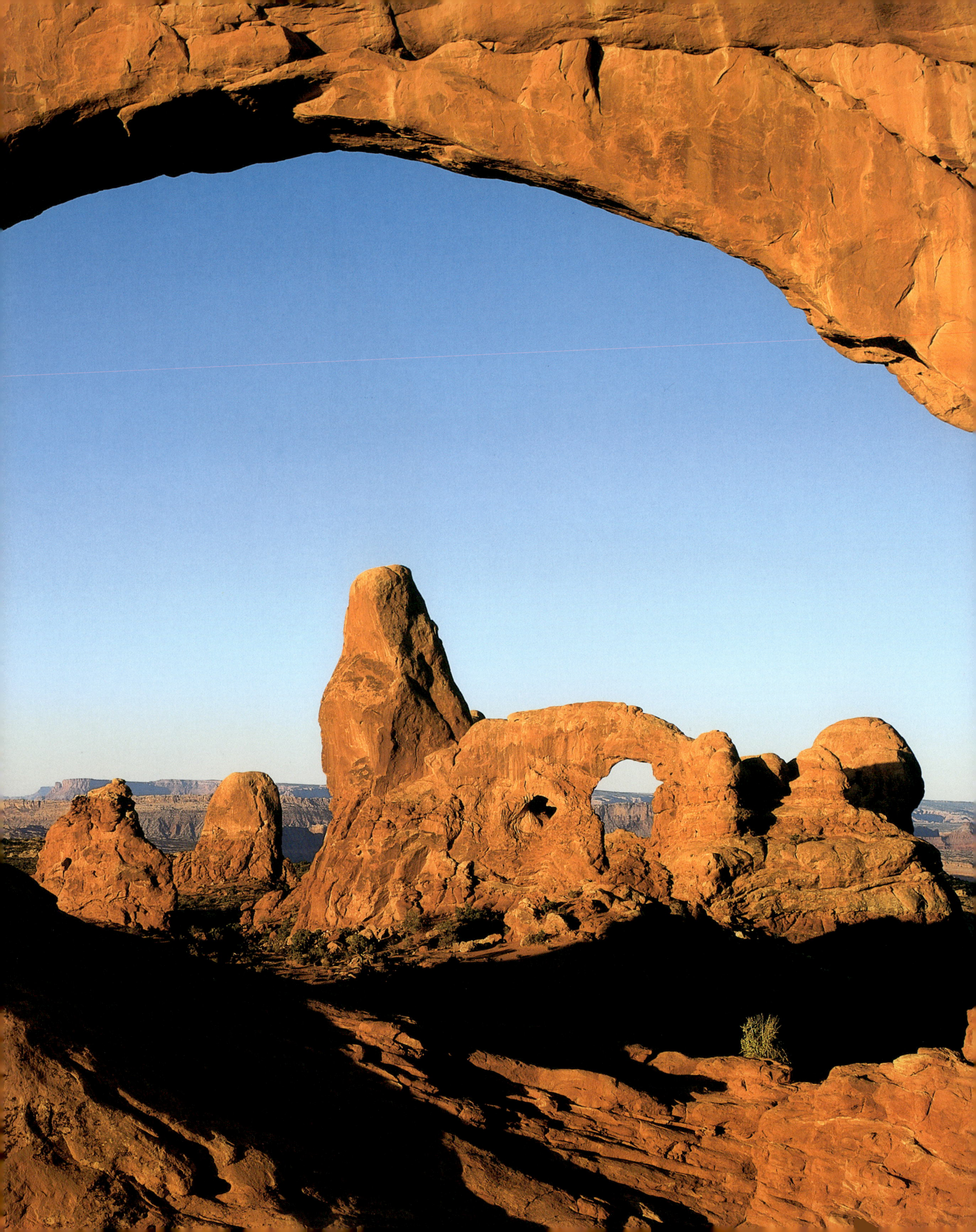

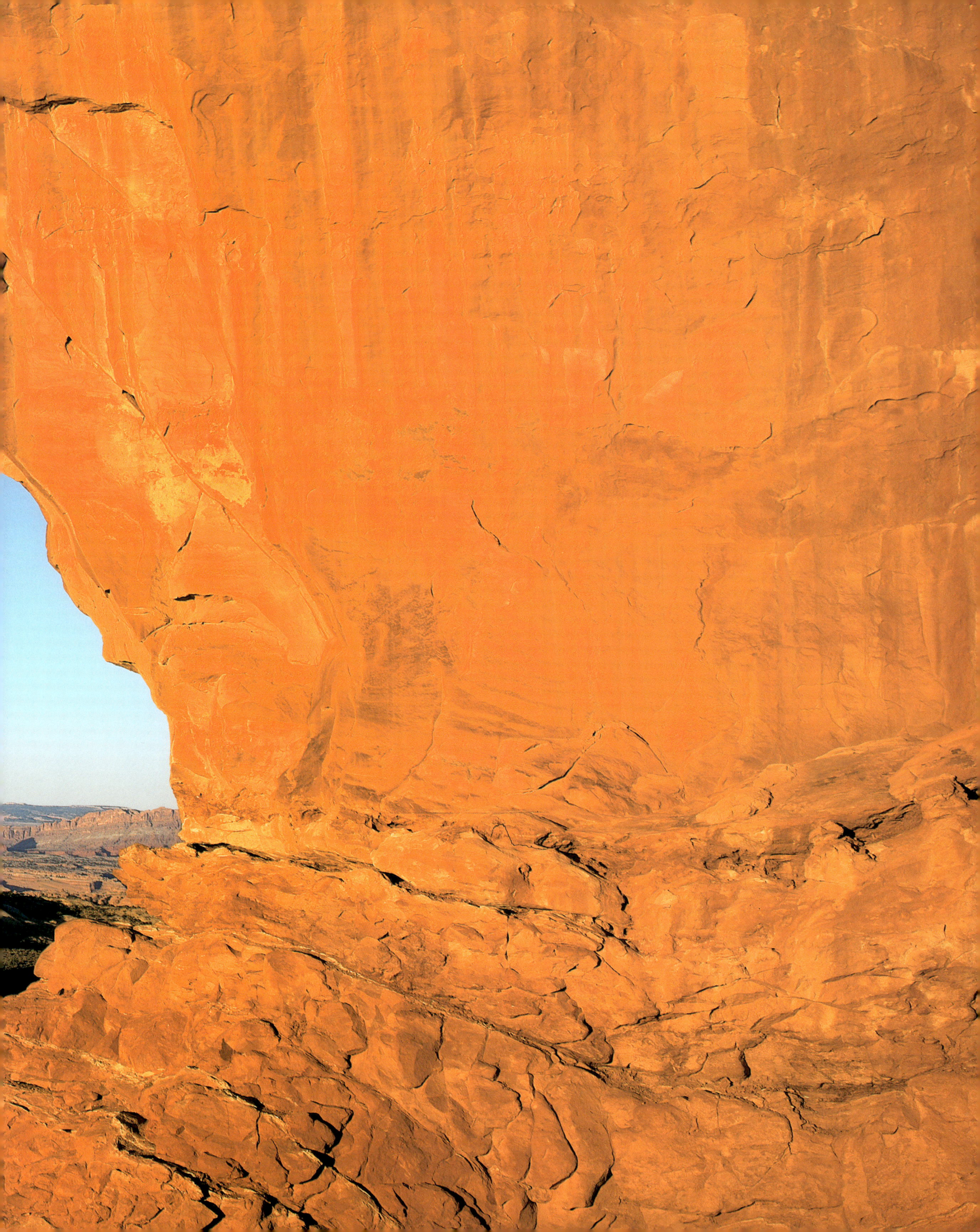

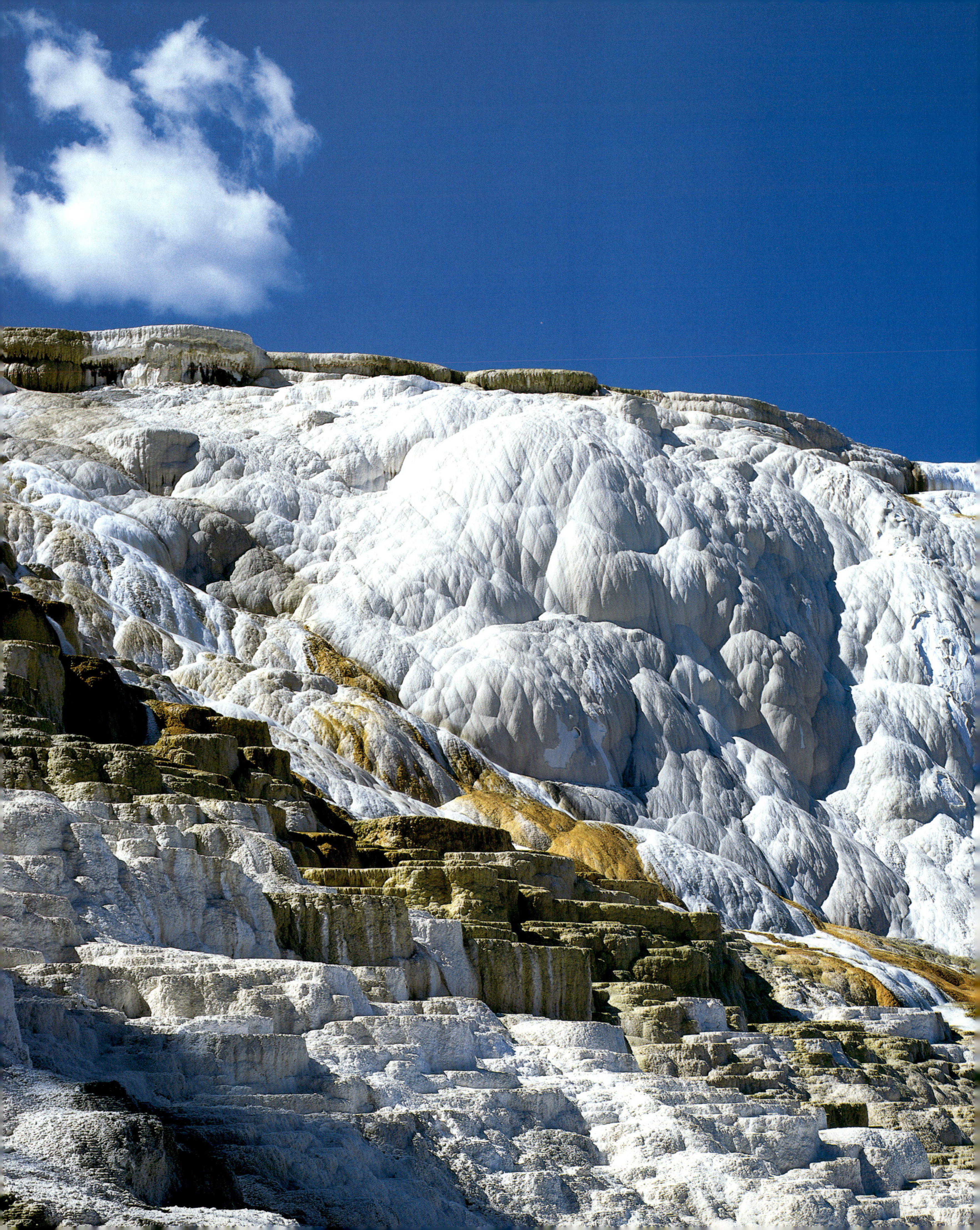

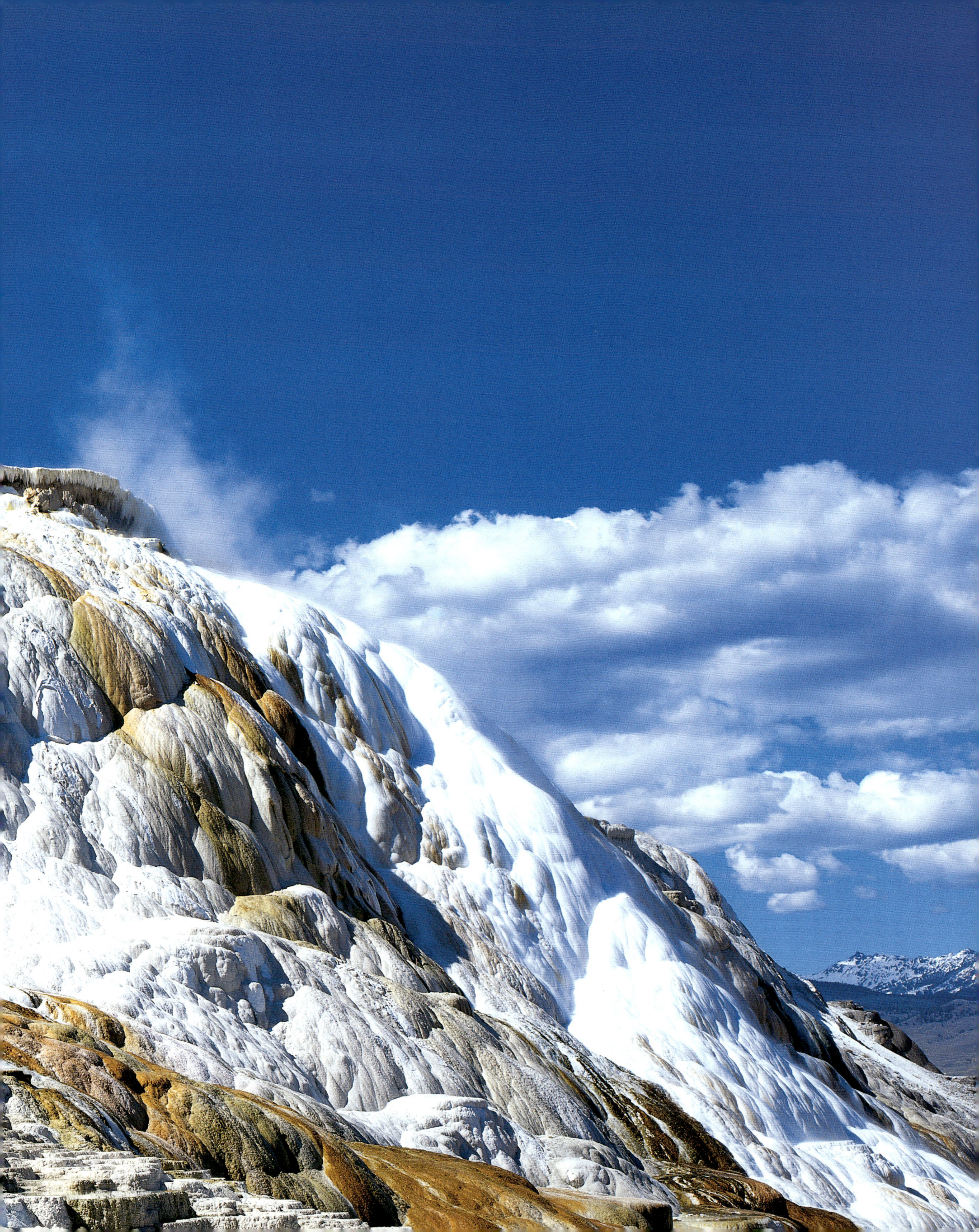

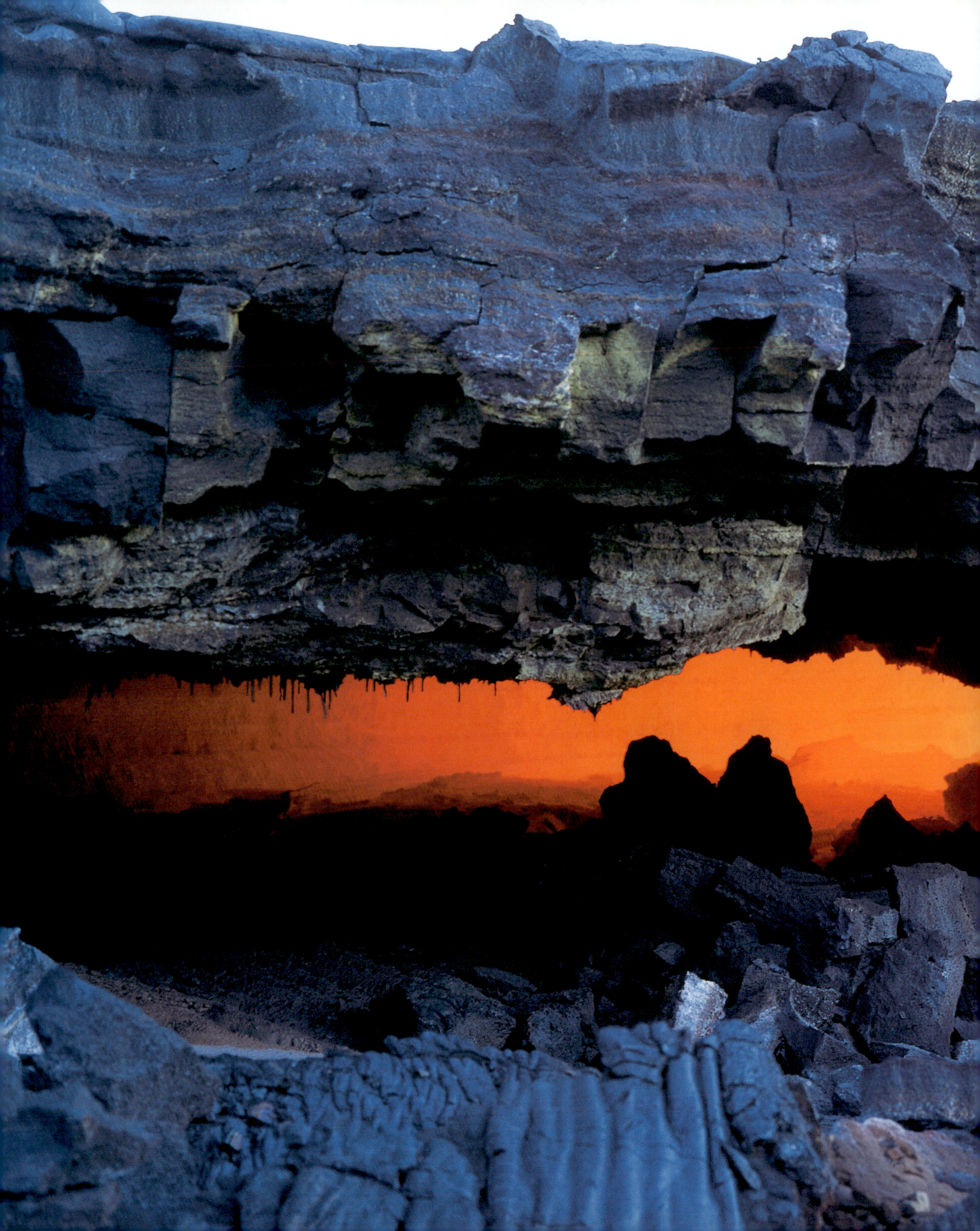

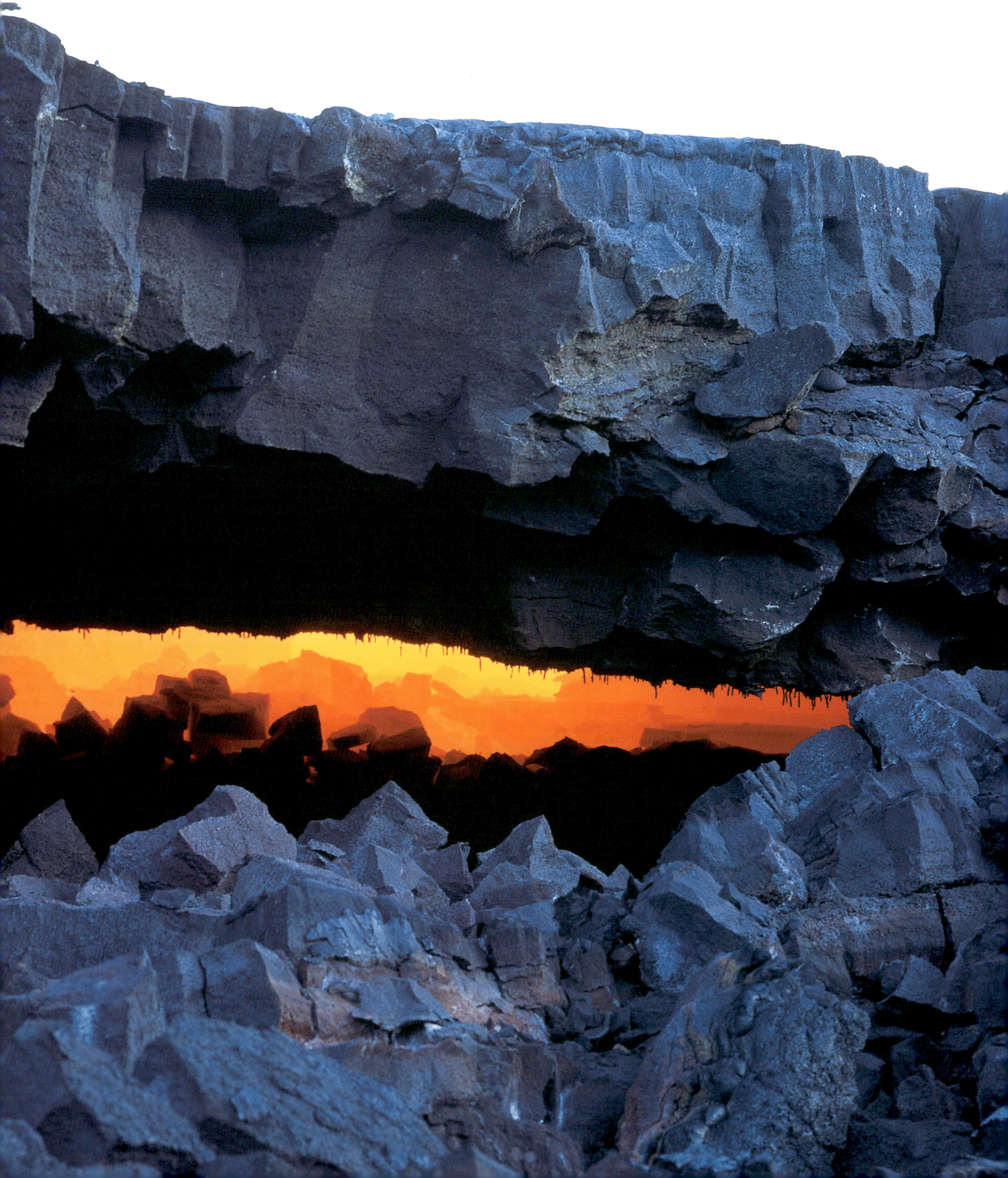

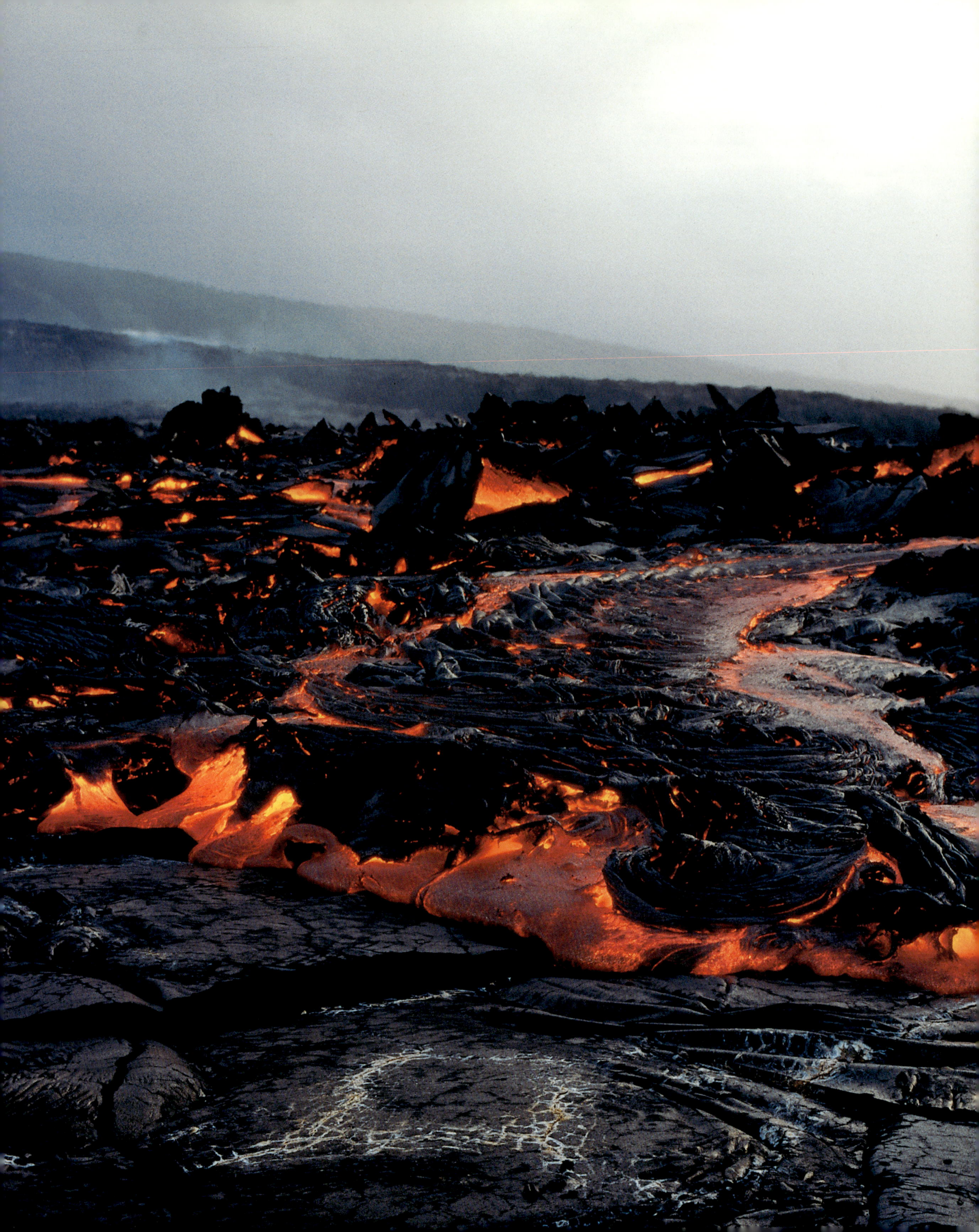

Bild links:
Ein Lavastrom aus dünnflüssiger Pahoehoe-Lava überzieht das Gelände an der Südostküste von Big Island (Hawaii). Die erstarrte Oberfläche schützt die Lava vor Abkühlung, so dass sie weiterfliessen kann. Auf diese Weise entstehen kilometerlange unterirdische Abflusskanäle, sogenannte «lava tubes».

Bild oben:
Auf Kauai, der nördlichsten und ältesten Hawaii-Insel, sind die Vulkane längst erloschen. Besonders ausgeprägt zeigen sich die Spuren der Verwitterung im Waimea Canyon (Hawaii).

Bild ganz oben:
Volcanoes National Park, Big Island (Hawaii). Über einem alten, zerborstenen «Lavatunnel» breiten sich als erste Pionierpflanzen Farne aus.

Bild auf der nachfolgenden Doppelseite:

An der Küste von Kalapana auf Big Island (Hawaii) fliesst die Lava des Mauna Kilauea zischend ins Meer. Die Feuergeburt ist der Anfang für neu entstehendes, fruchtbares Land.

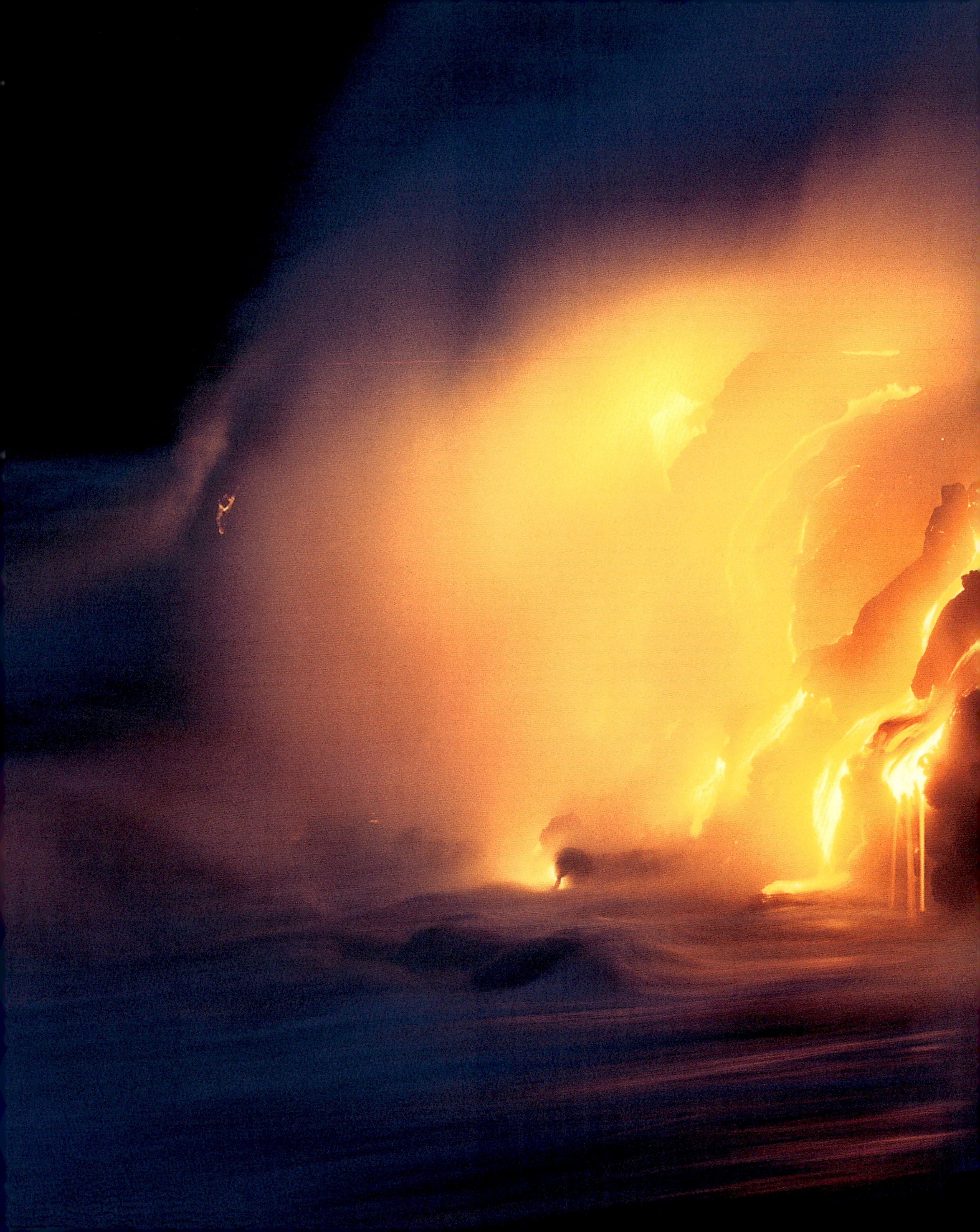

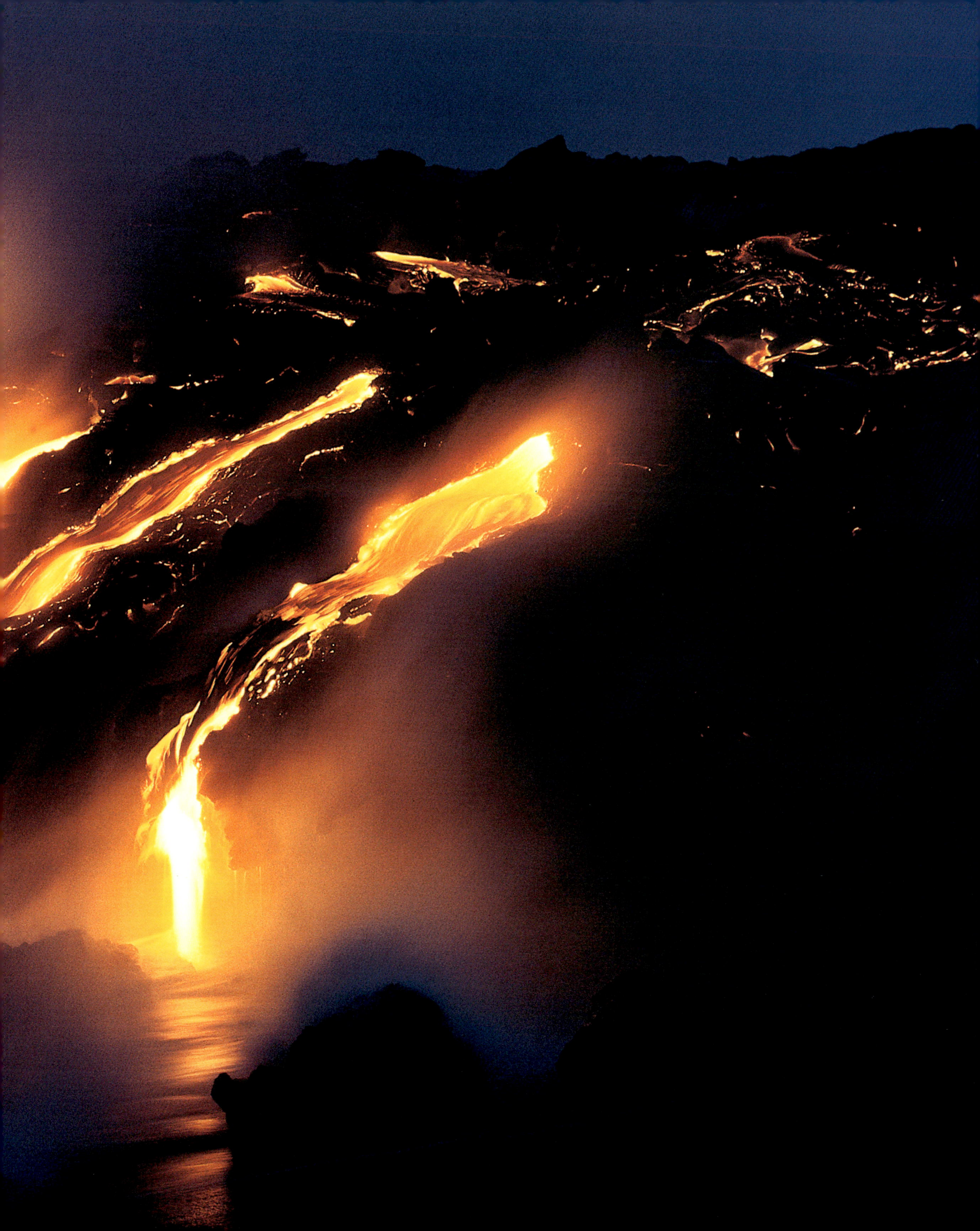

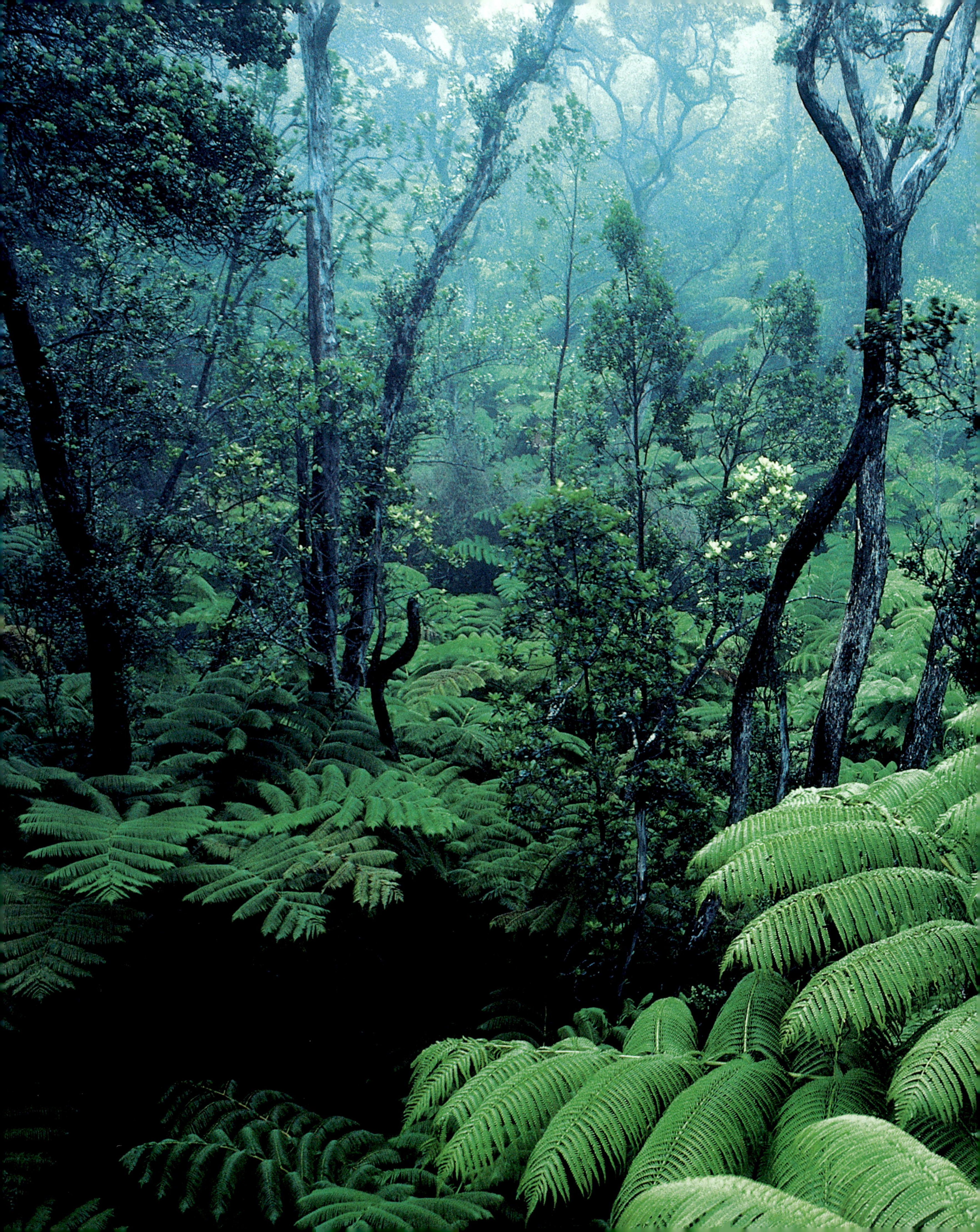

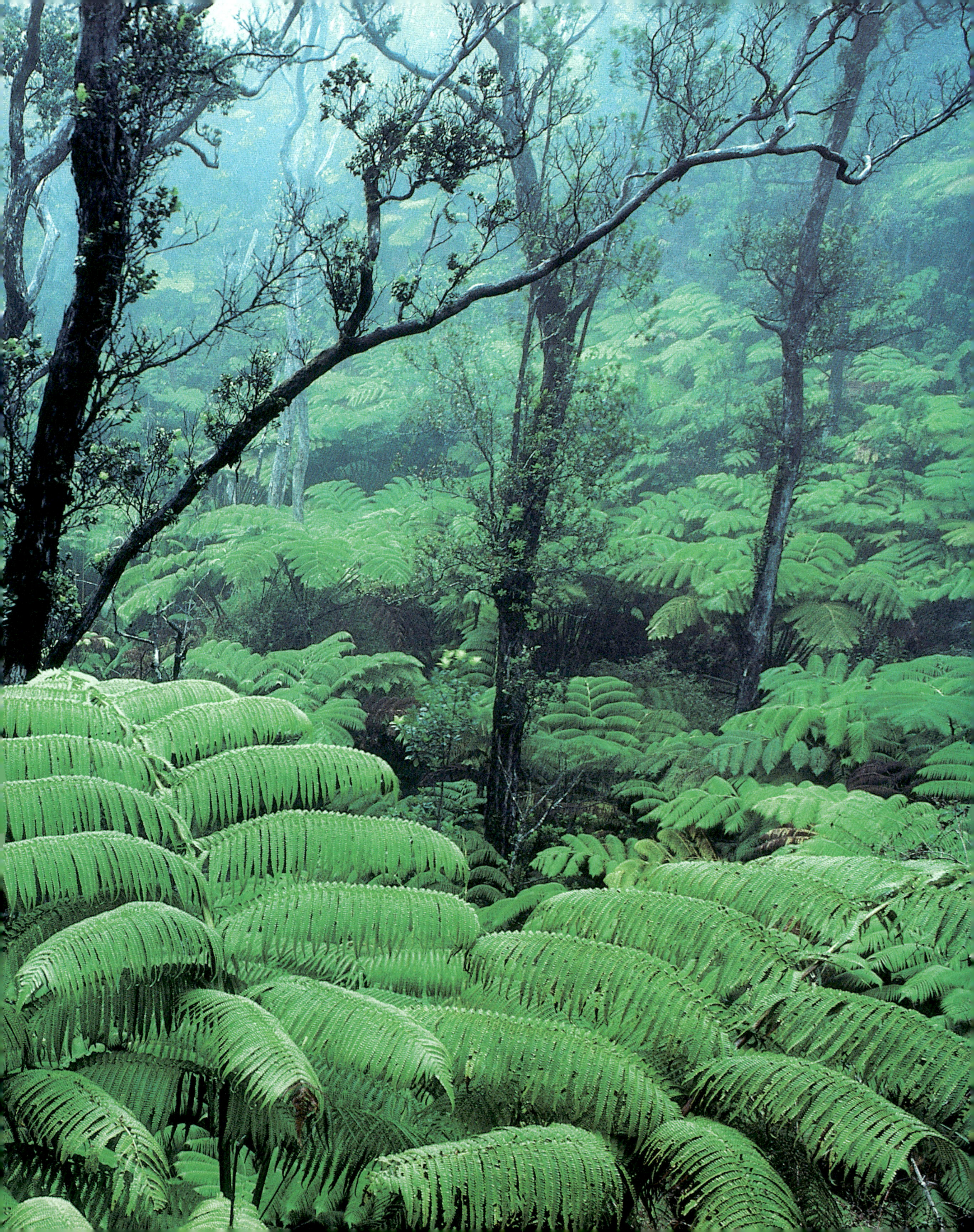

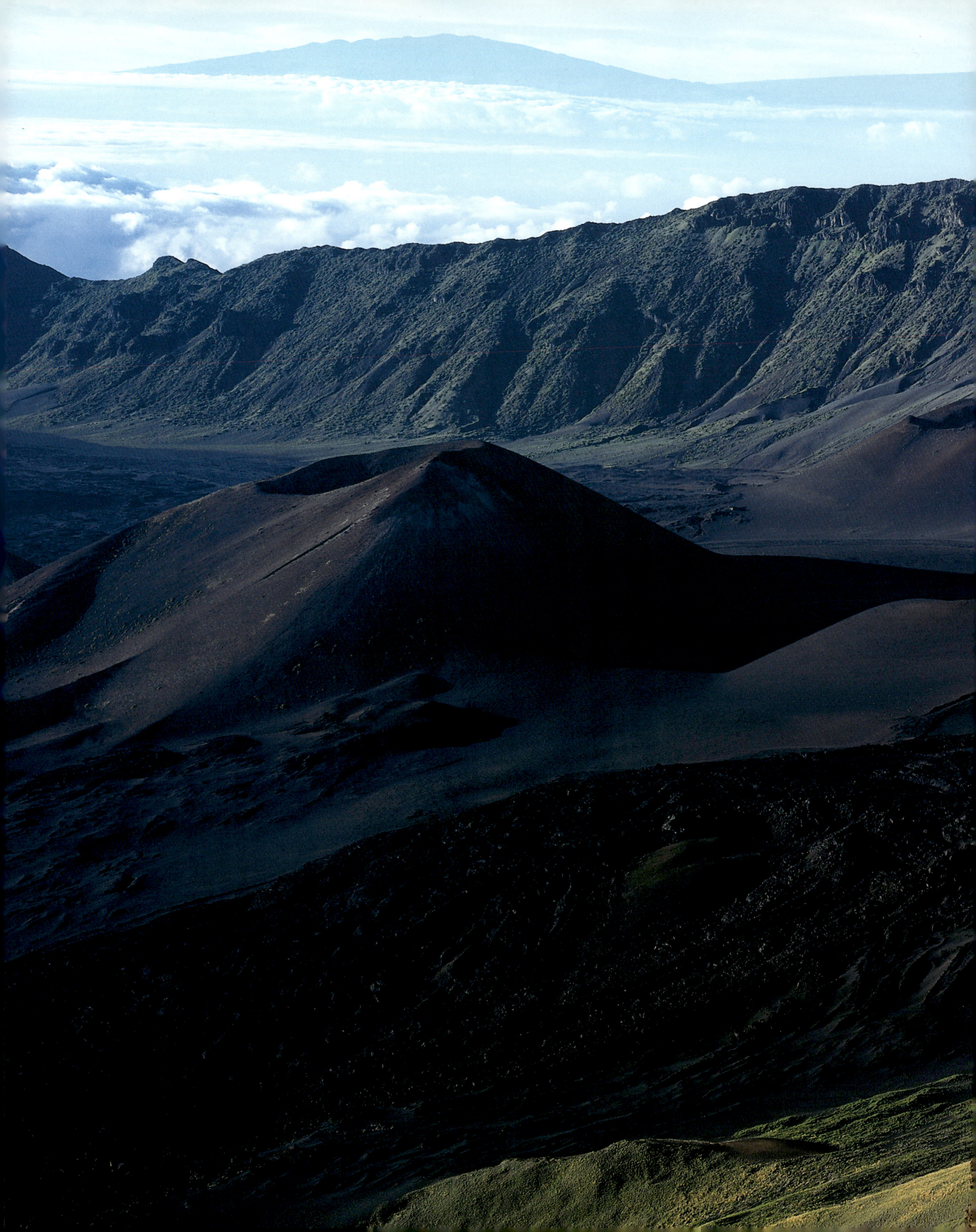

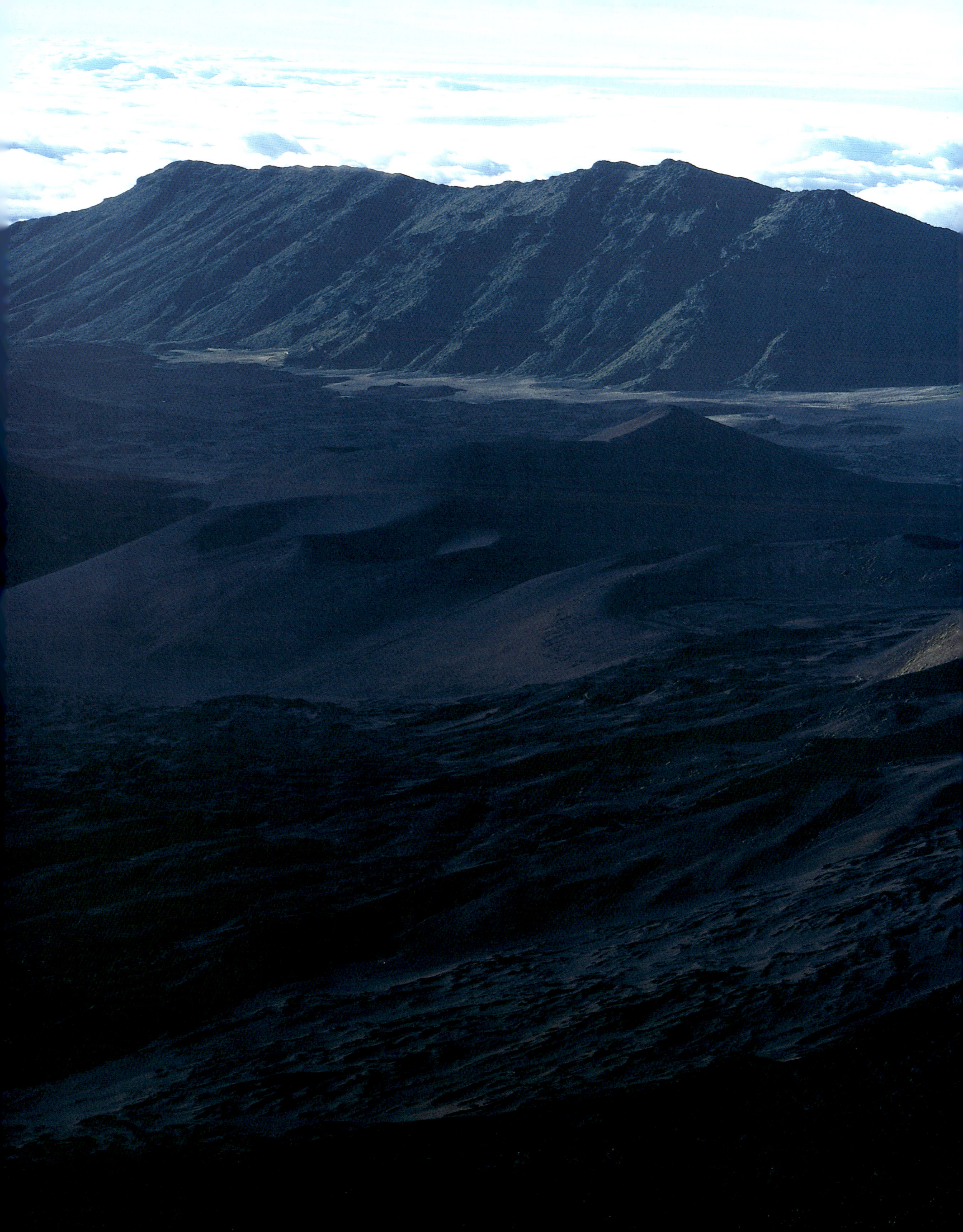

Bild links:
Die Idylle trügt. Dieser Farnwald im Volcanoes National Park, Big Island (Hawaii), kann jederzeit dem Inferno eines neuen Vulkanausbruchs zum Opfer fallen.

Bild rechts:
Gewisse Pflanzen passen sich Vulkanaktivitäten besonders gut an. Rundum verkohlte Farne konzentrieren nach einem Vulkanausbruch ihre ganze Lebenskraft auf jenen einen Trieb, der im wasserhaltigen Stamminnern zu überleben vermochte.

Bilder auf den nachfolgenden Panoramaseiten:

Wie eine Mondlandschaft präsentiert sich das Innere des Haleakala-Kraters auf der Insel Maui (Hawaii). Im Hintergrund ist die Insel Big Island mit den über viertausend Meter hohen Schildvulkanen Mauna Loa und Mauna Kea zu sehen.

Devastation Trail, Volcanoes National Park, Big Island (Hawaii). Die Lava hat sich meterdick auf der Erde abgelagert.

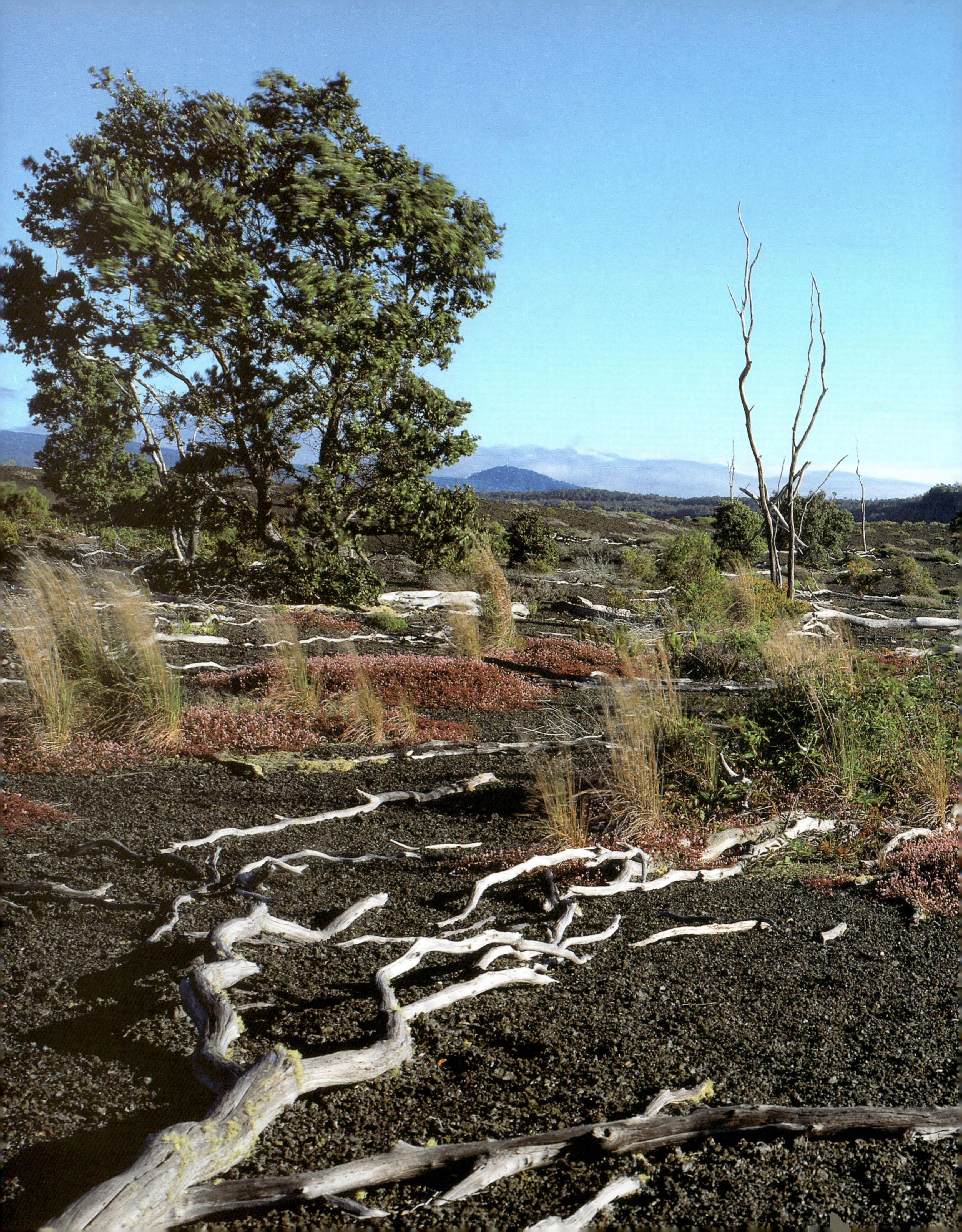

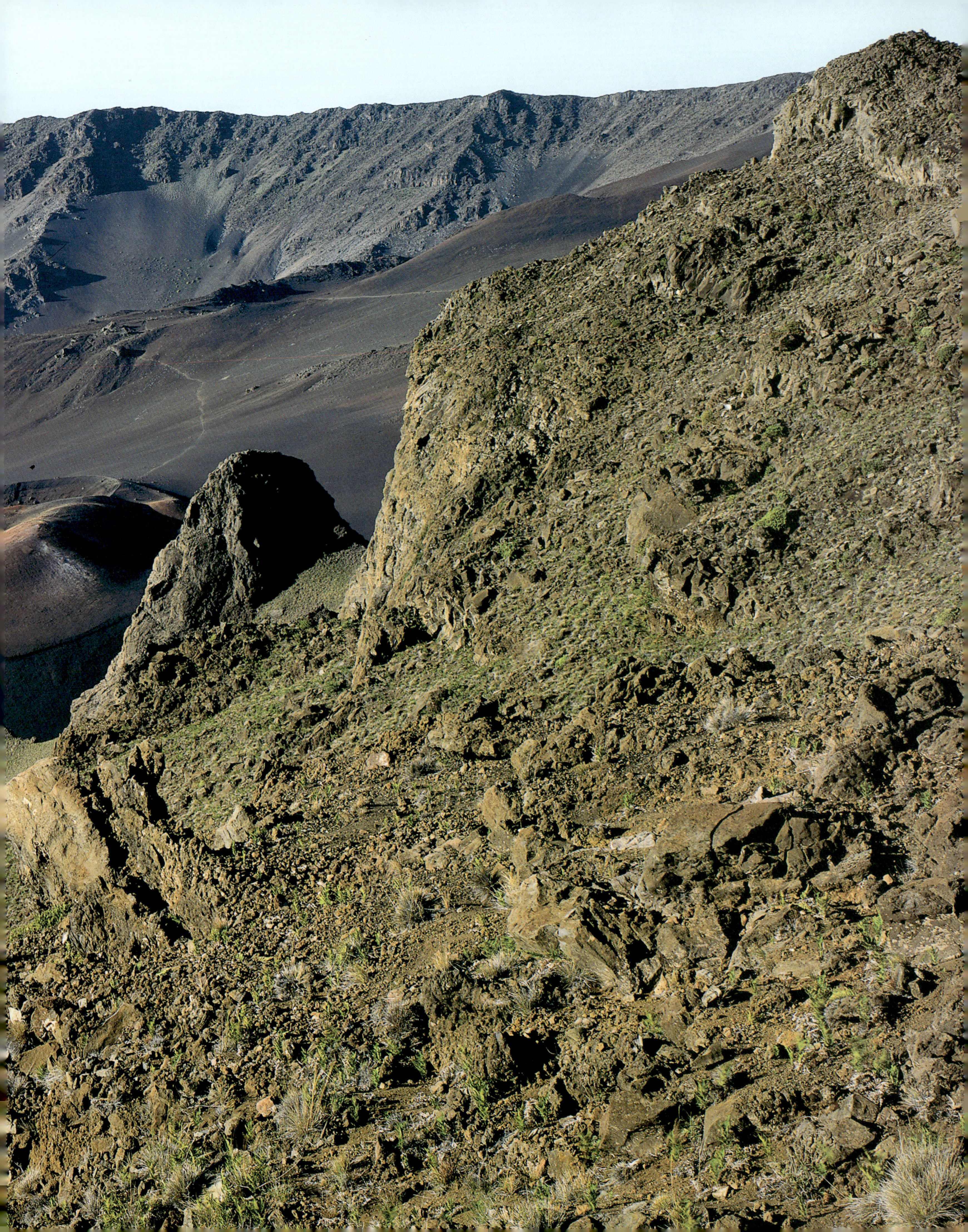

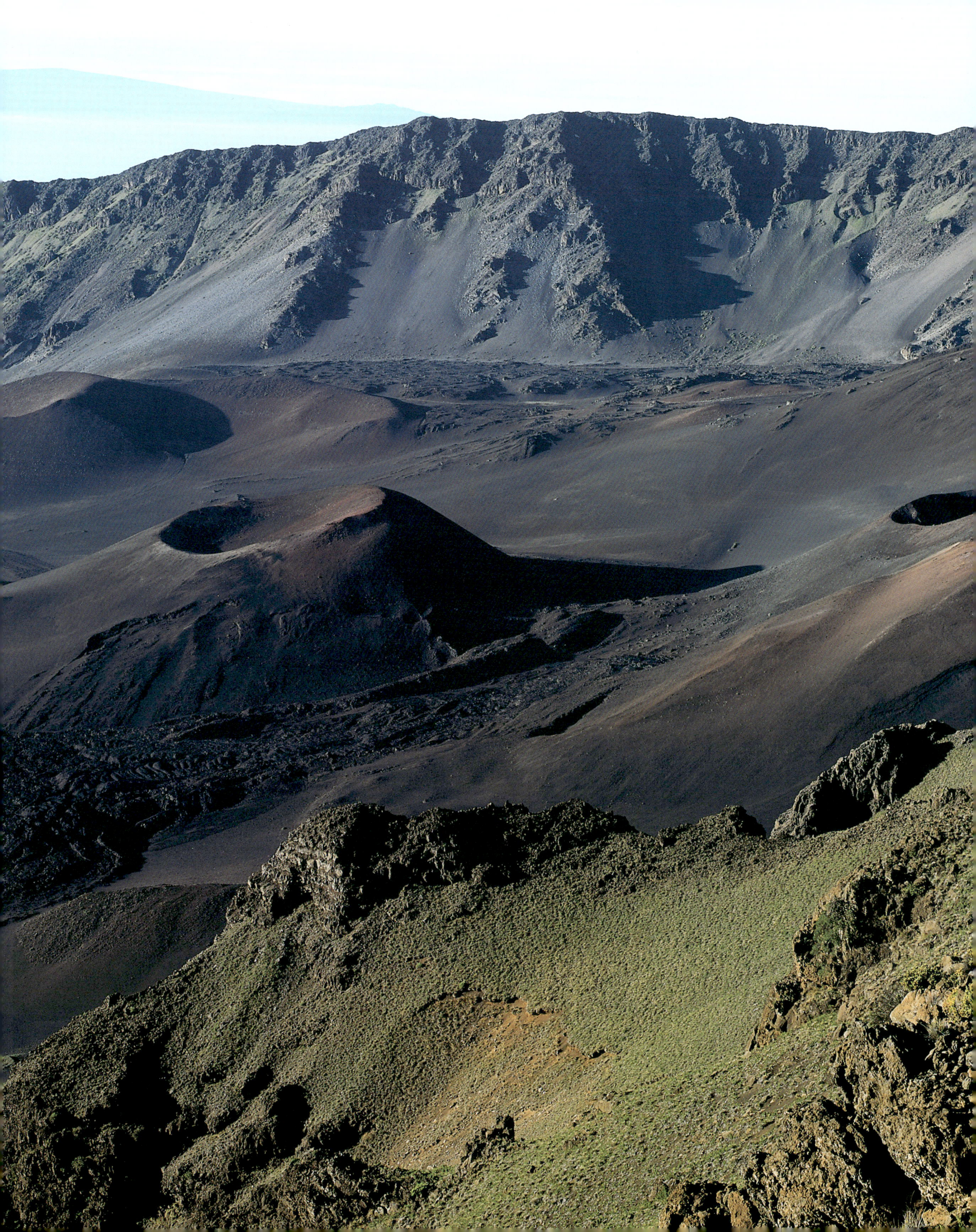

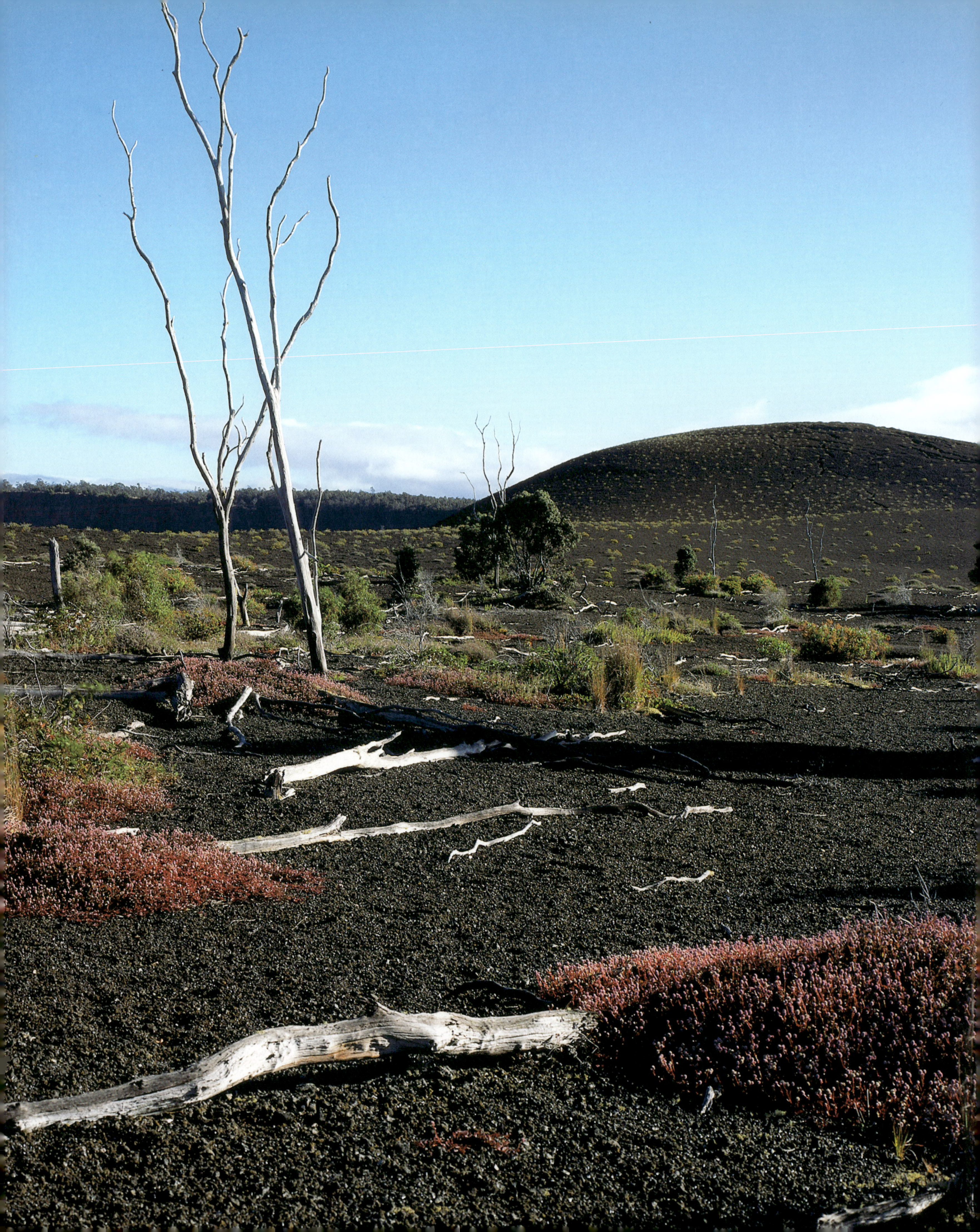

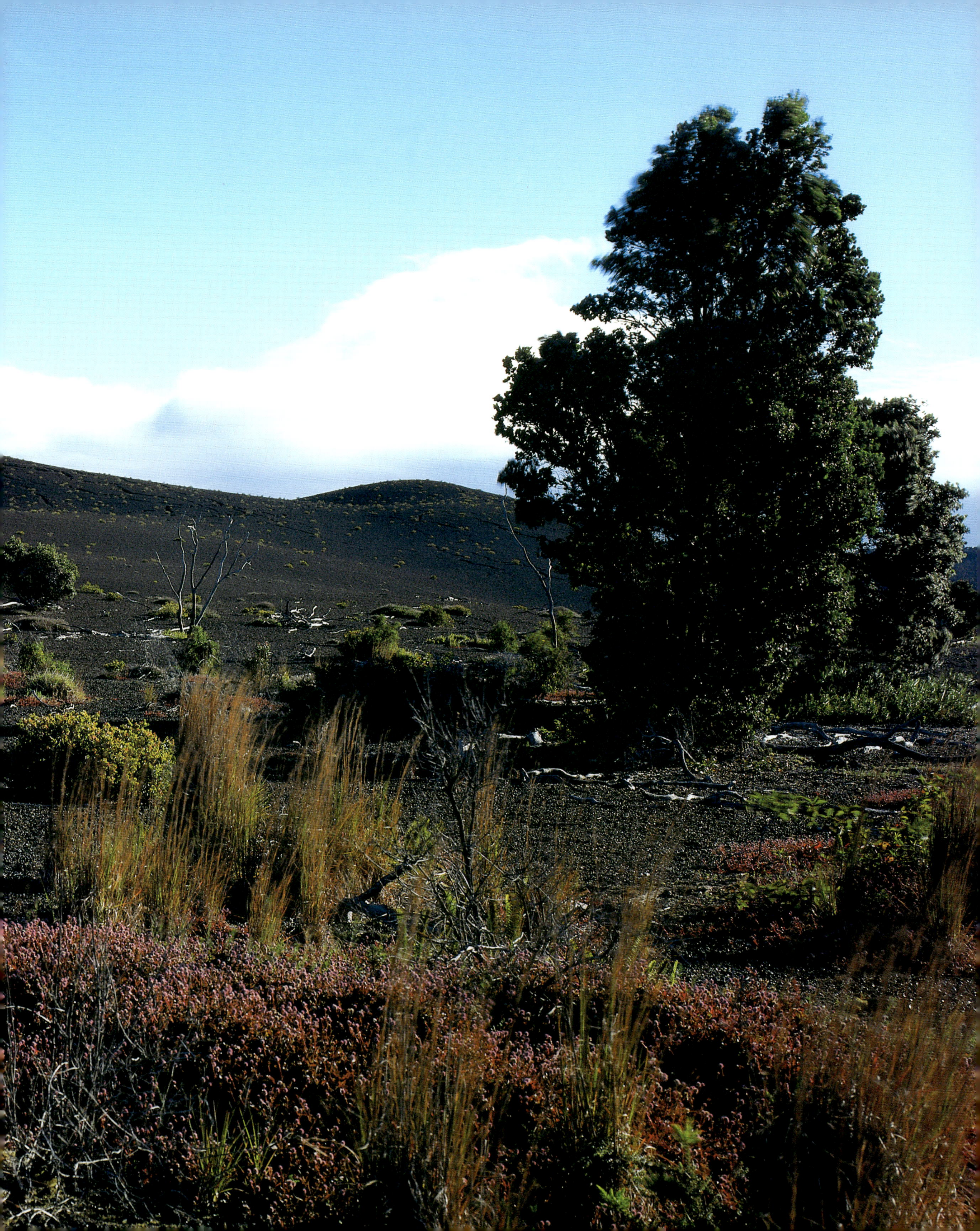

Kauai, Seite 161
Honolulu, Seite 125
Hawaii, Seite 25, 103, 108, 122, 128, 130, 158, 160, 161, 162, 164, 166, 167, 171

1	**San Francisco,** Seite 20
2	**Yosemite National Park,** Seite 98
3	**Olympic National Park,** Seite 86, 131
4	**Mono Lake,** Seite 95
5	**Bodie,** Seite 29
6	**White Mountains,** Seite 68
7	**Los Angeles,** Seite 109
8	**Lone Pinei,** Seite 33
9	**Death Valley National Monument,** Seite 78, 142
10	**Las Vegas,** Seite 110, 113, 115, 116
11	**Arizona Strip (Kanab/Page),** Seite 46
12	**Bryce Canyon National Park,** Seite 135, 146
13	**Zion National Park,** Seite 43, 84
14	**Paria Plateau,** Seite 142
15	**Paria Wilderness,** Seite 139
16	**Antelope Canyon,** Seite 142, 144
17	**Grand Canyon National Park,** Seite 76, 148
18	**Sonora-Wüste,** Seite 48
19	**Kodachrome Basin,** Seite 66
20	**Hopi-Reservat,** Seite 34
21	**Capitol Reef National Park,** Seite 81
22	**Canyonlands National Park,** Seite 61, 132
23	**Monument Valley,** Seite 22, 54, 66
24	**Grand Teton National Park,** Seite 36
25	**Yellowstone National Park,** Seite 77, 100, 102, 156
26	**Arches National Park,** Seite 9, 13, 31, 149, 153
27	**Chelly Canyon,** Seite 71
28	**Mesa Verde National Park,** Seite 57
29	**Uncompahgre National Forest,** Seite 88
30	**Pike National Forest,** Seite 39
31	**Great Sand Dunes National Monument,** Seite 9, 17
32	**Taos Pueblo,** Seite 52
33	**Santa Fe,** Seite 30, 31, 64
34	**St. Louis,** Seite 118
35	**New Orleans,** Seite 120
36	**New York City,** Seite 6, 7, 8, 9, 10, 21, 106, 108